集团内部财权配置与上市公司金融化

王瑶 著

中国财经出版传媒集团
中国财政经济出版社

图书在版编目（CIP）数据

集团内部财权配置与上市公司金融化／王瑶著. --北京：中国财政经济出版社，2023.3

ISBN 978-7-5223-1991-9

Ⅰ.①集… Ⅱ.①王… Ⅲ.①企业集团－财务管理－研究 Ⅳ.①F276.4

中国国家版本馆 CIP 数据核字（2023）第 028876 号

责任编辑：葛 新　　　　　责任校对：胡永立
封面设计：孙俪铭　　　　　责任印制：史大鹏

集团内部财权配置与上市公司金融化
JITUAN NEIBU CAIQUAN PEIZHI YU SHANGSHI GONGSI JINRONGHUA

中国财政经济出版社 出版

URL：http://www.cfeph.cn
E-mail：cfeph@cfeph.cn

（版权所有　翻印必究）

社址：北京市海淀区阜成路甲28号　邮政编码：100142
营销中心电话：010-88191522　编辑部门电话：010-88190640
天猫网店：中国财政经济出版社旗舰店
网址：https://zgczjjcbs.tmall.com
北京财经印刷厂印刷　各地新华书店经销
成品尺寸：170mm×240mm　16 开　14.5 印张　217 000 字
2023 年 3 月第 1 版　2023 年 3 月北京第 1 次印刷
定价：68.00 元
ISBN 978-7-5223-1991-9
（图书出现印装问题，本社负责调换，电话：010-88190548）
本社质量投诉电话：010-88190744
打击盗版举报热线：010-88191661　QQ：2242791300

序

"有效防范化解重大经济金融风险"是二十大报告和2022年中央经济工作会议精神的内在要求，而宏观经济和微观企业层面金融化所带来的"脱实向虚"风险是经济高质量发展的重要隐患。实际上，自2014年以来，我国政府部门和国家领导人在多个重要场合和会议上多次强调防止实业走"脱实向虚"的路子。鉴于此，如何有效防范化解微观企业金融化所带来的风险成为理论界和实务界重要的研究课题。与以往研究重点关注个体企业的金融化行为不同，王瑶博士所著的《集团内部财权配置与上市公司金融化》一书依托其博士论文，从集团整体的视角，考察财权在母子公司之间的配置对上市公司金融化的影响机理，以及集团内部财权配置协同其他权力配置对上市公司金融化的影响。

《集团内部财权配置与上市公司金融化》一书选题契合当前我国防范化解系统性经济金融风险和优化企业集团财权配置的现实需要，在充分梳理该领域前沿文献的基础上，设计了新颖而系统的研究内容。首先，该书突破已有研究局限于单个企业的金融化行为，考察集团内部财权配置与上市公司金融化的基本关系，揭示集团内部母子公司之间财权配置对上市公司金融化的影响；其次，该书细致地挖掘了集团内部财权配置对上市公司金融化的作用机制，并考察了母公司控制权、子公司数量、产权性质、机构投资者持股、是否设立财务公司以及集团举债模式的异质性对集团内部财权配置与上市公司金融化关系的影响；最后，该书考察了集团内部财权配置协同其他权力配置对上市公司金融化的影响，以揭示不同权力之间的配置组合如何影响上市公司金融化。该书各项研究内容的理论分析较充分，框架设计较严密，研究方法运用较合理，论证分析较严谨，所得研究结论较可靠，对于如何进一步完善集团内部财权配置以及防范化解微观企业金融化带来的系统性金融风险具有较好的理论价值和现实意义。

纵观全书，我认为该书具有如下显著的特点：

首先，该书选题具有鲜明的时代特色，具有较好的理论和现实意义。企业"大型化、集团化"以及企业偏离主业将资金投资于金融领域出现金融化是当前经济发展的重要趋势和表现。宏微观层面金融化所带来的"脱实向虚"风险是我国政府防范化解系统性经济金融风险，实现宏微观层面高质量发展的重要阻碍。该书突破现有研究局限于企业个体，从集团整体的视角考察集团内部财权配置对上市公司金融化的影响和作用机理，紧扣了当前政府、企业和学界关注的重要现实问题，能够顺应政府工作任务以及解决企业面临的现实问题的要求，凸显研究的现实性和实践性。

其次，该书对集团内部财权配置与上市公司金融化的研究具有较好的严谨性、理论性和学术性。该书对上市公司金融化的影响因素和集团内部财权配置经济后果的研究进行了系统性、条理性和学术性的梳理和总结，形成了较好的文献资料。同时，对如何发现问题、论证假设、研究设计、实证分析、稳健性检验、研究总结及其政策意义挖掘都做了耐心细致的阐述，且行文规范，表达准确，研究范式比较经典，有利于对这些问题感兴趣的研究者借鉴和深入研究。

最后，该书根据科学研究得出了可靠结论，提出了系统的、具有较强可操作性的政策建议。基于理论分析和实证结论，该书系统性地从子公司层面、上市公司层面、政府监管层面分别提出了具有可操作性的政策建议，凸显了该书较好的实践性和现实价值。

自 2019 年跟随我读博以来，王瑶博士主要研究集团财务与企业金融化，对集团财务和企业金融化有较深入的理解和把握，并围绕集团财务和金融化发表了相关学术论文。《集团内部财权配置与上市公司金融化》一书是王瑶博士踏实治学、辛勤付出的结晶。值此《集团内部财权配置与上市公司金融化》一书付梓出版之际，我愿与之鼓与呼，是为序。

郭泽光

2023 年 1 月

前　言

近年来，由于实业产能过剩、利润下滑、投资回报周期较长等原因，越来越多的实体企业从事偏离主业的金融投资活动，出现金融化趋势，并带来严重的"脱实向虚"风险，直接影响我国"防范化解重大风险攻坚战"任务的完成和"六稳"目标的实现。鉴于此，我国政府部门自2014年以来在多个重要场合和会议上多次强调并反复提醒，要求警钟长鸣，防止实业走"脱实向虚"的路子。党的十九大把防范化解重大风险作为三大攻坚战之首，指出把经济发展的着力点放在实体经济上是建设现代化经济体系的关键。中央财经委员会第十次会议也再次强调，要坚持守住不发生系统性金融风险的底线思维，统筹做好重大金融风险防范化解工作。2022年10月，党的二十大报告提出"深化金融体制改革，建设现代中央银行制度，加强和完善现代金融监管，强化金融稳定保障体系，依法将各类金融活动全部纳入监管，守住不发生系统性风险底线。"2022年12月，中央经济工作会议提出"要防范化解金融风险，压实各方责任，防止形成区域性、系统性金融风险。"以上充分反映出防范化解金融风险是当前政府部门的重点工作之一，也是实现企业可持续、高质量发展必须跨越的重大关口，探究如何有效治理实体企业金融化带来的"脱实向虚"风险已然成为政府、企业和学术界的重要研究课题，而这又重点在于通过探索企业金融化的影响因素以提供着力点。

实际上，学术界和实务界也并未停止对企业金融化影响因素的探究。大量研究考察了外部宏观经济发展、财政政策、金融政策以及企业财务特征、治理特征、业务特征和人事特征等对企业金融化的影响。然而，较为遗憾的是，已有关于上市公司金融化的文献几乎都将研究对象作为独立的个体，未能考虑我国企业"大型化、集团化"发展背景与竞争格局下，集团内部财权配置对上市公司金融化产生的影响。与单体企业相比，集团化的企业其金融化对宏微观层面产生的不良后果会更加广泛且严重，而企业金融化作为偏离主业的投资行为与集团内部财务资源的配置密切相关。那么，集团内部财权在母子公司之间的配置情况是否会影响上市公司金融化？进一步地，集团内部财权配置对上市公司金融化的作用机制是什么？该影响在集团组织、治理与财务等异质性特征下是否存在差异？集团内部经营权和人事权的配置又是否会对集团内部财权配置与上市公司金融化的关系产生影响？值得说明的是，本书所指的上市公司金融化水平实际上是由母子公司构成的集团整体的金融化程度，且本书通过我国上市公司披露的母子公司合并报表和母公司报表的数据反映集团内部财权配置情况和上市公司金融化水平。

为回答上述问题，本书选择 2007—2020 年我国沪深上市公司（非金融、非房地产类）合并报表和母公司报表的样本数据，实证研究了由母子公司构成的上市公司整体内部财权配置对其金融化的影响机理，以及在不同组织、治理和财务特征下二者关系的差异，并探讨了财权协同经营权和人事权配置分别对上市公司金融化的影响。本书的研究内容分为三个方面：第一，集团内部财权配置与上市公司金融化的基本关系研究；第二，集团内部财权配置与上市公司金融化关系的拓展性研究，包含影响机制检验和情境分析；第三，集团内部财权协同经营权和人事权配置分别对上市公司金融化的影响。

本书研究结论如下：

（1）集团内部财权分散配置会提升上市公司金融化水平，且主要通过提升逐利动机下的第一类代理问题和第二类代理问题得以实现。

（2）考察集团组织、治理与财务特征等情境发现，母公司控制权越大、集团内部设立财务公司、集团内部债务分布越分散、机构投资者持股比例越高，越有益于缓解集团内部财权分散配置对上市公司金融化的助推作用，而上述助推作用在非国有企业样本组、子公司数量较多组中更加显著。

（3）集团内部经营权分散配置的激励效应与人事权集中配置的治理效应均可削弱集团内部财权配置对上市公司金融化的提升作用，而若集团内部"财权—经营权—人事权"在母子公司间呈现"分散—分散—集中"配置时，人事权集中配置的负向效应会削弱经营权配置的"激励效应"，无益于缓解集团内部财权分散配置对上市公司金融化的助推作用。

本书挖掘集团内部财权配置影响上市公司金融化的基本关系和作用路径，同时考察了组织、治理与财务等角度的异质性及集团内部经营权、人事权配置分别对二者关系的影响，其理论意义体现在以下四个方面：

首先，补充了关于上市公司金融化影响因素的研究文献，同时丰富了集团内部权力配置在投资行为选择层面的经济后果研究。目前，关于上市公司金融化影响因素的研究大多数集中在国家、行业和企业层面，而关于组织形式对企业金融化影响的研究较为缺乏。本书将上市公司纳入集团整体的分析框架，从企业集团内部财权配置视角实证检验上市公司金融化的影响因素，这在国内同类研究中还较为少见，本书是对上市公司金融化影响因素研究的重要补充和深化。同时，本书也是对企业资源配置集中程度如何影响子公司投资行为这一话题的进一步深入和延续。

其次，阐明了集团内部财权配置与上市公司金融化的内在关系，并揭示了集团内部财权配置影响上市公司金融化的作用路径。本书采用大样本的实证研究方法，不仅检验了集团内部财权配置与上市公司金融化的基本关系，同时还揭示出代理观下的逐利动机是集团内部财权配置助推上市公司金融化的潜在机制。这为更好地理解在我国企业"大型化、集团化"发展背景下，集团内部财权配置对上市公司金融化的影响提供必要的理论依据。

再次，挖掘了集团内部财权配置影响上市公司金融化水平的约束条件，为更好地理解不同情境下的二者关系提供了理论借鉴。本书从集团组织、治理与财务三个维度的特征出发，分别考察母公司控制权、子公司数量、产权性质、机构投资者持股、集团内部是否设立财务公司与集团内部举债模式的异质性对集团内部财权配置与上市公司金融化关系的影响。这能够为更加全面、多维地理解集团内部财权配置对上市公司金融化的影响提供理论依据。

最后，揭示了集团内部财权、经营权和人事权组合配置对上市公司金融化影响的协同效应。区别于已有研究单纯考察集团内部财权、经营权和人事权三者中某一权力在母子公司之间的配置对上市公司财务行为的影响，本书将集团内部财权、经营权与人事权配置纳入同一分析框架。本书不仅单一考察了集团内部财权配置对上市公司金融化的影响,更重要的是还考察了以上两种权力的协同配置对集团内部财权配置与上市公司金融化关系的影响,这是对已有关于集团财权配置优化及其经济后果研究的重要补充。

对企业集团而言,权力安排的合理与否是集团可持续发展最重要的决定因素之一。伴随我国企业"大型化、集团化"的发展趋势以及防范化解系统性重大风险的战略要求,研究集团内部财权配置与上市公司金融化的关系对上市公司和监管部门具有重要的现实意义。

首先,有利于集团通过优化母子公司之间的财权配置,提升投资科学性和合理性,有效防范化解上市公司"脱实向虚"风险。促进企业高质量发展、防范化解系统性金融风险是我国治理体系的重要目标。而子公司作为拥有一定决策自主权的独立法人实体,其决策空间与投资倾向会给集团权力配置效率与经营风险带来重大影响。本书的研究内容有助于集团总部从优化财权配置模式的视角抑制子公司金融资产投资行为,不断完善集团总部对子公司的风险治理与投资监管。

其次,有利于上市公司进一步强化集团公司治理,通过集团内部财权、经营权与人事权的协同配置有效抑制代理问题下逐利动机引致的金融化行为。优化母子公司间的权力安排是集团公司治理的基本原则和企业持续发展壮大的重要途径。本书通过集团内部权力细分,从财权配置视角出发,考虑经营权与人事权配置对上市公司金融化的协同作用,有利于上市公司根据不同细分权力的特征进行系统性筹划,提升内部权力系统配置意识与金融风险防范理念,科学安排财权、经营权与人事权在母子公司之间的配置,实现企业集团内部权力激励与强化监管之间的有机统一。

最后,有利于引起监管部门关于集团上市公司金融化行为的关注及优化防范化解上市公司"脱实向虚"风险的治理对策。防范化解系统性金融风险是我国政府部门的重要任务之一,也是影响我国经济社会稳定的因素之一。如何有效防范化解实体企业"脱实向虚"风险则是其重中之重。本书考察集团内部财权配置对上市公司金融化的影响以及组织、治理与财务特征的异质性影响,能够为政府部门有效监测和防范我国实体部门可能存在的"脱实向虚"风险提供必要的理论参考。同时,能够为政府监管部门根据企业集团内部财权配置模式的异质特征有重点地监控上市公司金融化行为，为金融监管部门实施有针对性地监督与预防金融风险提供切入点与着力点，为防范化解重大金融风险政策的制定提供重要补充。

同时，本书的创新性主要有以下几点：

（1）对金融化主体的研究，由关注宏观经济层面金融化和独立个体的金融化，向关注由母子公司组成的集团整体的金融化转变。本书突破已有文献的局限，将由母子公司组成的集团整体的金融化作为研究对象，而非经济金融化、商品金融化或独立个体的金融化。

（2）对企业金融化影响因素的研究，由关注外部宏观环境和独立个体的特征，向关注集团内部财权在母子公司间的配置转变。不同于前期文献从宏观经济发展、宏观经济政策、宏观经济监管环境、公司业务特征、财务特征、人事特征与公司治理特征等视角探讨金融化的影响因素，本书从财权在集团内部配置差异的视角，研究母子公司间财权配置与上市公司金融化的关系及其作用机理。

（3）对集团内部财权配置的经济后果研究，由单纯考虑集团内部财权配置本身带来的影响，向系统性地考虑集团组织、治理与财务特征等情境因素的约束转变。本书分别考察了组织、治理和财务特征对集团内部财权配置与上市公司金融化水平关系的影响，较为系统性地揭示了集团内部财权配置对上市公司金融化关系的约束条件。

（4）对集团内部权力划分的研究，由单纯关注集团内部权力的集权或分权以及仅考虑财权、经营权与人事权中的某一权力特征，向同时关注集团内部财权、经营权和人事权协同配置转变。突破已有文献笼统考察企业权力整体或某一单一权力特征的经济后果，本书将权力细分为财权、经营权与人事权三个维度，除考察财权配置与上市公司金融化的基本关系外，还将以上权力配置纳入同一分析框架，检验经营权与人事权配置的协同作用。

本书可为研究集团财务与公司金融理论的学者提供参考和借鉴，也可供高等学校财经类研究生或其他院校学生使用。同时，本书还可供企业管理人员和政府部门管理人员参考使用。

王 瑶

2023年1月

目 录

第1章 绪论 (1)
    1.1 研究背景与研究意义 (1)
    1.2 核心概念界定 (10)
    1.3 研究目标与研究内容 (20)
    1.4 研究思路与研究方法 (24)
    1.5 研究创新点 (26)

第2章 文献综述 (29)
    2.1 上市公司金融化的影响因素研究 (29)
    2.2 集团内部权力配置的经济后果研究 (40)
    2.3 研究述评 (45)

第3章 制度背景与理论基础 (48)
    3.1 制度背景 (48)
    3.2 集团内部财权配置的经济效应 (55)
    3.3 上市公司金融化动机的理论解释 (57)
    3.4 集团内部财权配置与上市公司金融化的理论分析框架 (60)
    3.5 小结 (62)

第4章 集团内部财权配置与上市公司金融化基本关系研究 (63)
    4.1 理论分析与研究假设 (63)

4.2 研究设计 ……………………………………………………（68）
4.3 实证结果 ……………………………………………………（75）
4.4 小结 …………………………………………………………（107）

第 5 章 集团内部财权配置与上市公司金融化关系拓展研究 ……（108）
5.1 集团内部财权配置影响上市公司金融化的机制检验 ………（108）
5.2 集团内部财权配置影响上市公司金融化的情境分析 ………（124）
5.3 小结 …………………………………………………………（146）

第 6 章 集团内部财权协同其他权力配置对上市公司金融化的影响研究 ………………………………………………………………（148）
6.1 概念界定与理论分析框架 …………………………………（148）
6.2 集团内部财权协同经营权配置对上市公司金融化的影响研究 ……………………………………………………………（151）
6.3 集团内部财权协同人事权配置对上市公司金融化的影响研究 ……………………………………………………………（159）
6.4 集团内部三权协同配置对上市公司金融化的影响研究 ……（168）
6.5 小结 …………………………………………………………（177）

第 7 章 结论与展望 ……………………………………………………（178）
7.1 研究总结 ……………………………………………………（178）
7.2 政策建议 ……………………………………………………（181）
7.3 研究局限与展望 ……………………………………………（186）

附录　图表索引 ……………………………………………………………（189）

参考文献 ……………………………………………………………………（192）

致谢 …………………………………………………………………………（215）

第1章 绪　论

1.1 研究背景与研究意义

1.1.1 研究背景

上市公司金融化①泛指上市公司在资本逐利动机下或基于资金的管理目标，偏离主业将资金投资于金融领域的行为。其主要表现是上市公司的金融资产占总资产的比重不断上升，企业利润主要来自金融渠道（Orhangazi，2008；Krippner，2005；杜勇等，2017）[1-3]。金融化最初是美英等发达国家普遍存在的现象，然而美国21世纪初发生的次贷危机仿佛"金融诅咒"，世界经济遭受重创且至今无法复苏（Stockhammer和Grafl，2010；马慎萧和兰楠，2021）[4-5]，金融化风险隐患由此引起世界各国的警惕和关注。而纵观我国2007—2020年上市公司投资对比图（如图1-1所示），虽然金融资产投资增长率波动较大，但除2008年和2012年外，上市公司持有金融资产的

---

① 本书所指的上市公司指非金融、非房地产类的上市公司，详见第1章核心概念界定。

增长率①都超出了实物投资增长率②,且实物投资增长率在2008年后便呈现连年下降趋势。2007—2020年,我国上市公司平均持有金融资产规模已从4.23亿元增长到15.42亿元,金融资产投资占总投资之比呈加速扩张趋势,如图1-2所示。

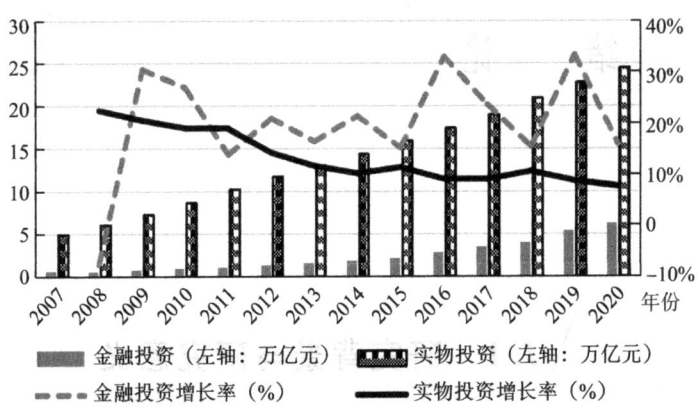

图1-1　上市公司实物投资与金融投资对比图

资料来源:根据数据库数据计算绘制。

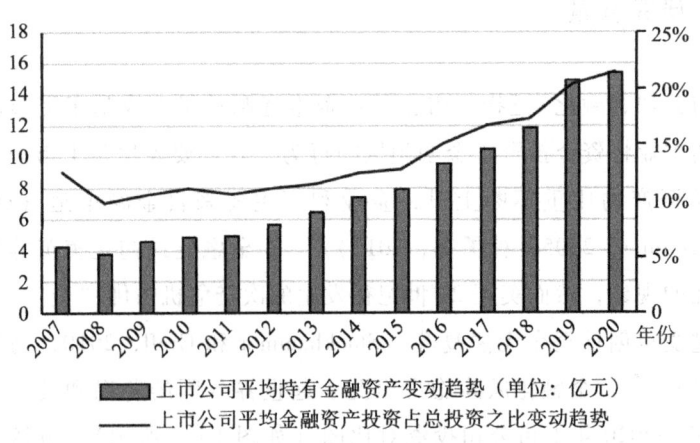

图1-2　上市公司平均持有金融资产及其占比变动图

资料来源:根据数据库数据计算绘制。

---

① 金融资产持有量详见第4章金融资产测量方式。
② 实物投资量通过"固定资产、在建工程与无形资产之和"计算所得。

第 1 章
绪 论

从金融化典型案例来看,"男装大王"雅戈尔自 1998 年上市到 2020 年,其间的利润总额在 580 亿元左右,而炒股等投资收益则贡献了约 400 亿元,制造业和地产贡献的利润与炒股等投资利润的比例大致为 3:7。无独有偶,2020 年云南白药净利润为 55 亿元,而其中近一半来自股权投资,扣非净利润仅有 28 亿元。2021 年 10 月,云南白药披露的第三季度业绩显示,云南白药因持有交易性金融资产巨亏 15 亿元,公司净利同比下降 42.38%。家电零售巨头苏宁易购面对金融丰厚利润的诱惑创建"苏宁银行",如今依靠变卖资产都难以为继。雅戈尔、云南白药、苏宁易购的金融化只是"冰山一角",实际上,由于金融利润日渐成为企业利润的主要来源(张成思和张步昙,2016)[6],我国上市公司普遍出现金融化趋势(马思超和彭俞超,2019;黄贤环和王瑶,2019)[7-8],严重影响到宏微观经济的持续健康发展。

已有研究表明,实体企业进行金融投资背后的预防性动机较弱、投机动机较强(杜勇等,2017;彭俞超等,2018;张成思,2019)[3][9-10]。在套利动机驱使下,实体企业金融化行为严重挤压了主业投资资金,抑制了创新投入和创新产出,进而导致未来主业业绩和全要素生产率下降,加剧了虚拟经济和实体经济间的失衡(Palley,2008;黄群慧,2017;段军山和庄旭东,2021;王红建等,2017;黄贤环和王瑶,2019;Auvray 和 Rabinovich,2019;Gonzalez 和 Sala,2014)[11-17]。在当前实体经济利润率水平较低阶段下,企业扩大金融投资活动将进一步抑制其利润率的上升,实体上市公司过度参与金融活动只会形成恶性循环(谢富胜和匡晓璐,2020)[18]。不可小觑的是,这些因素都很可能积聚,诱发系统性金融风险。"脱实向虚"后的企业一旦发生资金链断裂,很容易产生连锁反应,不仅经济、金融受到冲击,其诱发的各种不利因素还会产生风险集聚效应,给宏观经济和社会发展带来严重影响。因此,关注微观层面实体企业金融化行为的影响因素具有重要的现实意义,也具有紧迫性。

针对企业"脱实向虚"与"金融化"现象,中共中央和国务院及其相关部门高度重视"防范化解重大风险"(三大攻坚战之首)。图 1-3 列示了中央政府及相关职能部门关于应对企业金融化的政策脉络图。

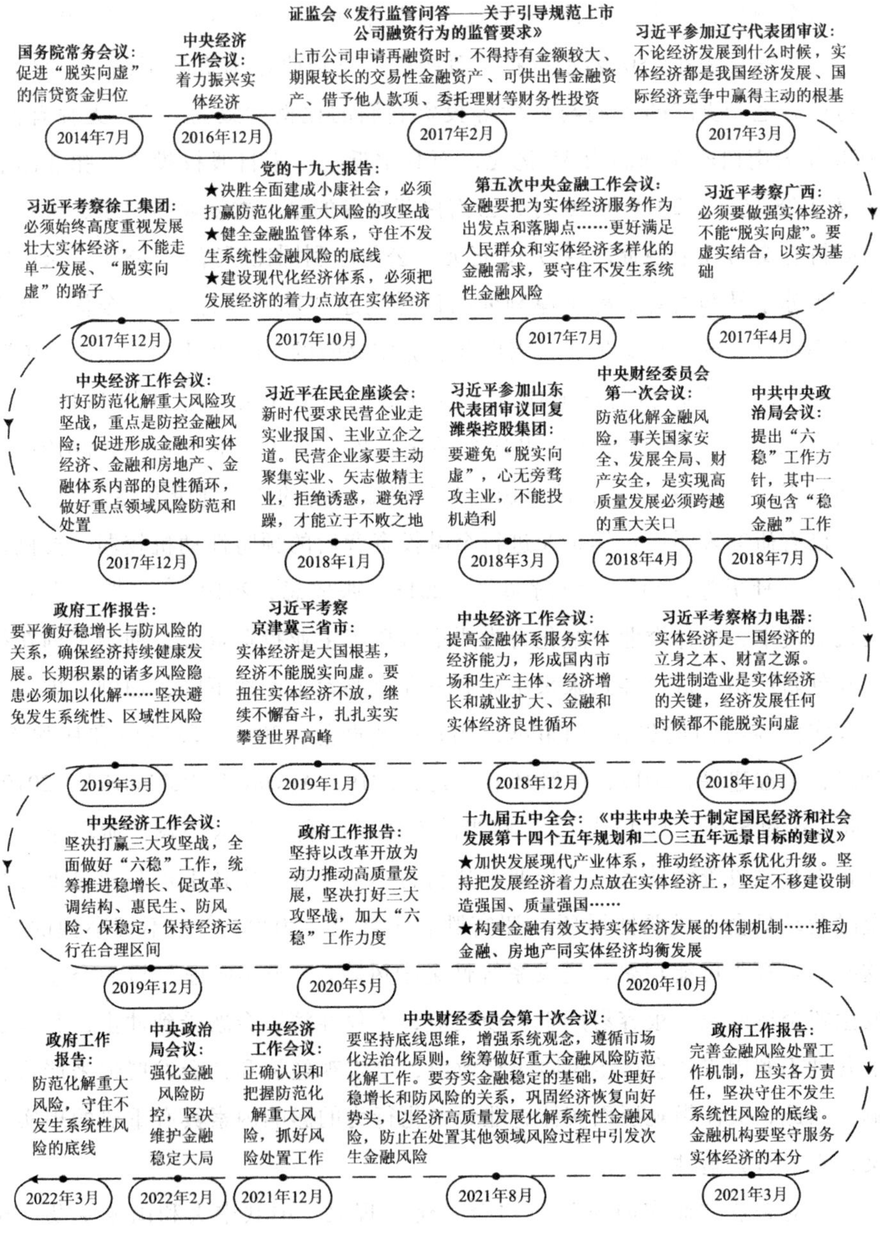

2014年7月 国务院常务会议：促进"脱实向虚"的信贷资金归位

2016年12月 中央经济工作会议：着力振兴实体经济

2017年2月 证监会《发行监管问答——关于引导规范上市公司融资行为的监管要求》：上市公司申请再融资时，不得持有金额较大、期限较长的交易性金融资产、可供出售金融资产、借予他人款项、委托理财等财务性投资

2017年3月 习近平参加辽宁代表团审议：不论经济发展到什么时候，实体经济都是我国经济发展、国际经济竞争中赢得主动的根基

2017年12月 习近平考察徐工集团：必须始终高度重视发展壮大实体经济，不能走单一发展、"脱实向虚"的路子

2017年10月 党的十九大报告：
★决胜全面建成小康社会，必须打赢防范化解重大风险的攻坚战
★健全金融监管体系，守住不发生系统性金融风险的底线
★建设现代化经济体系，必须把发展经济的着力点放在实体经济

2017年7月 第五次中央金融工作会议：金融要把为实体经济服务作为出发点和落脚点……更好满足人民群众和实体经济多样化的金融需求，要守住不发生系统性金融风险

2017年4月 习近平考察广西：必须要做强实体经济，不能"脱实向虚"。要虚实结合，以实为基础

2017年12月 中央经济工作会议：打好防范化解重大风险攻坚战，重点是防控金融风险，促进形成金融和实体经济、金融和房地产、金融体系内部的良性循环，做好重点领域风险防范和处置

2018年1月 习近平在民企座谈会：新时代要求民营企业走实业报国、主业立企之道。民营企业家要主动聚集实业、矢志做精主业，拒绝诱惑，避免浮躁，才能立于不败之地

2018年3月 习近平参加山东代表团审议回潍柴控股集团：要避免"脱实向虚"，心无旁骛攻主业，不能投机趋利

2018年4月 中央财经委员会第一次会议：防范化解金融风险，事关国家安全、发展全局、财产安全，是实现高质量发展必须跨越的重大关口

2018年7月 中共中央政治局会议：提出"六稳"工作方针，其中一项包含"稳金融"工作

2019年3月 政府工作报告：要平衡好稳增长与防风险的关系，确保经济持续健康发展。长期积累的诸多风险隐患必加以化解……坚决避免发生系统性、区域性风险

2019年1月 习近平考察京津冀三省市：实体经济是大国根基，经济不能脱实向虚。要扭住实体经济不放，继续不懈奋斗，扎实实攀登世界高峰

2018年12月 中央经济工作会议：提高金融体系服务实体经济能力，形成国内市场和生产主体、经济增长和就业扩大、金融和实体经济良性循环

2018年10月 习近平考察格力电器：实体经济是一国经济的立身之本、财富之源。先进制造业是实体经济的关键，经济发展任何时候都不能脱实向虚

2019年12月 中央经济工作会议：坚决打赢三大攻坚战，全面做好"六稳"工作，统筹推进稳增长、促改革、调结构、惠民生、防风险、保稳定，保持经济运行在合理区间

2020年5月 政府工作报告：坚持以改革开放为动力推动高质量发展，坚决打好三大攻坚战，加大"六稳"工作力度

2020年10月 十九届五中全会：《中共中央关于制定国民经济和社会发展第十四个五年规划和二〇三五年远景目标的建议》
★加快发展现代产业体系，推动经济体系优化升级。坚持把发展经济着力点放在实体经济上，坚定不移建设制造强国、质量强国……
★构建金融有效支持实体经济发展的体制机制……推动金融、房地产同实体经济均衡发展

2022年3月 政府工作报告：防范化解重大风险，守住不发生系统性风险的底线

2022年2月 中央政治局会议：强化金融风险防控，坚决维护金融稳定大局

2021年12月 中央经济工作会议：正确认识和把握防范化解重大风险，抓好风险处置工作

2021年8月 中央财经委员会第十次会议：要坚持底线思维，增强系统观念，遵循市场化法治化原则，统筹做好重大金融风险防范化解工作。要夯实金融稳定的基础，处理好稳增长和防风险的关系，巩固经济恢复向好势头，以经济高质量发展化解系统性金融风险，防止在处置其他领域风险过程中引发次生金融风险

2021年3月 政府工作报告：完善金融风险处置工作机制，压实各方责任，坚决守住不发生系统性金融风险的底线。金融机构要坚守服务实体经济的本分

图1-3 中央政府及各相关职能部门关于应对企业金融化的政策脉络图

资料来源：作者根据中国政府网等官网信息整理绘制。

第 1 章
绪 论

自 2014 年至今,党和政府的历年重大会议都反复强调"实体经济不能'脱实向虚'"以及"强化风险意识,防范化解金融风险"的发展基调。例如,从党的十九大报告可以看出,是否把经济发展的着力点放在实体经济上是建设现代化经济体系的关键。再如,中央财经委员会第十次会议也再次强调,要坚持底线思维,增强系统观念,统筹做好重大金融风险防范化解工作,处理好稳增长和防风险的关系……可见,如何有效防范和治理上市公司金融化可能带来的系统性风险已成为政府持续关注的重要议题。而企业集团由于自身体量大、涉及范围广,其金融化行为更值得着重关注。

企业集团①是指由多个法人企业因产权关系或契约关系联合形成的规模较大、实力雄厚,跨地区甚至跨领域的企业联合体。伴随我国企业集团化的发展趋势与竞争格局,其在国民经济转轨和资本市场发展中发挥着越来越重要的作用。集团母公司作为集团的管控中心,需要在集团发展与扩张过程中不断处理母子公司间各类权力的划分问题(程新生等,2020)[19]。据李茫茫等(2021)[20]统计,在我国上市公司中,成立子公司的上市公司数量日益增多,截至 2015 年该比例已高达 95% 以上。面对当前企业集团存在的母子公司功能定位不清晰与权责不对等(谢建宏,2009)[21]、部分子公司违法经营(陈志军等,2021)[22]、大型企业"集而不团"(程新生等,2020)[19]等问题,如何通过有效的集团治理缓解母子公司间存在的利益冲突成为集团管理的重大挑战(徐鹏等,2014;谭洪涛和陈瑶,2019)[23-24]。根据不完全契约理论(Gross 和 Hart,1986)[25],企业的契约具有不完备性(Hart 和 Moore,1990)[26],因此,控制权的配置是公司治理效率的重要决定性因素(陈德球等,2013)[27]。也就是说,集团内部权力配置始终是集团治理的关键性现实构成要素(王琴,2012;刘慧龙等,2014)[28-29]。而财权作为企业所有权的核心(贺正强和伍中信,2008)[30],是现代财务理论的核心概念和研究逻辑起点(伍中信,2006)[31],财权配置模式也是集团财务治理的重要因素,既牵动集团内部财务资源协调,又决定了母公司对子公司的公司治理与管理效

---

① 值得特别说明的是,本书所指的企业集团实际上等同于上市公司整体概念,上市公司是由母公司及其旗下 1 个或 1 个以上的子公司形成的联合体。

率(张会丽和吴有红,2011;谭洪涛和陈瑶,2019)[32][24]。随着上市公司控制子公司数量的增加,子公司自主权不断加大(张爽,2018;丁龙飞等,2020)[33-34],上市公司对其下属子公司的财权配置比例会对集团投资行为选择产生重要影响:财权分散配置可能导致"一放就乱"(Richards,2000)[35],使得子公司利用较大财权偏离主业发展,过度投资金融产品以获取高额收益,进而提升上市公司整体金融化水平;而财权集中配置又可能降低子公司主动投资的财力与积极发展的动力,导致"一收就乏"(程新生等,2020)[19]。可见,集团内部财权配置很可能会影响到上市公司的金融投资行为。因此,通过优化集团内部财权配置模式,协调权力博弈主体之间的权责利关系,发挥财权配置的约束机制与资源配置机制,引导上市公司回归主业,实现企业集团可持续、高质量发展,也成为当前需要解决的重要现实问题。

然而,这一话题尚未引起应有的关注。已有研究从宏观经济发展对上市公司金融化的影响因素进行了探讨,发现金融业与生产性行业利润率的缺口(Demir,2009)[36]、经济金融化程度加深(张成思和张步昙,2015)[37]、金融压制体系(张杰和杨连星,2015)[38]、影子银行的高速发展(周彬和谢佳松,2018;黄贤环等,2021)[39-40]、资本市场发展(胡奕明等,2017)[41]、数字金融(陈春华等,2021)[42]等宏观经济发展状况对实体企业金融化的推动作用。也有文献从金融政策(李元和王擎,2020;杨筝等,2019)[43-44]、财政政策(彭俞超等,2017;黄贤环和王瑶,2021)[45-46]、产业政策(步晓宁等,2020;郭飞等,2022)[47-48]、银行监管(黄海涛等,2020;马勇和陈点点,2020)[49-50]、融资融券制度(杜勇和邓旭,2020)[51]等视角考察宏观经济政策与监管环境对实体企业金融资产配置的调节作用。此外,还有学者研究了主业经营状况(宋军和陆旸,2015;黄贤环等,2019)[52-53]、经营风险规避(张成思和郑宁,2020)[54]、客户集中度(李馨子等,2019)[55]、CEO金融背景(杜勇等,2019)[56]、股权结构特征(Crotty,2003;刘伟和曹瑜强,2018;Lee等,2020;孙泽宇和齐保垒,2022)[57-60]、内部控制(王瑶和黄贤环,2020)[61]等微观层面因素对上市公司金融化水平的影响。可见,现有文献大都将上市公司作为一个独立的个体,忽视了我国企业"大型化、集团化"的发展现状,鲜有从集团视角出发探讨企业金融化的影响因素。虽然,黄贤环和王瑶（2019）[8]、李馨子等（2019）[62]从集团视角研究了内部资本市场的"多币效应""活钱效应"及"传染效应"对企业金融化水平的影响，但是也未从集团内部权力配置与母子公司的角度出发，考虑集团内部财权在上市公司及其下属子公司这一层级的配置模式对上市公司投资行为的影响机理。然而，从当前我国典型的金融化企业集团来看，集团内部财权在上市公司及其下属子公司间的配置模式与其金融化趋势存在较大的相关性。图1-4和图1-5呈现了2007—2020年云南白药与苏宁易购的财权配置与其金融化趋势对比。二者的子公司财权占比与其金融化趋势大体上均呈上升趋势，且子公司财权占比和其金融化的变化趋势之间存在较强的相关性。这种现象在我国资本市场上可能并非个例，那么，子公司拥有较大的财权是否是云南白药、苏宁易购等实体企业金融化现象愈演愈烈的重要推力呢？这一问题值得深入研究。

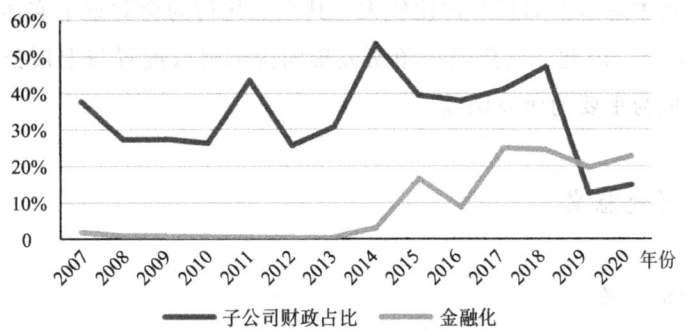

图1-4　云南白药财权配置与其金融化趋势对比图

资料来源：作者根据数据库数据计算绘制。

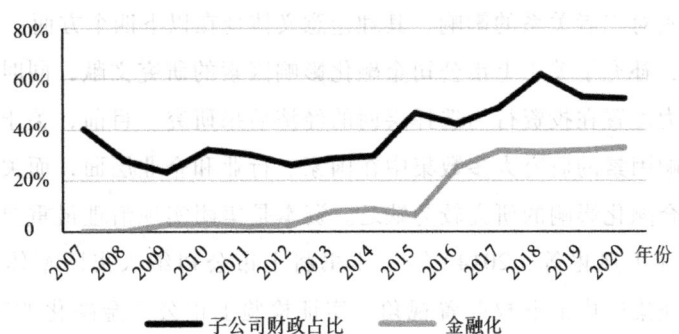

图1-5　苏宁易购财权配置与其金融化趋势对比图

资料来源：作者根据数据库数据计算绘制。

治理风险的首要任务是要精准识别风险点与危险源,而集团内部的权力寻租行为更多的是发生在上市公司所控制的众多非上市子公司之间(张会丽和吴有红,2011)[32]。因此,财权作为财务研究的逻辑起点(伍中信,2006)[31],研究其在母子公司之间的配置对上市公司金融化治理显得尤为重要。那么,集团内部财权在母公司及其子公司之间的配置情况是否会对上市公司金融化带来影响?进一步地,集团内部财权配置对上市公司金融化的作用机制是什么?该影响在集团组织、治理与财务等维度的异质性特征下是否存在差异?集团内部经营权和人事权的配置是否会对集团内部财权配置与上市公司金融化二者之间的关系产生影响?回答以上问题事关当前我国实现"防风险""六稳"目标和改进集团公司治理,促进企业高质量发展的大局。值得说明的是,诸如集团这样的"大块头"企业虽在我国企业总数中占比较小,但在资本总量上却相对占比较大,其金融化行为会对整个实体经济产生"秤砣"效应。因此,从集团视角研究集团内部财权配置与上市公司金融化的关系已成为重要的研究课题。

1.1.2 研究意义

1. 理论意义

本书挖掘集团内部财权配置影响上市公司金融化的基本关系和作用路径,同时考察了组织、治理与财务等角度的异质性及集团内部经营权、人事权配置分别对二者关系的影响,其理论意义体现在以下四个方面:

首先,补充了关于上市公司金融化影响因素的研究文献,同时丰富了集团内部权力配置在投资行为选择层面的经济后果研究。目前,关于上市公司金融化影响因素的研究大多数集中在国家、行业和企业层面,而关于组织形式对企业金融化影响的研究较为缺乏。资本是集团实现治理最重要的资源与管理介质(王凤彬等,2014)[63]。本书将上市公司纳入集团整体的分析框架,从企业集团内部财权配置视角,实证检验上市公司金融化的影响因素,这在国内同类研究中还较为少见,本书是对上市公司金融化影响因素研究的重要补充和深化。同时,本书也是对张会丽和吴有红(2011)[32]提出的企业资源配置集中程度如何影响子公司投资行为这一话题的进一步深入和延续。

其次，阐明了集团内部财权配置与上市公司金融化的内在关系，并揭示了集团内部财权配置影响上市公司金融化的作用路径。本书采用大样本的实证研究方法，不仅检验了集团内部财权配置与上市公司金融化的基本关系，同时还揭示出代理观下的逐利动机是集团内部财权配置助推上市公司金融化的潜在机制。这为更好地理解在我国企业"大型化、集团化"发展背景下，集团内部财权配置对上市公司金融化的影响提供必要的理论依据。

再次，挖掘了集团内部财权配置影响上市公司金融化水平的约束条件，为更好地理解不同情境下的二者关系提供了理论借鉴。本书从集团组织、治理与财务三个维度的特征出发，分别考察母公司控制权、子公司数量、产权性质、机构投资者持股、集团内部是否设立财务公司与集团内部举债模式的异质性对集团内部财权配置与上市公司金融化关系的影响。这能够为更加全面、多维地理解集团内部财权配置对上市公司金融化的影响提供理论依据。

最后，揭示了集团内部财权、经营权和人事权组合配置对上市公司金融化影响的协同效应。区别于已有研究单纯考察集团内部财权、经营权和人事权三者中某一权力在母子公司之间的配置对上市公司财务行为的影响，本书将集团内部财权、经营权与人事权配置纳入同一分析框架。本书不仅单一考察了集团内部财权配置对上市公司金融化的影响，更重要的是还考察了以上两种权力的协同配置对集团内部财权配置与上市公司金融化关系的影响，这是对已有关于集团财权配置优化及其经济后果研究的重要补充。

2. 现实意义

对企业集团而言，权力安排的合理与否是集团可持续发展最重要的决定因素之一。伴随我国企业"大型化、集团化"发展趋势以及防范化解系统性重大风险的战略要求，研究集团内部财权配置与上市公司金融化的关系对上市公司和监管部门具有重要的现实意义。

首先，有利于集团通过优化母子公司之间的财权配置，提升投资科学性和合理性，有效防范化解上市公司"脱实向虚"风险。促进企业高质量发展、防范化解系统性金融风险是我国治理体系的重要目标。而子公司作为拥有一定决策自主权的独立法人实体，其决策空间与投资倾向会给集团权力配置效率与经营风险带来重大影响。本书的研究内容有助于集团从优化财权配置模式的视角抑制子公司金融资产投资行为，不断完善集团总部对子公司的风险治理与投资监管。

其次，有利于上市公司进一步强化集团公司治理，通过集团内部财权、经营权与人事权的协同配置有效抑制代理问题下逐利动机引致的金融化行为。优化母子公司间的权力安排是集团公司治理的基本原则和企业持续发展壮大的重要途径。本书通过集团内部权力细分，从财权配置视角出发，考虑经营权与人事权配置对上市公司金融化的协同作用，有利于上市公司根据不同细分权力的特征进行系统性筹划，提升内部权力系统配置意识与金融风险防范理念，科学安排财权、经营权与人事权在母子公司之间的配置，实现企业集团内部权力激励与强化监管之间的有机统一。

最后，有利于引起监管部门关于集团上市公司金融化行为的关注及优化防范化解上市公司"脱实向虚"风险的治理对策。防范化解系统性金融风险是我国政府部门的重要任务之一，也是影响我国经济社会稳定的因素之一。如何有效防范化解实体企业"脱实向虚"风险则是其重中之重。本书考察集团内部财权配置对上市公司金融化的影响以及组织、治理与财务特征的异质性影响，能够为政府部门有效监测和防范我国实体部门可能存在的"脱实向虚"风险提供必要的理论参考。同时，能够为政府监管部门根据企业集团内部财权配置模式的异质特征有重点地监控上市公司金融化行为，为金融监管部门实施有针对性地监督与预防金融风险提供切入点与着力点，为防范化解重大金融风险政策的制定提供重要补充。

1.2 核心概念界定

1.2.1 集团内部财权配置

集团内部财权配置是本书的重点概念之一，理解集团内部财权配置，首先应明确什么是企业内部权力,其次应区分财权在单体企业与企业集团中的配置是否有所差异。因此,本小节按照"企业内部权力"——"单体企业内部财权配置"——"集团内部财权配置"的逻辑顺序对所涉及的概念进行逐一介绍,以便更好地理解集团内部财权配置的经济后果与治理效应。

1. 企业内部权力

权力是指社会行为者按照他们的意愿给另外一些人带来影响与改变的能力(Salancik 和 Pfeffer,1974)[64],通常包括经济权力和政治权力。企业权力指的是企业所有者对企业资产的占有、支配、分配以及管理等权能或影响力。已有学者从单一维度,根据权力的决策过程、功能特征、时态特征、执行强度及企业资源要素等标准,将企业内部权力划分为以下几种类型:第一,将企业权力划分为决策管理权与决策控制权(Fama 和 Jensen,1983;刘慧龙等,2014)[65][29];第二,战略决策权与经营决策权(陈建安和胡蓓,2007)[66];第三,资本所有权、专用性投资权、关键资源掌控权与组织结构权(张晓峰,2011)[67];第四,强制性权力和非强制性权力(陈志军等,2021)[68]以及事权、财权与人事权(谭洪涛和陈瑶,2019)[24]。还有学者从多维角度,以垂直层级制组织结构为背景,认为企业权力可以根据决策权分配的不同侧重点,从权力等级、权力集聚和参与决策三个维度进行划分与测度(Cullen 和 Perrewe,1981)[69];杨阳等(2015)[70]基于决策权的多维度特征,按照母公司对集团成员单位施加管控的主要职能领域,将决策权这一总体权力解构为经营、人事等六个子类权限。此外,我国《全民所有制工业企业法》第三章明确规定了全民所有制工业企业的权利与义务。针对单体企业权力,该法律明确规定了企业的权力包括人、财、物、供、产、销六个方面。可见,从企业价值产生角度来看,单体企业权力可以从生产、销售与消费角度进行分类。而本书则借鉴陈建安和胡蓓(2007)[66]、杨阳等(2015)[70]、谭洪涛和陈瑶(2019)[24]的方法,从权力的价值形态角度出发,将单体企业内部权力分为财权、经营权与人事权。其中,财权居于企业法人财产权中的核心地位(汤谷良,1997)[71]。

企业财权是法人财产权的核心(汤谷良,1997;伍中信,2010)[71-72],是由不同层次、不同权能所构成的一个资金和资产的支配与使用系统(李连华,2002)[73]。还有学者认为财权是"某一主体对财力所拥有的支配权"(伍中信,2010)[72],其中,财力是企业的财务资金,财权则表现为诸如收益权、投资权、筹资权、财务预决策权等支配财力的权能。郭复初(2001)[74]在此基础上增加留用资金支配权与成本费用开支权等权能。秦永和和韩平(2001)[75]认为财权具体表现为财务决策权、财务执行权和财务监督权。李连华(2002)[73]根据财务分层治理理论将财权划分为出资者终级财权、公司法人财权以及法人财权分割形成的明细财权三个层次。张兆国等(2004)[76]认为通过财务收益权与财务控制权进行财权分类可以更加准确地表达企业各项财权的内在联系。郭葆春和洪卫青(2004)[77]将企业财权分解为财务机构设置权、考核和薪酬安排权、资金调度和结算权等十三项横向财权以及决策权、执行权、监督权等纵向财权。贺正强和伍中信(2008)[30]按照权力与价值活动相伴随的特征,将企业财权概括为收益权、投资权与筹资权。谭洪涛和陈瑶(2019)[24]则将财权定义为投资权、筹资权与资金管理权。本书认为决策权、执行权与监督权实质上属于财权分层管理的客体,根据人员所属层次高低与决策事项重要程度的不同,决策权、执行权与监督权会分配给不同的利益主体。财务收益权与财务控制权类似于从产权的角度解释企业剩余控制权与剩余所有权,属于广义上的财权,而伍中信(2006)[31]提出的"财权=财力+(相应的)权力"能够全面清晰且简明扼要地概括财权的内涵。

企业经营权在单体企业中表现为企业的经营者(董事会及经理人员)代表公司法人对企业法人财产占有、使用和依法处置的权利。根据《中华人民共和国公司法》的规定,凡是具有独立法人资格的企业,均有在法律核定的经营范围内自主安排经营活动的权利。但事实上,独立企业尤其是子公司经营权的权利范围会受其所处环境监管效率的影响(袁琳和张伟华,2015)[78],这就涉及了对集团内部经营权配置概念的理解。为提升子公司在具体业务领域内的经营效率,子公司会被母公司授予一定程度的自主经营决策权,在经营方面具有较大的独立性和一定的灵活性(Cavanagh 和 Freeman,2012)[79]。本书借鉴谭洪涛和陈瑶(2019)[24]的思路,认为集团内部经营权配置指的是自主经营活动与自主资产配置能力在母子公司间的分配模式。此外,子公司经营需求与自主资产配置的能力又可以通过子公司业务承担量进行反映（马忠等，2020）[80]。

企业人事权指的是企业不受第三方制约，独立行使对员工的聘用、岗位轮换以及任免的权力（谭洪涛和陈瑶，2019）[24]。在现实经济活动中，集团母公司常常通过向子公司委派高管的方式对子公司进行控制，还往往会保留对被委派人员的考核权和薪酬决定与薪酬发放权。不仅如此，在人事权较为集中的部分集团中，子公司人员的招聘录用、管理制度以及福利待遇等具体工作也一般由母公司人力资源部直接管控。因此，本书所指的集团内部人事权配置是指企业薪酬决定权与管理人员任免权等人事管理权能在母子公司间的配置模式。

2. 单体企业内部财权配置

由于财权在企业内部具有明显的层次划分，已有学者对单体企业财权配置模式进行了研究。财务分层理论根据企业两权分离的现实，将企业财务分为所有者财务与经营者财务两个层次。在此基础上，汤谷良（1997）[71]根据所有者财务、经营者财务与财务经理财务对企业财权的影响与作用重要程度，提出了财务分层理论的"三层次说"。杨瑞龙和周瑞安（2000）[81]认为财权的配置还应考虑企业利益相关者，因此一个有效的财权配置模式应分为股东财权、经营者财权、财务经理财权、员工财权、利益相关者财权等（债权人、供应商、政府等），亦即分层理论"五层次说"。与此相类似，郭葆春和洪卫青（2004）[77]在企业横向财权、纵向财权与利益相关者财务目标相互勾稽的基础上，勾勒优化出了财权三维配置的模式。伍中信（2006）[31]还考虑了企业所处的破产状态，除了将股东、经营者（董事会和总经理）、财务经理视为财权配置主体以外，还将债权人和清算组视为财权配置主体。王中杰（2011）[82]将财权配置分为初次分配（财权在股东大会、董事会、经理层以及监事会的分配）与再次分配（财权在企业经营者及其下层财务部门之间的分配）。

综上，可以看出已有文献大都围绕财务分层治理理论（伍中信，2006）[31]，根据单体企业各层级人员所处的地位和作用、财务事项涉及金额或性质的大小与不同的财权客体进行财权配置。本书认为单体企业内部财权配置作为企业内部资源优化配置和财务治理机制的一种手段，主要指的是依据决策事项的重要程度，将财权客体在各财权主体间进行的一种流动性安排。单体企业内部财权配置具体又可以分为纵向财权配置模式（如图1-6

所示）与横向财权配置模式（如表1-1所示）。

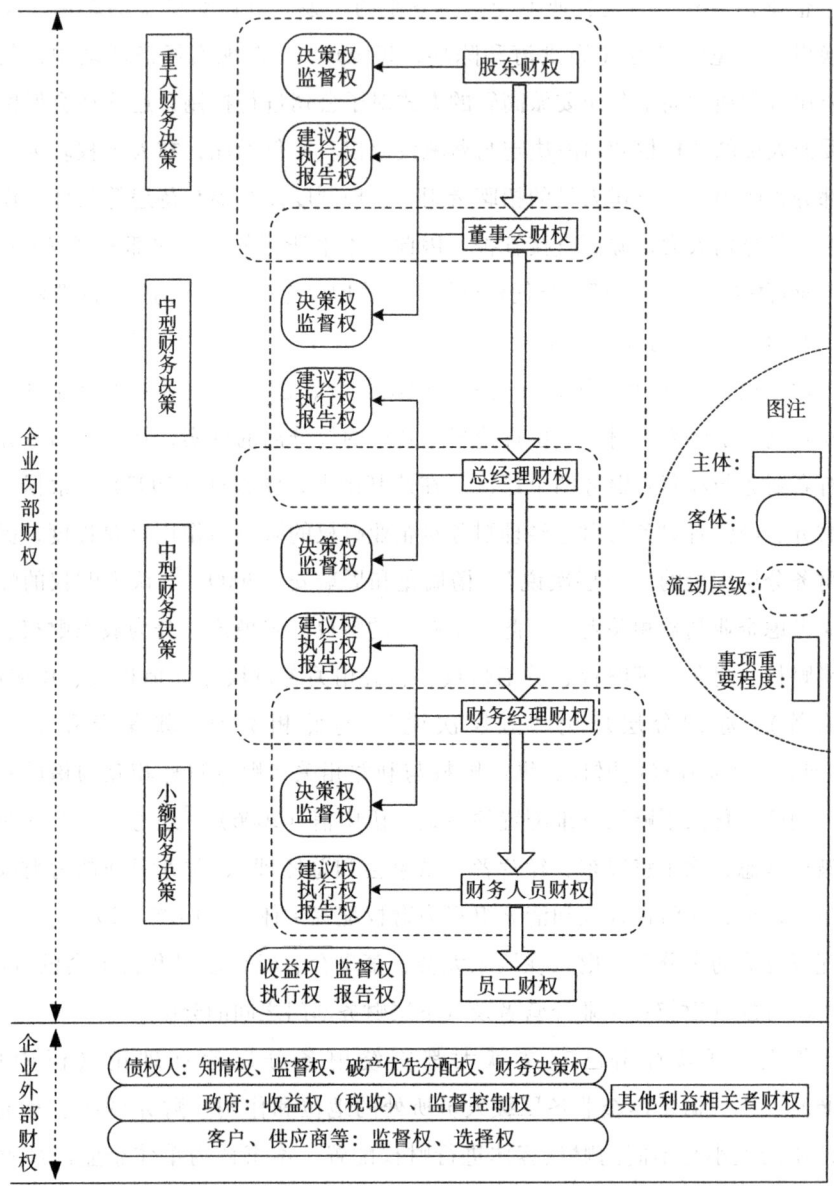

图1-6 单体企业纵向财权配置模式

资料来源：作者借鉴已有文献（伍中信，2006；王中杰，2011）[31][82]整理绘制。

第 1 章 绪 论

表 1-1　　　　　　　　　　单体企业横向财权配置

	股东横向财权	董事会横向财权	总经理横向财权	财务经理横向财权
财务机构设置权	/	决定设置	组织设置	建议、制定方案
人事及薪酬安排权	选举董事、监事，决定其报酬	决定总（副）经理、财务负责人任免，考核与薪酬	提名副总经理、财务负责人及决定考核与薪酬	建议财务人员、决定考核与薪酬
投资权	决定投资计划	中型投资决策权	中型投资建议与组织、小额投资决策权	中小额投资方案建议与执行
财务制度制定权	拟订、修改公司章程	审批内部财务制度	组织拟订财务制度	建议、制定与执行财务制度
筹资权	对融资决策做出决议	制定中型融资决策	建议和组织中型融资	建议、执行融资决策
财务预决算制定权	审批	制定	组织、实施	编制、执行
分配权	审批	制定	建议、组织	建议、执行
合并、分立、解散和清算权	决议	制定	建议、组织	建议、执行
资金调度和结算权	/	审批大额	执行大额审批小额	执行计划资金统一管理
资产管理权	重大资产	一般资产	建议、组织	建议、执行
成本费用开支权	/	审批大额	审批中小额	执行开支规定
信息披露权	查阅、审批工作报告	向上级报告董监高报酬	组织、报告财务核算	记录、报送财务状况与经营成果
财务分析权	/	审核财务分析报告、对经理层进行评价	报送分析报告，对下属进行评价	下达考核指标、组织报送财务分析报告、评价下属
其他权限	其他权限	其他权限	其他权限	其他权限

3. 集团内部财权配置

集团内部财权配置是对单体企业财权配置研究的继承和发展。由于代理链条的拉长，财权在财权主体或各管理层级的分配层次逐渐加长，财权客体（横向财权与纵向财权）或权能的内容也更加复杂多样。因此，不同于单体企业内部财权的多层次主体，本书将集团财权配置主体聚焦在上市公司内的母公司与子公司。此外,由于财权配置侧重于财力的配置(伍中信,2006)[31],即从价值形态上对资金进行支配,且财力的分布可以综合反映母公司对内部财务资源配置的多种策略安排(张会丽和吴有红,2011;程新生等,2020)[32][19]。因此,本书将集团内部财权配置客体聚焦在集团内部财力。综上所述,本书所阐述的"集团内部财权配置"指的是集团财力在集团内部母子公司间的分配状况。当子公司拥有较大财力时,意味着集团内部财权为分散配置模式;当母公司拥有较大财力时,意味着集团内部财权为集中配置模式。

1.2.2 上市公司金融化

"上市公司金融化"作为本书的另一重要概念,本部分将对"上市公司金融化"概念中的"上市公司"与"金融化"进行逐一界定。

1. 上市公司

首先,关于上市公司的行业范围界定。本书所指的上市公司特指不包含房地产业与金融业的企业。这主要是因为,本书所指的"金融化"是指实体企业偏离主业进行的金融投资和具有"金融属性"的房地产投资,而房地产企业进行具有"金融属性"的房地产投资是一种主业投资行为,其持有的房地产并不是"金融资产",而是作为"存货"处理;金融企业进行的金融理财产品的投资行为属于自身主业,也不属于偏离主业的投资行为。

其次,关于上市公司所属的集团层级界定。已有文献对企业集团的研究对象大致分为两类,一类是将研究对象聚焦在集团总部与下属上市公司层面(吴秋生和黄贤环,2017;李馨子等,2019;蔡卫星等,2019)[83][62][84],在这一层级中集团总部是资本运作的主体;另一类文献是将研究对象落脚在上市公司及其子公司层面(张会丽和陆正飞,2013;徐鹏等,2014;谭洪涛和陈瑶,2019)[85][23][24],在这一层级中上市公司则成为集团中资源配置的主体。由于上市公司的子公司大多非公开上市且母子公司间存在地域差距与行业差异等特征,加之子公司不像上市公司本身那样容易受到市场的关注,导致各层次对子公司的内外部的监督不仅力度不足,且难度相比单体企业也有所加大（苏静，2006）[86]。因此，上市公司的子公司成为集团内控系统中的一个薄弱环节，企业集团中的寻租行为更多地发生在这一层次（张会丽和吴有红，2011）[32]。这表明研究集团内部财权在这一层次的配置模式具有一定的重要性和必要性。此外，上市公司财务报表同时对母子公司经营成果的公开披露，为本书考察上市公司中母公司①及其子公司的财权配置情况提供了可行性与便捷性。鉴于此，与张会丽和吴有红（2011）[32]、谭洪涛和陈瑶（2019）[24]、程新生等（2020）[19]等学者的研究方法相类似，本书所提及的"上市公司"实质为母公司及其控制的全体子公司联合形成的企业集团。同时，本书以上市公司海信视像科技股份有限公司（600060）股份透视图（如图1-7所示）为例，再次阐释本书所指的上市公司与企业集团的概念范畴。本书的研究对象即为海信视像科技股份有限公司（股票代码600060）与其控制的上海数字电视国家工程研究中心有限公司、青岛海信电器营销股份有限公司、青岛信芯微电子科技股份有限公司、深圳市中彩联科技有限公司等子公司以产权关系或经营关系联合形成的企业集团，也就是图1-7中阴影部分所涵盖的范围。

2. 金融化

首先，关于"金融化"的含义及其主要表现。早期学者认为"金融化"是一个模糊的概念，它包含了一系列广泛的诸如金融市场全球化、金融投资收入增长、股东价值革命和公司治理理论与实践的相关变化等现象（Stockhammer，2004；Organgazi，2008）[87][1]。随着金融活动在各个领域的发展与对"金融化"研究的不断深入，"金融化"所涉及的领域逐渐囊括了宏观层面的经济金融化（Arrighi，1994；Epstein，2005；Treeck，2009；张成思和张步昙，2015；Alexiou等，2019；孙红燕等，2020）[88-90][37][91-92]、中观金融商品金融化（Ibbotson等，2013；张成思等，2014）[93-94]、微观实业部门金融化三个方面（Orhangazi，2008；宋军和陆旸，2015；Auvray和Rabinovich，2019；杜勇等，2019）[1][52][95][56]。从宏观层面来看，"金融化"是指现代宏观经济中金融服务的规模和重要性在国内和国际经济运行中日益增加

---

① 母公司指的是企业集团的核心企业和出资主体。

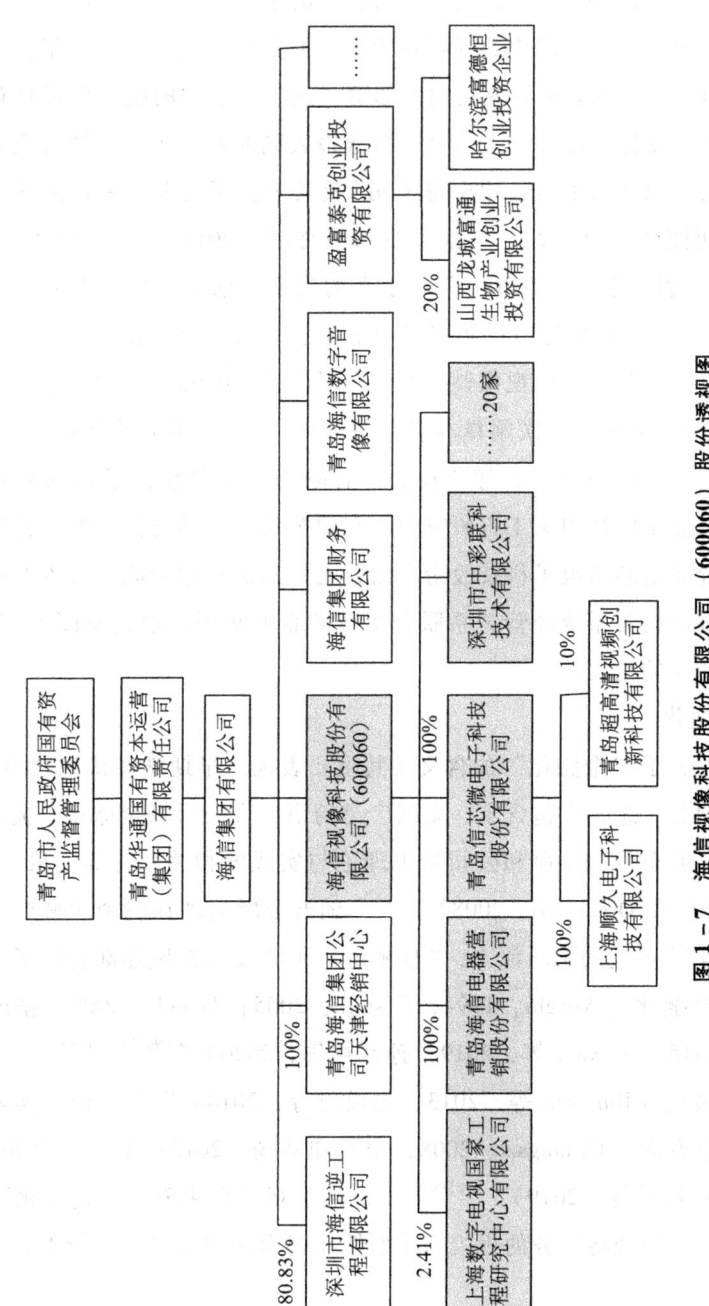

图1-7 海信视像科技股份有限公司（600060）股份透视图

的一种现象。其中,金融市场、金融机构和金融精英对经济政策和经济结果产生的影响不断加大(Epstein,2005;Palley,2008;Kliman和Williams,2015)[89][11][96]。Davis和Kim(2015)[97]将"金融化"描述为信息技术发展、经济放松管制和"股东价值范式"在各个层面崛起的共同产物。从中观层面来看,"金融化"则主要表现为资产或大宗商品的金融化(张成思和张步昙,2015)[37]。从微观层面来看,Arrighi(1994)[88]将企业金融化定义为一种积累模式,在这种模式中,企业利润越来越多地通过金融渠道产生,这一概念也得到了较多学者的认同与采纳(Krippner;2005;张成思和张步昙,2015;陈春华等,2021)[2][37][42]。

其次,本书"金融化"的研究主体为企业金融化。非金融公司偏离主业经营,进入金融领域参与金融活动,其主要表现方式有以下两种:第一,资金金融化。资金金融化反映了企业资金流向金融部门的数量在不断增加,例如,企业开展委托贷款业务以此获得利息收入(Baud和Durand,2012)[98]、企业将资金投向房地产行业或在二级市场买卖股票(余琰和李怡宗,2016)[99]等;第二,投资金融化。投资金融化反映企业所持有或投资的金融资产数量或份额不断增加。例如,非金融企业购买银行理财产品和信托投资,开设从事金融业务的分支机构或控股金融机构等来实现利益最大化(宋军和陆旸,2015)[52]等。本书从企业视角层面出发,探寻企业集团内部财权配置模式与上市公司金融化之间的关系。

最后,关于对"金融化"度的理解。"化"在现代汉语中表示事物的性质或性态发生改变。不同于已有文献对金融资产配置"度"的讨论(黄贤环等,2019;王少华和上官泽明,2019)[53][100],本书认为既然实务工作者和众多学者将金融资产配置的行为上升为"金融化"的概念范畴,说明金融资产配置程度已经发生了某种改变,或者说实体经济已经出现类似金融的性质或状态(张成思和张步昙,2015)[37]。因此,本书认为"金融化"意味着企业持有的金融资产数量已经处于"过度"区间或依赖金融渠道获利已成主导模式。上市公司的"金融化"实质上已等同于"过度金融化"。对此,后文不再进行区分。

3. 上市公司金融化

通过上文对"上市公司"与"金融化"的范畴界定,本书借鉴杜勇等

(2017)[3]、Stockhammer 和 Grafl（2010）[4]、Epstein（2005）[89]等学者的研究，对核心概念"上市公司金融化"做出如下定义：本书所研究的"上市公司金融化"指的是非金融类的上市公司偏离主业经营，投资金融资产占总资产的比重不断上升，企业利润主要来自于金融渠道的一种现象。上市公司金融化水平反映的是母公司及其控制的1个或1个以上的子公司构成的集团整体金融化水平。

1.3 研究目标与研究内容

1.3.1 研究目标

本书研究的总体目标在于厘清集团内部财权配置对上市公司金融化的影响机理，以及在不同情境下如何发挥集团内部财权配置对上市公司金融化行为的治理作用，为优化集团内部财权配置及治理上市公司金融化现象提供必要的理论基础和经验证据。

本书具体理论目标在于：

（1）揭示集团内部财权配置对上市公司金融化的基本关系和影响机理，在理论分析和实证研究的基础上，为集团通过科学合理的财权配置抑制上市公司金融化提供理论依据。

（2）厘清集团内部财权配置在母公司控制权、子公司数量的组织特征，产权性质、是否机构投资者持股的治理特征以及集团是否设立财务公司、举债模式的财务特征等异质情境对上市公司金融化产生何种影响，根据以上细分特征进一步挖掘上市公司金融化的约束机制。

（3）揭示集团内部经营权、人事权配置对集团内部财权与上市公司金融化的协同效应，为治理上市公司金融化提供集团权力最优组合方面的经验证据。

本书具体实践目标在于：

(1) 通过研究集团内部财权配置与上市公司金融化的内在关系与影响机理，为企业集团从内部财权配置角度提供金融化治理思路，进而优化财权在母子公司间的配置模式，引导集团成员在适度的范围内开展金融投资活动。

(2) 通过归纳集团内部组织、治理与财务特征对内部财权配置与上市公司金融化关系的影响，为金融监管部门实施有针对性的监督与预防提供着手点。

(3) 通过对财权、经营权与人事权配置协同作用的多角度解构与分析，得出集团细分权力不同的金融化治理机制，为上市公司及现有监管部门防范化解金融风险实施政策工具提供重要补充。

1.3.2 研究内容

1. 本书研究内容

本书具体的研究内容主要分为基本关系研究、拓展关系研究、权力协同配置研究三部分。如图 1-8 所示。

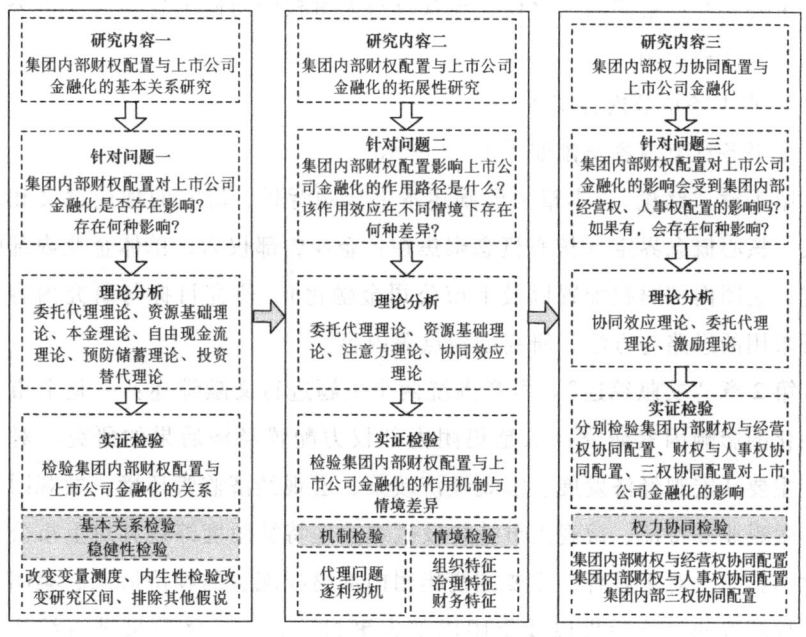

图 1-8 本书研究内容图

本书具体研究内容设计如下：

第一，基于委托代理理论、资源基础理论、本金理论、自由现金流理论、预防储蓄理论、投资替代理论等理论，从理论上分析集团内部财权配置与上市公司金融化之间的关系并开展实证检验，主要回答：集团内部财权配置是否会对上市公司金融化带来影响且会带来何种影响。

第二，运用委托代理理论与注意力理论等相关理论对二者关系进行拓展性研究。首先，运用委托代理理论挖掘集团内部财权配置影响上市公司金融化的作用机理并进行中介效应检验；其次，通过分组或在模型中加入交乘项检验集团组织、治理和财务等异质性特征下集团内部财权配置对上市公司金融化助推作用的强弱变化。拓展性研究主要回答：集团内部财权配置通过何种路径影响上市公司金融化以及集团内部财权配置对上市公司金融化的助推作用存在何种情境差异。

第三，通过集团内部权力细分，全面考察集团内部经营权、人事权配置对财权配置影响上市公司金融化的协同效应并进行实证检验。权力协同配置研究主要回答：集团内部财权、经营权与人事权的协同配置会对上市公司金融化带来何种影响。

2. 本书各章节内容安排

本书各章节内容安排如图1-9所示。

第1章"绪论"。本章主要阐述本书选题背景、研究的理论意义和现实意义、核心概念界定（核心概念聚焦在：企业内部权力、单体企业内部财权配置、集团内部财权配置以及上市公司金融化）、研究目标与研究内容、研究所采用的思路与方法、研究创新点等内容。

第2章"文献综述"。本章围绕两个主题进行文献综述：一是上市公司金融化的影响因素研究；二是集团内部权力配置经济后果的研究。对于前者，主要从宏观经济发展、宏观经济政策、宏观经济监管环境、微观财务特征、微观业务特征、微观人事特征及微观治理特征角度综述其对上市公司金融化的影响。对于后者，主要围绕集团内部财权配置的经济后果、集团内部经营权配置的经济后果以及集团内部人事权配置的经济后果进行综述。同时，通过整理已有文献，做出文献述评。

第 1 章 绪 论

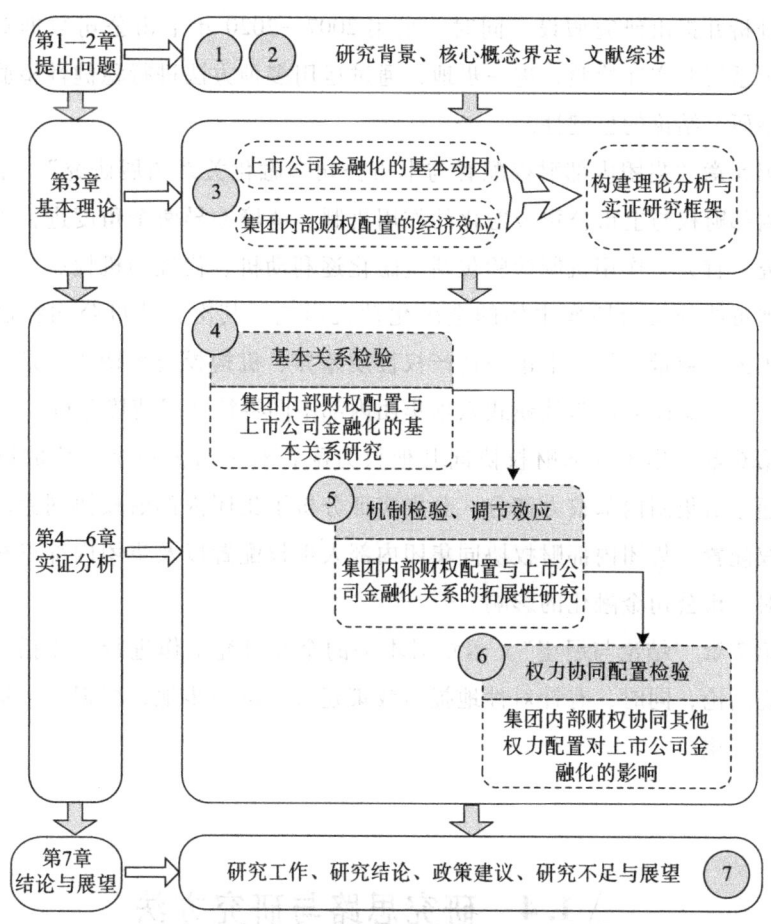

图 1-9 本书各章节内容安排图

第 3 章 "制度背景与理论基础"。制度背景主要介绍企业集团的演进与上市公司金融化的演进过程，说明企业集团发展的重要性与影响力及上市公司金融化的现状。理论基础分为集团内部财权配置的经济效应与上市公司金融化动机的理论解释以及集团内部财权配置与上市公司金融化的理论分析框架三部分。

第 4 章 "集团内部财权配置与上市公司金融化基本关系研究"。基于委托代理理论、资源基础理论、本金理论、自由现金流理论、蓄水池效应与投资替代效应等理论，对集团内部财权配置与上市公司金融化之间的关系进行理论分析并提出研究假设。同时，采用 2007—2020 年上市公司数据对两者基本关系展开实证检验，进一步地，通过运用多种方法进行稳健性检验以保证本书研究结论的稳健性。

第 5 章 "集团内部财权配置与上市公司金融化关系拓展研究"。本章从集团内部财权与上市公司金融化的作用机制、情境差异两个角度进行了拓展性研究。首先，作用机制检验包括金融化逐利动机、代理动机检验，同时排除其他可能的权力博弈主体的金融化动机影响。其次，从母公司控制权大小、子公司数量差异、上市公司产权性质差异、机构投资者持股、是否设立财务公司、集团内部举债模式六项集团内部不同特征开展情境分析。

第 6 章 "集团内部财权协同其他权力配置对上市公司金融化的影响"。本章通过对集团内部权力细分，分别实证分析了集团内部财权协同集团内部经营权配置、集团内部财权协同集团内部人事权配置以及集团内部三权协同配置对上市公司金融化的影响。

第 7 章 "结论与展望"。本章对本书的全部研究工作进行了概括，并总结研究结论，同时，有针对性地提出政策建议。进一步地，根据研究局限提出研究展望。

1.4 研究思路与研究方法

1.4.1 研究思路

本书的研究思路如图 1-10 所示。

首先，立足于研究背景，对上市公司金融化的相关理论、影响因素与财权配置的相关理论及其经济后果进行理论梳理与文献综述，提出本书要研究的问题，同时形成理论基础，并构建本书理论分析框架；其次，对集团内部财权配置与上市公司金融化之间的关系进行实证检验，具体分为二者基本关系检验、中介机制（作用路径）检验、调节效应检验与三权协同配置检验；最后，根据本书得出的研究结论提出相对应的政策建议，并总结本书存在的研究不足，进而提出研究展望。

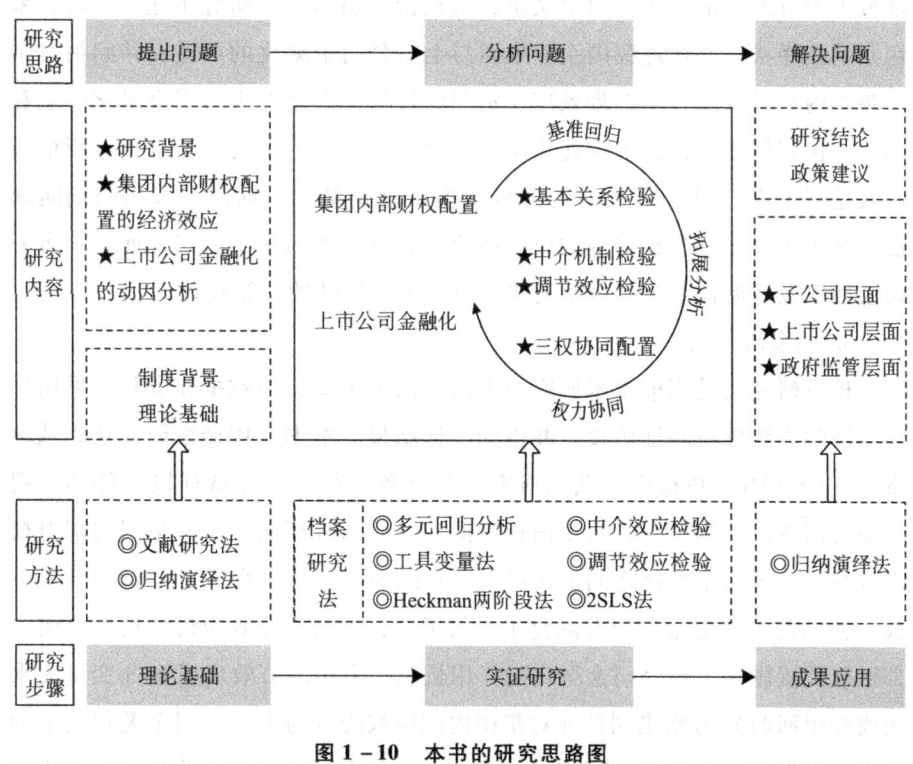

图 1-10 本书的研究思路图

1.4.2 研究方法

1. 文献研究法

通过阅读文献和书籍收集关于上市公司金融化和集团内部财权配置的国内外研究成果。从宏观经济发展、宏观经济政策、宏观经济监管环境、财务特征、业务特征、人事特征、治理特征等方面梳理并综述上市公司金融化影响因素的文献。同时，从集团内部财权、经营权与人事权角度梳理集团内部权力配置的经济后果。借助文献研究法梳理该研究领域前沿文献，从理论研究角度验证本书选题的必要性和创新性。

2. 归纳演绎法

本书比较系统性地归纳总结了关于上市公司金融化的影响因素和集团内部权力配置的经济后果等前沿文献，从理论上引出本书研究主题。同时，采用归纳演绎法重点梳理我国企业集团与上市公司金融化的演进，并归纳总结了集团内部财权配置的治理效应、资源配置效应以及上市公司金融化的逐利动机和预防储蓄动机，为构建集团内部财权配置与上市公司金融化分析框架以及挖掘上市公司金融化的约束机制提供理论基础。同时，采用归纳演绎法，基于本书实证分析得到的研究结论，有针对性地从子公司层面、上市公司层面以及政府监管层面分别提出了具有可操作性的政策建议。

3. 档案研究法

档案研究法是当前学术研究的主流方法，主要运用数据库资料，采用计量经济学方法分析验证假设，并得到实证结果。本书运用档案研究法，从国泰安（CSMAR）数据库中获取研究对象财务特征、治理特征以及外部宏观环境等因素的数据信息，采用面板数据多元回归分析法，考察集团内部财权配置与上市公司金融化之间的关系以及集团内部三权（财权、经营权与人事权）协同配置对上市公司金融化水平的影响；采用中介效应模型检验集团内部财权配置影响上市公司金融化的作用机制；采用调节效应模型（变量交乘法或分组回归）考察集团特征对集团内部财权配置与上市公司金融化关系的影响；借助工具变量法、2SLS 法、Heckman 两阶段法缓解内生性问题对研究结论准确性的影响。

1.5 研究创新点

本书可能的研究创新主要有以下几点：

（1）对金融化主体的研究，由关注宏观经济层面金融化和独立个体的金融化，向关注由母子公司组成的集团整体的金融化转变。已有研究在考察金融化的经济后果或影响因素时，研究对象大多是宏观经济层面或独立的个体（张成思，2019；胡奕明等，2017；文春晖和任国良，2015；郭飞等，2022）[10][41][101][48]，忽视了我国企业"集团化"竞争格局与发展背景下，企业集团作为常见的高级组织形式，其投资行为决策对宏观经济的影响具有"秤砣效应"。本书突破已有文献的研究局限，将由母子公司组成的上市公司整体层面的金融化作为研究对象，而非经济金融化、商品金融化或独立个体的金融化。

（2）对企业金融化影响因素的研究，由关注外部宏观环境和独立个体的特征，向关注集团内部财权在母子公司间的配置转变。不同于前期文献将上市公司作为独立的个体，研究其金融化的影响因素（Demir，2009；张成思和张步昙，2016；杜勇等，2019 等）[36][6][56]，也区别于已有文献从宏观经济发展、宏观经济政策、宏观经济监管环境、公司业务特征、财务特征、人事特征与公司治理特征等视角探讨金融化的影响因素（张成思，2019；胡奕明等，2017；马勇和陈点点，2020；李馨子等，2019；宋军和陆旸，2015；文春晖和任国良，2015；刘姝雯等，2019）[10][41][50][62][52][101][102]，本书聚焦由母子公司构成的上市公司集团整体，从财权在集团内部配置差异的视角，研究母子公司间财权配置与上市公司整体金融化的关系及其作用机理。相比于单体企业公司治理，集团公司治理的对象和边界更加宽泛（徐鹏等，2020）[103]，因此，对企业集团金融化的治理研究是对独立企业金融化治理研究的进一步深化。考虑到我国经济正处在结构调整以及转型升级的关键阶段，防止企业"脱实向虚"，壮大实体经济，是我国经济迈向高质量发展的根基所在。同时，伴随我国企业"大型化""集团化"的发展趋势，加强对权力的监督与优化权力的配置，建立健全企业集团对子公司的治理体系，才能更好地发挥企业集团在国民经济发展中的中流砥柱作用。因此，研究集团内部财权配置与上市公司金融化能够紧密结合当前时代发展背景与理论研究需求，具有较强的时代性与战略性，更能体现企业集团与实体经济未来发展的方向，也更有利于研究目标的实现。

（3）对集团内部财权配置的经济后果研究，由单纯考虑集团内部财权本身带来的影响，向系统性地考虑集团组织、治理与财务特征等情境因素的约束转变。集团内部财权配置与上市公司金融化的关系在不同情境下可能会存在异化。若是单纯考虑集团内部财权配置与上市公司金融化的关系，而忽视不同情境因素的影响，很可能无法全面认识集团内部财权配置与上市公司金融化之间的关系，使得实践活动走入误区。本书不仅考察了集团内部财权配置与上市公司金融化基本关系，而且还分别考察了集团组织、治理和财务特征对集团内部财权配置与上市公司金融化水平关系的影响，比较系统性地揭示了集团内部财权配置对上市公司金融化关系的约束条件。

（4）对集团内部权力划分的研究，由单纯关注集团内部权力的集权或分权以及仅考虑财权、经营权与人事权中的某一权力特征，向同时关注集团内部财权、经营权和人事权协同配置转变。突破已有文献笼统地考察企业权力整体或某一权力特征的经济后果，本书将集团内部权力细分为财权、经营权与人事权三个维度，除考察财权配置与上市公司金融化的基本关系外，还将以上权力配置纳入同一分析框架，检验经营权与人事权配置的协同作用。已有文献分别考察了企业财权特征、经营权特征和人事权特征等单方面特征对实体企业金融化的影响（孙洁和殷方圆，2020；戴静等，2020）[104-105]，但鲜有文献将集团财权特征、经营权特征与人事权特征纳入同一分析框架，把权力的协同配置作为集团公司治理要素，考虑不同权力在母子公司上下游之间的分布状况对上市公司金融化的影响。而权力协同配置是企业集团化经营实现协同效应不可忽视的重要因素，综合考虑集团内部权力配置对上市公司金融化的内在关系能够全面理解集团内部财权、经营权与人事权对金融化的影响可能存在的抵减或增强等叠加效应，有助于为治理金融化现象提出切实可行的政策建议。

第 2 章 文献综述

2.1 上市公司金融化的影响因素研究

上市公司金融化是当前我国宏微观经济发展过程中普遍存在的一种现象,已成为当前一项重要的研究课题。近年来,学术界、实务界和政府部门对企业金融化的关注及影响因素的研究不断深入,并从外部宏观环境与微观治理视角探讨了上市公司金融化愈演愈烈的原因。图2-1呈现了企业金融化影响因素的一些典型研究成果。本节将从上市公司金融化的宏观影响因素与微观影响因素两个角度进行文献梳理。

2.1.1 上市公司金融化的宏观影响因素研究

关于上市公司金融化的宏观影响因素研究主要涉及宏观经济发展、宏观经济政策与宏观经济监管环境三个方面。

1. 宏观经济发展角度

关于宏观经济发展对上市公司金融化的影响,相关学者主要从实体经济发展与虚拟经济发展等角度进行了研究。

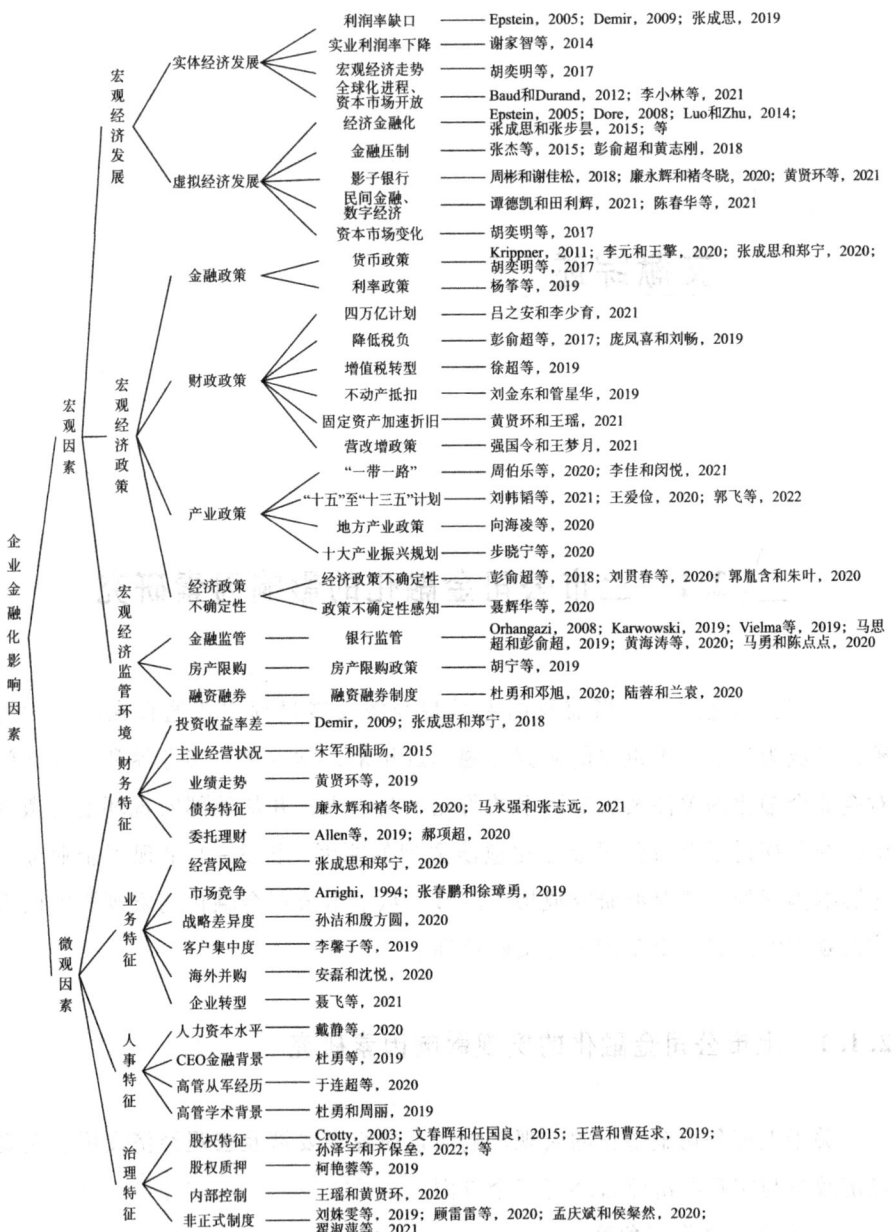

图 2-1　企业金融化影响因素的一些典型研究成果①

---

① 囿于篇幅,图中所引文献未进行标注,标注详情见正文内容。

第 2 章
文献综述

第一,从实体经济发展角度来看。企业金融化是实体经济不可持续问题的反映,也是一种管理资本主义结构性危机的机制。从这个意义上说,金融化并不是资本主义的新阶段,而是一种短暂的现象,这是资本盈余不能用于扩大生产体系下的产物。从本质上看,非金融企业面临的金融化问题是投资渠道不足,实业利润率下降趋势下,资金被引导到金融领域的现象。已有研究表明,由于增加金融投资在总资产中所占的份额可以减少宏观经济不确定性和外部冲击对实体部门企业盈利能力的负面影响,当企业主业利润下降且金融投资收益持续增长时,制造业企业金融化的趋势就会显著提高(Epstein, 2005; Demir, 2009; 张成思, 2019)[89][36][10]。在我国,政府主导的、以 GDP 至上的投资驱动型增长模式导致劳动力要素成本快速增长以及制度扭曲造成的交易成本居高不下,使得我国制造业出现较为严重的产能过剩,实体企业利润率不断下降,企业的盈利预期不足,进而使得投资行为短期化倾向加剧(谢家智等, 2014)[106]。胡奕明等(2017)[41]利用宏观经济数据综合研究了经济发展变化对企业金融资产配置程度的影响,发现当企业基于预防储蓄动机持有金融资产时,宏观经济的良好走势有利于提升企业投资回报预期,提振企业实业投资信心,进而降低了其对金融资产配置的需求,但企业基于"投资替代"动机进行金融资产配置时,企业会更倾向于依照"风险—收益"的原则进行投资决策。此外,全球化进程、资本市场开放也会对实体企业投资结构偏向产生影响(Baud 和 Durand, 2012; 李小林等, 2021)[98][107]。

第二,从虚拟经济发展角度来看。首先,传统的金融学研究大多认为金融发展(或经济金融化)能够支持实体经济发展,但 Epstein (2005)[89]在《金融化与世界经济》一书中系统阐述了经济金融化对全球经济运行的负面效果,指出经济金融化制造并放大了金融市场的泡沫,本应服务于实体经济发展的金融部门"反客为主",脱离了生产性功能并与食利阶层大发其财,而实体经济却因缺乏信贷支持陷入停滞。过度的经济金融化不仅会出现人力资本错配(Dore, 2008)[108],还容易导致生产部门萎缩,经济增长缺乏内在动力(周彬和谢佳松, 2018)[39]。Luo 和 Zhu (2014)[109]通过对中国市场的研究发现,随着金融业的不断发展,金融部门与其他部门之间的收入差距日益扩大,导致了中国的金融化现象。无独有偶,张成思和张步昙(2015)[37]也得出类似的观点。他们认为传统生产性行业利润率下降、老龄化与贸易和金融开放使得我国经济金融化程度不断加深。而经济金融化则会导致金融资产风险收益错配,极大地抑制了实业投资热情(张成思,2019)[10],不利于企业固定资产投资率的上涨。其次,张杰和杨连星(2015)[38]研究发现,金融压制体系导致我国实体经济资本需求长期化与资本供给短期化存在错配效应,金融体系发展与改革不足使得虚实经济之间出现了较高的投资回报率差距,助推了企业资金"脱实向虚"。彭俞超和黄志刚(2018)[110]也提出银行差别对待风险异质性企业使得高风险企业被迫从影子银行和金融市场等其他渠道获取资金,诱导风险较低企业减少固定资产投资转而开展金融投资业务,使得企业金融化水平提升。再次,从影子银行层面来看,周彬和谢佳松(2018)[39]研究发现,影子银行的高速发展使得本应该进入实体经济的资金在虚拟部门空转,从资金成本方面打压了实业投资。廉永辉和褚冬晓(2020)[111]进一步证实了上述观点,并提出治理企业金融化的难点与要点。然而,黄贤环等(2021)[40]的研究证实,影子银行能够弥补正规融资渠道在融资速度与融资效率方面的不足,为实体企业主业发展带来的现金流效应提升了其实业投资水平,因而也相应地降低了对金融资产的配置程度。此外,民间金融、数字金融、资本市场变化也会加剧实体企业金融化。谭德凯和田利辉(2021)[112]的研究发现,私人借贷、小额贷款公司的发展为企业扩充了投资渠道,改善了信息环境,给企业金融化行为带来了溢出效应,同时其高回报还会进一步吸引企业参与金融活动。陈春华等(2021)[42]以数字金融发展为背景,研究发现数字金融这一新金融业态弱化了企业的预防性动机,进而降低了企业金融化水平。胡奕明等(2017)[41]通过观察股票与债券市场变化,发现当股价上涨或债券市场价格上扬时,基于预防储蓄动机的企业会出售已持有的金融资产以获得资金,并将其投入实体经营中,因而股票与债券的增长率与金融资产配置呈负相关态势。从以上文献可以看出,大部分文献支持了虚拟经济发展对上市公司金融化的促进作用,不利于企业主业投资和实体经济发展。

第 2 章
文献综述

2. 宏观经济政策角度

关于宏观经济政策对上市公司金融化的影响,相关学者从金融政策、财政政策、产业政策与经济政策不确定性等视角进行了研究。

第一,从金融政策角度来看。金融政策对非金融企业金融化的影响主要表现在货币政策与利率政策两个方面。首先,作为流动性宏观调控的工具之一,货币政策的宽松与紧缩都会对微观企业投资行为选择带来影响,因而也对实现实体经济与虚拟经济间良性互动发挥重要作用。Krippner(2011)[113]认为信贷扩张、放松管制及不受控制地信贷增长是驱动美国金融化的重要原因之一,而更广泛的信贷可得性使得企业可以用更少的资金购买金融资产。李元和王擎(2020)[43]从流动性供给和企业投资需求两个方面考察了货币政策与企业金融资产配置的关系,他们发现,宽松货币政策会对高融资约束与低融资约束的企业金融资产配置策略产生抑制与助推的相反影响。此外,张成思和郑宁(2020)[54]也认为货币扩张对企业金融资产占比的影响存在直接抑制效应和间接促进效应,但是促进效应并不能抵消抑制效应。而胡奕明等(2017)[41]从企业金融化动机细分角度发现,当企业基于预防储备动机进行金融资产配置时,广义货币供应量(M2)增多形成的宽松货币环境会促使企业利用较多的现金配置金融资产以提升储备流动性;而企业基于套利动机投资金融资产时,M2增多在一定程度上会提高金融资产价格,金融资产投资泡沫增多使得投资风险加大,利于企业降低金融资产持有率。其次,在利率政策方面,杨筝等(2019)[44]以我国贷款利率上下限放开为准自然实验,研究发现,放松贷款利率下限管制能够降低银行超额利润率,有助于削弱实体经济与虚拟经济间较大的利差,进而引导实业回归主业,降低其对金融资产的配置倾向。

第二,从财政政策角度来看。吕之安和李少育(2021)[114]基于夏普率分析,从2008年"四万亿元"刺激计划角度考察了宏观经济政策对资产配置有效性的影响,研究发现,"四万亿元"政策使风险金融资产配置的有效性持续增加,企业出于预防性动机提高了金融资产配置比例,表现出"脱实向虚"的趋向。彭俞超等(2017)[45]研究发现,降低企业实际税负能够降低企业资本成本,其产生的激励效应有助于提升企业实体投资水平,对防范企业

"脱实向虚"具有积极作用。进一步地,实体税负下降相对提高了制造业企业实体资产收益率,并引导企业加大了固定资产投资和研发创新投入(徐超等,2019)[115]。与此相反,庞凤喜和刘畅(2019)[116]研究认为,企业税负水平会降低企业对当期盈余水平与利润留存的预期,使得企业通过进行金融资产配置来获得收益补偿。刘金东和管星华(2019)[117]通过对2016年不动产抵扣对非国有企业投资行为的影响研究,发现不动产抵扣政策具有资金挤占效应,抑制了企业的研发投入与固定资产类投资,提升了非国有企业金融资产配置水平。黄贤环和王瑶(2021)[46]通过对2014年固定资产加速折旧政策与企业金融化的关系研究发现,固定资产加速折旧政策能够带来现金流效应,助推企业金融化。强国令和王梦月(2021)[118]从"营改增"政策角度发现,"营改增"政策提升了国企长期金融资产的配置程度,降低了其实业投资水平,但在该政策影响下,非国企的短期金融资产持有量显著降低。

第三,从产业政策角度来看。产业政策作为引导产业发展方向,实现特定经济发展目标的重要工具,其能否对缓解实体企业"脱实向虚"带来影响也得到了学者们的关注。周伯乐等(2020)[119]研究发现,"一带一路"倡议使得沿线企业能够得到各地方政府政策与银行信贷等方面的支持,因而缓解了其融资约束,经营成本有所降低,实体利润率得到提升,进而抑制了企业金融化水平。然而,李佳和闵悦(2021)[120]的研究发现,"一带一路"建设的重要载体——中欧班列的开通使制造业企业的金融化趋势愈加显著,其主要原因在于地方政府基于抢夺政治经济资源的考量,盲目开通中欧班列使得班列经济效能发挥的不确定性增加,企业短期套利尤其是通过金融化投机动机增强。刘帷韬等(2021)[121]、郭飞等(2022)[48]基于五年规划期间的产业政策信息,发现产业政策能够抑制实体企业金融化,促进了相关行业内的企业"脱虚向实"。向海凌等(2020)[122]从政府行为视角出发,发现地方产业政策,尤其是法规性产业政策总体上能够有效降低企业税负,增强企业实业投资信心,抑制企业通过金融投机获利动机。相反,步晓宁等(2020)[47]研究发现,2009年十大产业振兴规划出台实质上直接为企业提供了资本短期逐利的流动资金,在一定程度上为企业金融化提供了资金条件。类似地,王爱俭等(2020)[123]以产业政策"五年规划"的变更为背景,研究发现,政策扶持具有的庇护效应恶化了市场竞争环境，使得企业在"主观投资意愿"提升与"客观投资机会"下滑的共振作用下提高了企业金融资产配置水平。

第四，从经济政策不确定性角度来看。经济政策不确定性上升不仅会使银行降低信贷资金供给，使企业融资规模受限，而且其所导致的金融市场风险提高也会引起资本市场的波动。同时，市场套利空间的压缩降低了金融资产流动性，这也抑制了经理人对金融资产的投资意愿。因此，为了降低经营风险和市场金融风险，企业会降低投机性金融资产的持有（彭俞超等，2018）[9]。相反，刘贯春等（2020）[124]认为经济政策不确定性与固定资产投资显著负相关，并与金融资产投资显著正相关，从而降低实体投资率且加剧了实体企业的"金融化"趋势，其主要原因在于资产流动性需求增加和治理结构转变。虽然郭胤含和朱叶（2020）[125]在经济政策不确定性提升金融化水平机制的认识上有所不同，但是其研究也证明了经济政策不确定性会给企业实务投资与金融投资带来重要影响。而聂辉华等（2020）[126]认为每个企业对经济政策不确定性的主观感知程度是存在差异的，他们通过构建企业对政策不确定性感知程度指标，发现企业对政策不确定性的感知会提高企业融资成本与降低管理层努力水平，减少实业投资支出，最终会提升企业金融资产配置水平。

3. 宏观经济监管环境角度

关于宏观经济监管环境对上市公司金融化的影响，相关学者从金融监管、房产限购与资本市场融资融券制度等方面进行了探讨。

首先，从金融监管方面来看，Orhangazi（2008）[1]指出，放松管制促进了金融从作为生产过程的投入到成为创新和销售自己产品的独立产业的转变。因此，金融市场自由化以及放松金融管制反映了金融规模和权力的普遍增加。金融监管的放松为金融化铺平了道路（Karwowski，2019）[127]，而且，加强金融监管有利于从资金来源、投机动机、逐利效果等方面防范企业金融化（Vielma等，2019；黄海涛等，2020）[128][49]。马思超和彭俞超（2019）[7]研究发现，银行监管增强能够缩减融资软约束企业的信贷，从而减少非正规金融的资金供给，促进非金融企业"脱虚向实"。而宏观审慎政策通过从金融机构角度控制企业从事金融投资的资金来源，也可以发挥抑制企业金融化的作用(马勇和陈点点,2020)[50]。其次,房产限购政策能够通过"政府之手"降低房地产的投资收益率,增加此类金融资产的收益风险,减少企业对房地产投资的意愿并缓解其"脱实向虚"的倾向(胡宁等,2019)[129]。最后,从融资融券制度看,融券机制对企业金融化抑制作用有限,融资交易加剧了短期投机套利动机,削弱了融券机制对管理层短视行为的治理效应,进而从整体上提升了企业金融化水平(杜勇和邓旭,2020)[51]。这一研究发现在后续的文献中也得到了验证,例如,陆蓉和兰袁(2020)[130]进一步挖掘出融资融券通过降低股价信息含量,使得有价值的投资项目无法获得有效投资,进而降低了企业固定资产投资的积极性,从而助推了企业金融化。

2.1.2 上市公司金融化的微观影响因素研究

微观企业是我国经济发展的基础和主要动力,对微观企业金融化动因进行研究有益于深入挖掘治理实体企业金融化风险。关于上市公司金融化微观层面的影响因素主要包括公司财务特征、业务特征、人事特征与公司治理特征等方面。

1. 公司财务特征角度

关于财务特征对上市公司金融化的影响,相关学者主要从投资收益率差异、主业经营状况、业绩走势、过度负债与委托理财等角度进行了研究。

Demir(2009)[36]通过构建企业投资组合选择模型,分析了南美三国的微观企业面板数据,认为金融资产和固定资产投资收益率缺口和固定资产投资的绝对风险水平是企业金融化的主要影响因素。然而,张成思和郑宁(2018)[131]则认为投资收益率缺口并非是企业金融化的主要诱因,非金融企业进行金融投资在于非金融上市公司固定资产投资的风险占比。宋军和陆旸(2015)[52]研究了主业经营状况与金融资产配置之间的关系发现,企业无论经营状况好坏均倾向于配置金融资产。具体地,经营收益率较高的公司囿于行业规模的限制和实业投资的风险,倾向于将富余的现金配置更多的金融资产,表现为"富余效应",而经营收益率较低的公司出于"投资替代动机",有动力使用有限的资金甚至通过借款来投资金融资产,以此来弥补或扭转亏损。黄贤环等（2019）[53]研究发现，业绩下滑的企业面临更高的融资约束和财务风险，因此，相对于业绩上升的企业，业绩下滑的企业发生过度金融化的可能性越低。廉永辉和褚冬晓（2020）[111]认为过度负债不仅为企业提供资金支持，还削弱了债务治理机制对管理层滥用资金以及短视行为的约束能力，因此，过度负债会助推企业金融化。但是，马永强和张志远（2021）[132]从去杠杆的视角研究发现，处于金融结构偏向于银行主导地区的企业在去杠杆后其金融资产配置水平会提高。Allen等（2019）[133]、郝项超（2020）[134]研究发现，企业进行委托理财会从创新数量与创新质量上给企业研发创新带来消极后果，进而变相鼓励企业金融化行为。

2. 公司业务特征角度

关于公司业务特征对上市公司金融化的影响研究，相关学者主要从经营风险、市场竞争、战略差异度、客户集中度、海外并购与企业转型等角度进行了研究。

张成思和郑宁（2020）[54]研究认为，我国非金融企业金融投资行为的动机已从传统的"利润驱动"角度转移到了"风险规避"层面，制造业企业的主营业务收入主要依赖于固定资产，这决定了企业持有金融资产是为了对冲固定资产投资风险，而并非由不同资产投资收益率之差驱动，但是非制造业企业的金融投资占比则主要受到资本逐利驱动。Arrighi（1994）[88]则将金融化的根源追溯至产品市场竞争的加剧。在这方面，张春鹏和徐璋勇（2019）[135]研究发现，市场竞争具有的"掠夺效应"提升了企业跨行业套利的积极性，使得企业将用于生产性经营的资金投向金融领域，提高了企业金融化水平。进一步地，孙洁和殷方圆（2020）[104]提出战略差异度能够通过增加经营风险和代理成本，诱发管理层进行增加金融资产投资、减少主业投资等短视行为。李馨子等（2019）[55]研究发现，企业为了预防客户集中度过高给未来经营可能带来的财务短缺风险，更倾向金融化。安磊和沈悦（2020）[136]研究发现，企业增加对外投资能从市场开拓与技术升级两个角度引导资金"脱虚返实"，发挥对企业金融化的治理作用。此外，制造业企业服务化转型有利于推动生产性资本由金融部门向主业部门回流，进而在降低制造业企业金融化水平方面发挥积极作用（聂飞等，2021）[137]。

3. 公司人事特征角度

人力资本是企业的重要资源，相关学者考察了公司人事特征对上市公司金融化的影响。戴静等（2020）[105]从金融部门人力资本配置的视角研究发现，金融部门人力资本水平（受教育年限）越高，金融部门在信贷合约中的市场势力越强，导致实体企业债务期限显著缩短（短期负债增加而长期负债减少），企业为规避流动性不足带来的风险，对金融资产配置的程度也随之提高。进一步地，杜勇等（2019）[56]基于烙印理论研究发现，具有金融背景的 CEO 不仅自信程度较高，其较强的资源获取能力也有利于改善企业现金持有环境，缓解融资约束，进而促进了企业金融化。于连超等（2019）[138]研究发现，企业高管从军经历带来的"英雄主义"与"风险偏好"容易导致管理者过度自信，易做出较为激进的战略与决策，进而促进了企业金融化。在企业高管学术背景方面，杜勇和周丽（2019）[139]研究发现，企业高管团队的学术背景有利于降低企业对投机性金融资产的青睐，降低企业金融化水平。由此可见，对于上市公司金融化影响因素的研究已经延伸到公司人事特征方面。

4. 公司治理特征角度

相关学者围绕公司治理特征与上市公司金融化的关系展开了一定研究，主要涉及公司股权结构特征、非正式治理制度、股权质押以及内部控制等因素。

首先，关于股权结构特征与企业金融化研究。Crotty（2003）[57]研究认为，影响企业金融化的内在机制在于股东价值导向和经理层私利动机的综合作用。Davis（2018）[140]以美国非金融公司为研究对象，提出了股东价值取向抑制固定投资资金分配进而导致金融资产组合份额上升的观点。文春晖和任国良（2015）[101]从终极控制人不同经济属性的角度研究发现，相比于实体终极控制人，具有投机主义和套利行为倾向的虚拟终极控制人在金字塔组织结构下，偏向于通过幕后交易等能产生私利的机会主义行为从事虚拟经济项目投资以快速获得高额回报，最终导致上市公司资金从实体经济流出，损害实体经济发展。狄灵瑜和步丹璐（2021）[141]、曹丰和谷孝颖（2021）[142]的研究均发现，国有企业中引入非国有股东可以显著降低企业金融化水平，但二者所挖掘出的作用路径有所差异。梁上坤和徐灿宇（2021）[143]研究发现，国企混改增强了企业预防储蓄动机,提升了其金融资产配置程度。祁怀锦等(2021)[144]从非国有性质股权占比视角研究发现,混改股权制衡度会通过"缓解"与"激化"代理问题,对企业金融资产配置水平带来先减后增的影响,亦即二者之间呈现 U 型关系。此外,关于机构投资者与企业金融化,刘伟和曹瑜强(2018)[58]研究发现,短期机构投资者注重短期收益的行为与快进快出的投资风格会使管理层更加关注股价维稳,倾向于配置收益周期更短的金融资产。马连福等(2021)[145]研究发现,机构投资者网络关系嵌入能够使其利用网络信息优势引导企业做出金融决策,但并非必然导致过度金融化。安磊等(2018)[146]研究发现,不同的高管激励契约选择会从两个方向影响企业金融资产配置的程度,股权激励会使高管更加重视企业长期价值,减少短期金融套利行为,遏制金融逐利动机,而高管薪酬激励则会起到相反作用。此外,多个大股东并存能够发挥积极治理作用,抑制企业金融化(孙泽宇和齐保垒,2022)[60]。

其次,关于非正式治理制度与企业金融化的研究。相关学者从社会责任、社会信任的角度对企业金融化影响因素进行了分析。刘姝雯等(2019)[102]研究发现,企业社会责任的履行可以作为治理企业金融化的工具,使得企业出于利益相关者利益最大化的战略考量做大做强主业,减少企业金融资产配置行为。然而,顾雷雷等(2020)[147]、孟庆斌和侯粲然(2020)[148]的研究结论表明事实并非如此,他们认为企业承担社会责任不仅成为管理者追逐资本利益与短期投资行为的遮羞布,而且还为基于投资替代动机的企业金融资产配置扩大了资金来源渠道,提高了其金融资产持有比例。翟淑萍等(2021)[149]研究认为社会信任作为一种非正式制度,可以通过直接和间接两种方式缓解代理冲突,减轻管理层短期业绩压力,有效降低企业金融化程度。此外,王营和曹廷求(2019)[150]研究发现,处于相同董事关系网络下的企业倾向于相互学习与模仿,其金融化行为也会产生传染效应。

最后,股权质押与企业内部控制也会给企业金融化带来影响。柯艳蓉等(2019)[151]、杜勇和眭鑫(2021)[152]在考虑控制权转移叠加效应与"掏空"动机的基础上,发现控股股东股权质押比例与金融化水平呈现先减后增的非线性关系。而企业内部控制对实体企业金融化具有"治理效应"(王瑶和黄贤环，2020）[61]。

综上可知，已有关于上市公司金融化影响因素的文献基本都将上市公司作为一个独立个体，鲜有文献从集团视角出发研究上市公司金融化行为。虽然，黄贤环和王瑶（2019）[8]从集团视角出发，发现集团内部资本市场通过影响可用资金水平和代理问题，进而影响企业的金融资产配置程度；李馨子等（2019）[62]也从集团总部与下属上市公司组成的集团角度研究发现，集团内金融投资行为具有显著的传染效应，且该效应会随着模仿者业绩考核压力的增加而增加。然而，以上文献都尚未涉及集团内部财权配置是如何影响上市公司金融化的，这为本书研究二者关系及其影响机理以及不同情境下二者的关系提供了研究空间。

2.2 集团内部权力配置的经济后果研究

随着集团型企业在新兴市场国家的日益普及，企业集团内部资源配置与公司治理效率逐渐成为学术界关注的重要问题之一（Stein，1997；Brusco和Panunzi，2005；Ozbas，2005）[153-155]。关于集团内部权力配置的经济后果研究，已有大量文献进行了有益探索。图2-2展示了集团内部权力配置的经济后果研究已有成果。

2.2.1 集团内部财权配置的经济后果研究

财权或财务资源在母子公司上下游之间集中分布或分散分布是集团内部财权配置的一种方式，也是内部资本市场运作的集中体现。已有文献从现金在母子公司间分布、集团举债模式、财务人员配置与内部资本市场等方面考察了集团内部财权配置的经济后果。

1. 关于现金分布的经济后果研究

从现金持有角度或现金在母子公司之间的分布状况视角来看，相关学者

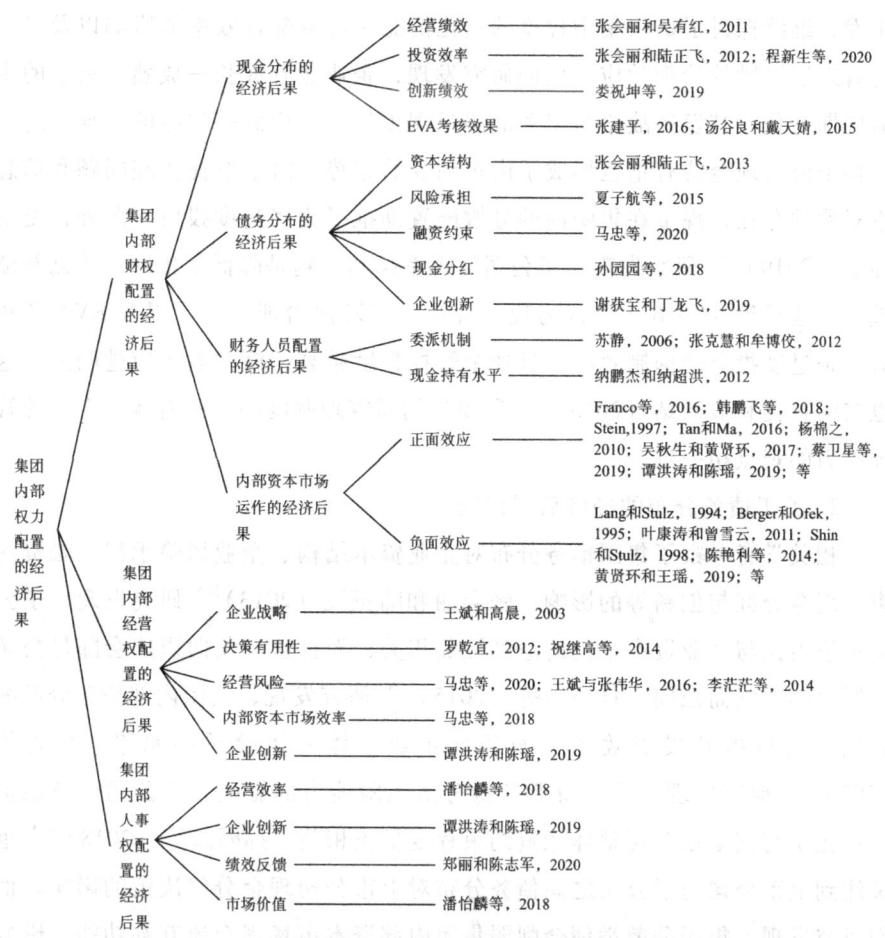

图 2-2　集团内部权力配置的经济后果研究已有成果①

对集团内部财权配置与企业经营业绩、投资效率、创新绩效与 EVA 考核制度的有效性等的关系进行了研究。张会丽和吴有红（2011）[32]研究发现，集团内部财务资源无论过度集中配置，还是过度分散配置，都会给企业经营绩效带来消极影响。张会丽和陆正飞（2012）[156]将研究对象聚焦在集团型上市公司的现金分布，发现现金资源在母子公司间的分散分布与集团公司过度投资程度呈正相关关系。进一步地，程新生等（2020）[19]从企业生命周期视角

---

① 囿于篇幅，图中所引文献未进行标注，标注详情见正文内容。

出发，继续探讨了财权集中程度的变化情况对资本配置效率的影响以及母公司管理层激励的治理效应。他们研究发现，企业随着成长—成熟—衰退的生命周期变化，其发展战略与财务战略呈现出扩张—稳健—收缩的特征，进而使得子公司现金持有量也形成了由多到少的态势，由于委托代理问题和信息不对称的存在，现金在集团内的分散配置助推了集团过度投资。此外，娄祝坤等（2019）[157]研究发现，子公司持现率越高，越是降低了集团整体创新绩效。张建平等（2016）[158]认为现金管控能够发挥治理作用，提升 EVA 考核对央企过度投资的抑制效应，且现金管控程度越高，该抑制效应越明显。这也与汤谷良和戴天婧（2015）[159]所得出的新管理制度的实施有赖于企业的管控能力的观点相一致。

2. 关于债务分布的经济后果研究

相关学者考察了集团债务分布对企业资本结构、企业风险承担、融资约束、现金分红与创新等的影响。张会丽和陆正飞（2013）[85]研究发现，子公司负债占比与企业资本结构的适度性负相关，而且这一负向影响会随母公司控制力的增强而减弱。夏子航等（2015）[160]研究发现，集团内部债务分散配置能够通过提升投资效率进而降低企业整体的风险承担水平。马忠等（2020）[80]研究发现，受自身业务低分散风险能力的影响，子公司债务融资承担比重与其上市公司整体融资约束程度呈正相关。孙园园等（2018）[161]也关注到上市公司与子公司之间债务分布对上市公司现金分红决策的影响。他们研究发现，集团分散举债会削弱集团内部资本市场现金流互补功能，影响了上市公司现金分红能力，进而给其现金分红倾向与分红水平带来消极作用。此外，谢获宝和丁龙飞（2019）[162]研究发现，集团集中负债能够缓解融资约束或加剧母子公司的代理问题，从而扩大创新投入，同时母公司集中举债能够降低现金持有水平或导致子公司经理层短视，从而降低创新产出。

3. 关于财务人员配置的经济后果研究

作为集团财务集中管控的手段之一，集团委派 CFO 也会给企业管理效率、现金持有水平等带来影响。苏静（2006）[86]基于代理理论研究发现，由于受委派的财务总监的薪酬实际上由子公司支付并由子公司对其进行考核，造成了母公司委派的财务总监和子公司管理层成为实质上"同一人"的合谋现象。而且，集团委派的财务总监"没有位"或"排末位"现象盛行，导致了我国企业集团委派机制失灵，集团管控局面混乱（张克慧和牟博佼，2012）[163]。然而，纳鹏杰和纳超洪（2012）[164]却持相反态度，他们研究发现，集团选派 CFO 会提高资金配置效率，并提升了集团财务集中管控程度与集团控股上市公司现金持有水平的负相关程度。

4. 关于内部资本市场运作的经济后果研究

作为集团内部资金配置的主要运作平台（Williamson，1975；张会丽和陆正飞，2013）[165][85]，相关学者对集团内部资本市场的正面、负面经济后果进行了研究。

首先，关于内部资本市场的正面效应研究。已有研究普遍认为，内部资本市场存在"多币效应""活钱效应"以及"共同保险"和"风险共担"效应（Franco 等，2016；韩鹏飞等，2018）[166-167]，具有优化资本配置、强化监督激励、缓解信息不对称和融资约束、分散经营风险等功效（Stein，1997；杨棉之，2010；Tan 和 Ma，2016；吴秋生和黄贤环，2017）[153][168][169][83]。进一步地，集团内部上市公司交易成本、债务融资成本更低，能通过内部知识市场缓解创新过程中的信息匮乏问题（蔡卫星等，2019）[84]，这与谭洪涛和陈瑶（2019）[24]认为的集团财务公司的设置发挥了集团内部财权集中配置的资源效应与治理效应，有利于促进企业创新的观点相一致。

其次，关于内部资本市场的负面效应研究。由于发展水平差异以及相关制度不健全等因素，内部资本市场功能也发生了异化。例如，内部资本市场的存在导致企业托宾 Q 值下降（Lang 和 Stulz，1994）[170]，多元化发展产生公司折价效应（Berger 和 Ofek，1995）[171]等。国内学者在集团内部资本市场的研究方面发现，其负面效应主要表现为对公司治理效率的影响。例如，内部资本市场内部存在交叉补贴与平均主义（Shin 和 Stulz，1998）[172]、控股股东资金侵占（叶康涛和曾雪云，2011）[173]、破坏竞争秩序（陈艳利等，2014）[174]等现象。此外，内部资本市场能够提升企业可用资金水平以及代理问题，进而"推波助澜"，助推了企业金融化（黄贤环和王瑶，2019）[8]。

2.2.2 集团内部经营权配置的经济后果研究

关于集团内部经营权配置的经济后果研究，相关学者主要围绕经营权在总部和分部或母公司和子公司之间的集权或分权配置对企业战略、财务风险、决策有用性、现金持有水平和企业创新等的影响进行了研究。经营分权是现代企业或企业集团运营的主要特点（杨阳等，2015）[70]。赋予各子公司具体的生产经营权，有助于提升企业集团整体的管理和经营效率以及对市场、政策的快速反应能力（罗乾宜，2012）[175]。但是，王斌和高晨（2003）[176]认为在业务关联度与总部战略规划能力的影响下，集团内部经营控制权的分配会给组织协调效益、交易成本带来影响。子公司承担的业务比重会给子公司所属上市公司融资约束带来助推作用，因而其与上市公司整体违约风险成正比（马忠等，2020）[80]。异曲同工的是，集团总部自营有利于公司整体业绩稳定性的提升以及经营风险的下降（王斌和张伟华，2014）[177]。然而，现实中子公司仍然担负着集团诸多研发创新、率先攻坚的重大使命（李茫茫等，2021）[20]。这也反映出在集团内部经营权配置过程中，实际上需要区分不同情境和业务需求。此外，母公司经营模式也是影响盈余信息决策有用性的重要因素（祝继高等，2014）[178]。他们以企业资产结构表征企业集团经营权配置，研究了母公司经营模式与决策有用性之间的关系，发现经营主导型的母公司其报表盈余信息有用性更高；反之，投资主导型的母公司其报表盈余信息有用性有所降低。马忠等（2018）[179]则围绕子公司业务分布和自主资产配置能力对母子公司间内部资本市场效率以及上市公司现金持有水平的影响，研究发现了子公司承担的业务比重与上市公司现金持有率之间的负相关关系。最后，集团内部研发事权的分散配置有利于促进企业创新（谭洪涛和陈瑶，2019）[24]。

综上，已有文献就集团内部经营权在母子公司之间的配置，考察了经营权这一单一权力配置对企业战略、财务和经营风险、决策有用性以及内部资本配置效应等的影响，然而，较为遗憾的是，集团内部经营权在母子公司之间的配置所带来的经济后果很可能会受到其他权力配置的影响，但是鲜有文献涉及，这也为本书探讨集团内部财权配置与经营权配置协同对上市公司金融化的影响留下了研究空间。

2.2.3 集团内部人事权配置的经济后果研究

人事权作为企业内部的重要权力之一，相关学者对集团内部人事权配置对政策和市场变革的反应能力、经营效率、企业价值以及子公司扩展战略等的影响进行了研究。Rajan 和 Zingales（1998）[180]提出人力资本具有专用性。基于此，龙丽群（2010）[181]认为合理的人事权安排可以保证并激励代理人对契约中未规定的人力资源控制权的追求，说明了企业人事权在母子公司间合理配置的重要性。潘怡麟等（2018）[182]以人事权配置为集团决策权集中分散程度的度量指标，研究发现了集权管理在资源配置效率以及分权管理在投资效率方面所分别具有的优势与劣势。进一步地，郑丽和陈志军（2020）[183]研究发现，当母公司人员在子公司董事会中任职时，能够增强信息透明度，进而有效指导子公司的扩张战略，并能够加强与当地市场的联系，协调子公司面临的各种冲突。

由此可见，已有文献单纯考察了集团内部人事权配置这一单一权力配置所产生的经济后果。然而，集团内部财权、人事权和经营权的配置应该是相互配合的，单纯考察集团内部人事权，很可能忽视了集团内部财权和集团内部经营权配置的作用。同时，已有文献也没有涉及集团内部人事权配置对上市公司金融化的影响。以上缺憾都为本书研究集团内部财权配置协同其他权力配置对上市公司金融化的影响提供了研究空间。

2.3 研究述评

通过上述文献回顾可以发现，已有大量文献从宏微观角度对上市公司金融化的影响因素展开了探讨，也有较多的文献对集团内部权力配置的经济后果进行了研究，这说明本书的研究内容具有重要性和时代性。同时，这些文献也为研究集团内部财权配置与上市公司金融化行为二者之间的关系提供了较好的研究基础和理论借鉴。然而，尽管如此，已有文献对集团内部权力配置与上市公司金融化的相关探讨还存在进一步研究的空间：

第一，鲜有文献考察我国企业集团化竞争格局下集团内部财权配置对上市公司金融化的影响。已有文献考察了前因变量诸如宏观经济发展、宏观经济政策及宏观经济监管环境等外部因素和企业财务特征、业务特征、人事特征、公司治理特征等内部因素对上市公司金融化的影响，然而上述研究大都将上市公司作为一个独立个体来考察金融化水平的影响因素，鲜有文献从集团视角出发研究上市公司金融化行为。虽然，黄贤环和王瑶（2019）[8]、李馨子等（2019）[62]从集团视角研究了内部资本市场的经济效应对企业金融化水平的影响，但该两项研究都没有从集团合并资本结构的角度出发，深入探究集团内部财权配置对上市公司金融化的影响机理。然而，作为现代企业的高级组织形式，企业集团在我国的发展与西方国家存在诸多差异。我国企业集团涉及多个法人实体，上市公司把权力配置在其子公司过程中的内部摩擦更为严重，其控制效率同样会对企业投资行为产生重要影响（张会丽和吴有红，2011）[32]，因而也很可能会对上市公司金融化程度带来影响。然而，企业集团化发展背景下，如何合理配置母子公司之间的财权及其对上市公司金融化的影响，这一话题尚未引起相关研究的充分关注，这也为本书提供了研究空间。

第二，已有文献对于企业集权与分权存在争议，很可能是忽略了企业或集团受所处的内外部环境综合因素影响的表现，尚未系统性考虑集团型上市公司的内部特征。事实上，二者并非对立，权力的绝对集中或绝对分散都有可能给企业带来致命伤害。而且，集团公司管控模式会受到母公司、子公司与母子公司综合特征在诸如组织、治理与财务等方面的影响（陈志军，2007）[184]。此外，西方文献多以单体企业尤其是"整体上市"的大中型企业作为研究对象，其结论不一定适用于中国这样的处于转型经济体中普遍由多个独立法人通过产权纽带相联结的集团化企业。例如，从经营特征上来看，我国集团型上市公司中总部普遍存在业务自营现象（王斌和张伟华，

2014)[177]。这与西方企业集团中母公司单纯所具有的投资控股与集团管理职能是不完全相同的。因此，探讨如何结合中国企业集团母子公司所处的环境，实现集团内部各类权力上收、下放的有机协调，使得母子公司适时做出适宜的投资行为选择，不仅有利于丰富集团内部权力配置的相关理论，还有助于缓解上述争议。

第三，鲜有文献将集团内部财权、经营权和人事权纳入同一理论框架分析其对上市公司金融化行为的影响。前期文献对企业内部权力的研究往往关注于不同管理组织结构形式下纵向权力配置经济后果的差异性，且将集团权力作为一个笼统的变量，并未对权力做细分（高勇强和田志龙，2002；陈志军和魏文忠，2014；王凤彬等，2014）[185][186][63]。而事实上，不同的细分权力对权力拥有者投资行为选择的影响路径存在明显差异。伴随我国企业"大型化、集团化"发展趋势以及产权关系日益复杂、财务主体多元化与投资决策多层次等特征，剩余控制权也因其不同来源而呈现出更多的表现形式（李双金和郑育家，2009）[187]。企业的剩余控制权除了直接来源于财产所有权外，还越来越多地来源于委托代理、授权以及交叉持股等行为。对企业内部权力的解构恰恰是大型组织实现权力有效、合理配置的前提，且从决策内容要素对组织权限细分才能更有针对性地分析企业金融投资行为选择的影响因素以及由此带来的公司治理问题。

鉴于已有研究存在的上述不足，且弥补以上研究不足在理论和实践上又具有必要性和紧迫性，本书将集团内部财权配置与上市公司金融化纳入同一理论分析框架，具体考察以下几个方面问题：第一，突破已有文献的局限，实证分析集团内部财权配置对上市公司金融化程度的基本关系；第二，挖掘出集团内部财权配置影响上市公司金融化的作用机制，并系统地从组织、治理和财务特征三个方面考察其对集团内部财务配置与上市公司金融化关系的影响；第三，基于集团内部权力的细分视角，考察集团内部财权、经营权和人事权三项权力的叠加效应对上市公司金融化的影响。

本书通过对以上内容的研究，为抑制我国实体企业"脱实向虚"行为，防范化解我国系统性金融风险、促进企业高质量发展和优化集团内部权力配置的治理体系提供微观层面的经验证据。

第3章 制度背景与理论基础

3.1 制度背景

3.1.1 我国企业集团的演进

1. 我国企业集团的形成与发展

19世纪末20世纪初,企业集团在欧洲、美国等资本主义工业化国家开始逐步形成并日益发展壮大。到了20世纪70年代,日、韩两国通过鼓励投资创建、兼并、投资控股与参股等方式建立了众多知名跨国企业集团,其在市场开拓与经济复苏中发挥了重要作用。受此启发,从20世纪80年代初开始,在政府的主导作用下,我国先后出台了一系列改革政策来推动企业集团的成立与发展。

从推动我国企业集团发展的政策演进过程来看,通过政府积极推行"横向经济联合""大型企业集团试点""试点企业实行国家计划单列"的改革办法与实施"建立企业集团母子公司体制""建立现代企业制度"以及"发展国际竞争力的大型企业集团"等一系列配套措施,我国在1987年左右形成第一批集团组建热潮,并在 1997 年前后达到高潮(辛清泉等,2007)[188]。经过 40 多年的改革与实践,我国企业集团经历了"从无到有,从有到大,从大到强"的发展与转变,规模和实力得到了快速增长。作为促进经济发展的工具而非经济发展的产物(Yiu,2005)[189],我国企业集团在促进产业结构调整、推动技术创新、支撑社会经济运行与增强国际竞争力等方面发挥了举足轻重的作用,成为国民经济发展的主导力量。如图 3-1 所示。

从我国企业集团的形成路径来看,我国企业集团的演变模式大致可以分为行政机构演变型(中央政府起主导作用)、联合改组型(地方政府与民营企业共同发挥作用)和企业成长型(民营企业起主导作用)三种模式(杨棉之等,2010)[168],并分别构成了目前我国市场中的国有企业集团(包括中央企业集团与地方政府控制企业集团)以及民营企业集团。进一步地,根据图 3-1 可看出,我国大部分企业集团的形成并不是遵循"由单体企业发展扩张,形成多元化企业联合组织"的发展路径,而是大多数按照将众多同类或者相近的单体企业合并,或由原先归属同一行业但行政隶属关系不同的多个企业重组,进而形成企业集团的演进模式(刘斌,2012)[190]。因此,我国企业集团存在上述"强制性变迁"与"先子后母"的特征(朱方伟等,2018)[191]。

从企业集团的组织形态来看,随着企业规模的扩张、技术与管理的进步,企业组织形态从最传统的高度集权的 U 型组织结构(总公司—分公司),逐步过渡到以分权为特征的 H 型组织结构(母公司—子公司),最后发展到 M 型组织结构(母公司—事业部—工厂)以及扁平化组织结构和矩阵组织结构(彭正新等,2003)[192]。目前,欧洲跨国公司已大量采用 M 型事业部体制作为集团组织管理方式。而刘斌(2012)[190]对我国 11 个行业的 37 家样本企业集团在 2010 年末运行的集团组织形态进行分析后发现,以产权关系所形成的企业组织形态样本占整体样本的绝大多数,事业部与部分含有事业部的混合型组织形态占 1/4。也就是说,我国企业集团组织形态也从最初的紧密联合的核心层、半紧密联合层以及松散联合层组织结构逐步转变为以资本为纽带的母子公司体制(H 型组织结构),并且我国企业集团成为当前最主流的集团组织结构。

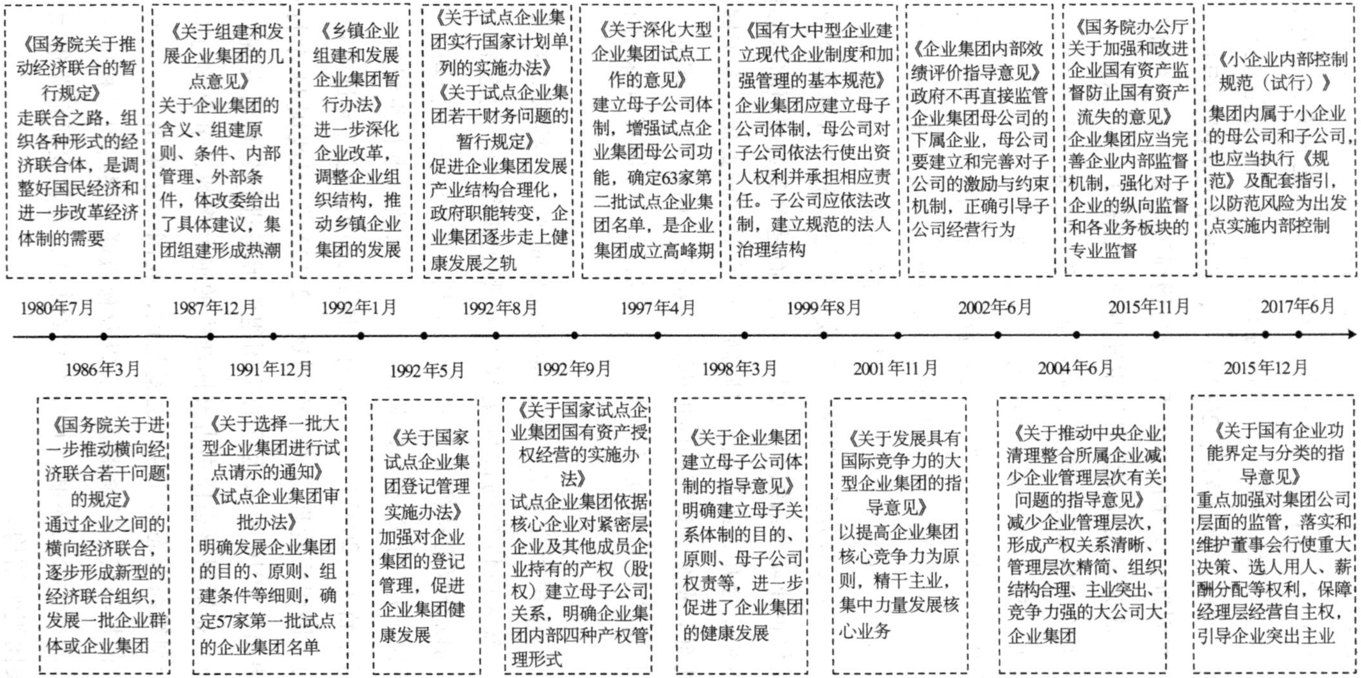
1980年7月
《国务院关于推动经济联合的暂行规定》
走联合之路，组织各种形式的经济联合体，是调整好国民经济和进一步改革经济体制的需要
1986年3月
《国务院关于进一步推动横向经济联合若干问题的规定》
通过企业之间的横向经济联合，逐步形成新型的经济联合组织，发展一批企业群体或企业集团
1987年12月
《关于组建和发展企业集团的几点意见》
关于企业集团的含义、组建原则、条件、内部管理、外部条件，体改委给出了具体建议，集团组建形成热潮
1991年12月
《关于选择一批大型企业集团进行试点请示的通知》
《试点企业集团审批办法》
明确发展企业集团的目的、原则、组建条件等细则，确定57家第一批试点的企业集团名单
1992年1月
《乡镇企业组建和发展企业集团暂行办法》
进一步深化企业改革，调整企业组织结构，推动乡镇企业集团的发展
1992年5月
《关于国家试点企业集团登记管理实施办法》
加强对企业集团的登记管理，促进企业集团健康发展
1992年8月
《关于试点企业集团实行国家计划单列的实施办法》
《关于试点企业集团若干财务问题的暂行规定》
促进企业集团发展产业结构合理化，政府职能转变，企业集团逐步走上健康发展之轨
1992年9月
《关于国家试点企业集团国有资产授权经营的实施办法》
试点企业集团依据核心企业对紧密层企业及其他成员企业持有的产权（股权）建立母子公司关系，明确企业集团内部四种产权管理形式
1997年4月
《关于深化大型企业集团试点工作的意见》
建立母子公司体制，增强试点企业集团母公司功能，确定63家第二批试点企业集团名单，是企业集团成立高峰期
1998年3月
《关于企业集团建立母子公司体制的指导意见》
明确建立母子关系体制的目的、原则、母子公司权责等，进一步促进了企业集团的健康发展
1999年8月
《国有大中型企业建立现代企业制度和加强管理的基本规范》
企业集团应建立母子公司体制，母公司对子公司依法行使出资人权利并承担相应责任。子公司应依法改制，建立规范的法人治理结构
2001年11月
《关于发展具有国际竞争力的大型企业集团的指导意见》
以提高企业集团核心竞争力为原则，精干主业，集中力量发展核心业务
2002年6月
《企业集团内部效绩评价指导意见》
政府不再直接监管企业集团母公司的下属企业，母公司要建立和完善对子公司的激励与约束机制，正确引导子公司经营行为
2004年6月
《关于推动中央企业清理整合所属企业减少企业管理层次有关问题的指导意见》
减少企业管理层次，形成产权关系清晰、管理层次精简、组织结构合理、主业突出、竞争力强的大公司大企业集团
2015年11月
《国务院办公厅关于加强和改进企业国有资产监督防止国有资产流失的意见》
企业集团应当完善企业内部监督机制，强化对子企业的纵向监督和各业务板块的专业监督
2015年12月
《关于国有企业功能界定与分类的指导意见》
重点加强对集团公司层面的监管，落实和维护董事会行使重大决策、选人用人、薪酬分配等权利，保障经理层经营自主权，引导企业突出主业
2017年6月
《小企业内部控制规范（试行）》
集团内属于小企业的母公司和子公司，也应当执行《规范》及配套指引，以防范风险为出发点实施内部控制

图 3-1 推动我国企业集团发展的政策演进

资料来源：作者根据中国政府网等官网信息整理绘制。

2. 母子公司制企业集团的特征

从法律关系上看，母公司、子公司都是依照《公司法》设立的企业法人，相互之间属于独立且平等的关系；在产权关系上，母公司是子公司控股股东或出资人，子公司为投资对象，母公司以资本为纽带形成的控制与被控制关系。母公司按出资额享受出资人权力并按照规定的程序和权限对其子公司行使重大决策权。在内部管理关系上，母公司通过"子公司股东会—子公司董事会（监事会）—子公司管理层"的法人治理结构实施纵向权力分配。同时，母公司与子公司在财务、经营与人事关系方面还具有以下特征：

首先，在财务关系方面。按照现代企业制度理论，在母子关系形成的企业集团中，母公司作为控股股东对子公司享有资产收益权，并有权对子公司的财务状况进行管理和监督。同时，母公司拥有对子公司关于资本增减变动、对外投资筹资、现金及其他重要资产调配等超出预算限额的资金使用审批权、财务监督权和财务管理制度监督检查权。

其次，在经营关系方面。根据《公司法》的规定，母公司无权直接插手或干预子公司的日常生产经营活动，但拥有监督落实集团发展规划、论证批准子公司发展规划和重大问题的权利。而子公司拥有相对较高的研发、生产、营销等自主决策权（陈志军和魏文忠，2014）[186]。

最后，在人事关系方面。母公司享有选择、监督与考核子公司管理层的权利，通过对人才的培养、控制以及激励等多种形式和手段，形成人力资源管理中心，有效提升治理效率。

3.1.2 上市公司金融化的演进

企业金融化的演进如图 3-2 所示。

企业金融化起源于 20 世纪 70 年代资本主义的"积累危机"以及由此导致的金融监管放松和金融市场自由化运动（Arrighi，1994；Orhangazi，2008；Davis，2018）[88][1][140]。20 世纪 30 年代，美国市场历经经济大萧条之后，金融体系受到了严格的监管，市场监管和市场分割大幅度地降低了金融市场的竞争程度。然而，到了 20 世纪 70 年代，受"积累危机"、通货膨胀与石

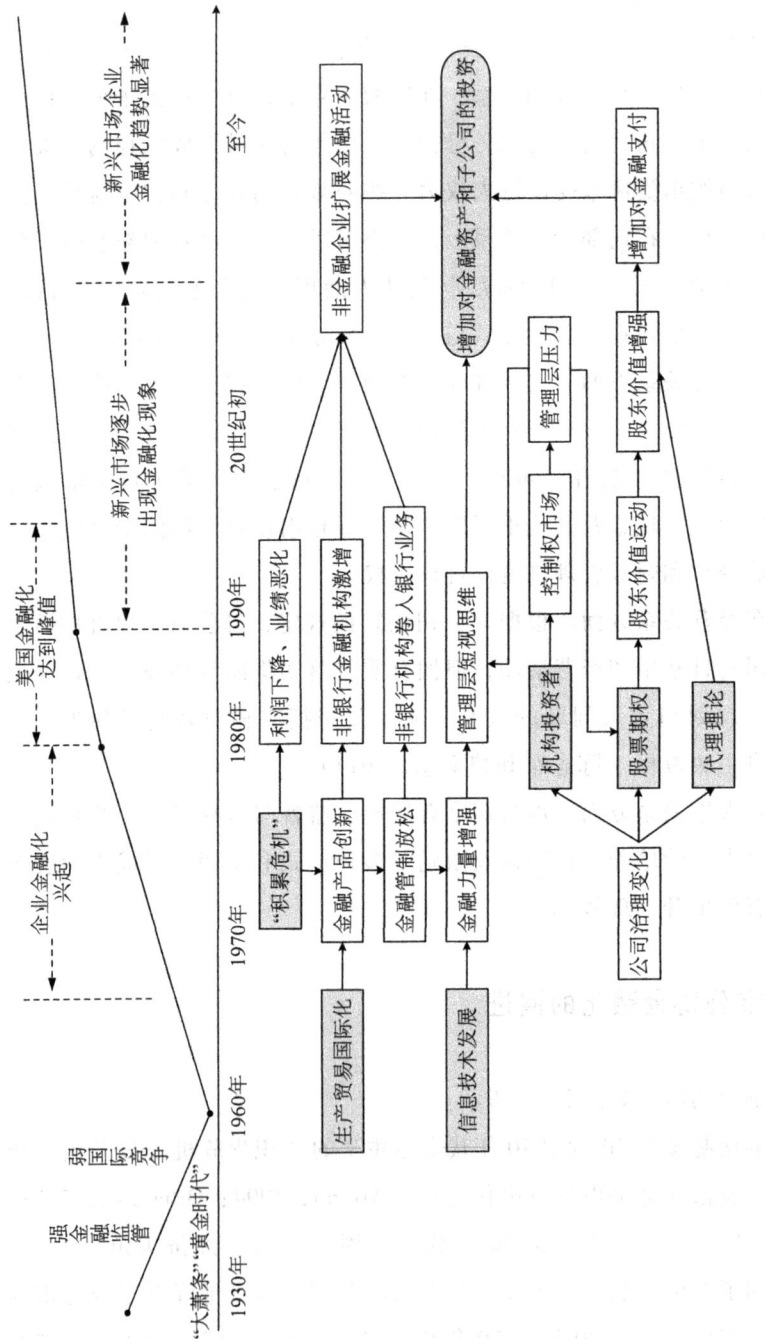

图 3-2 企业金融化的演进

资料来源：作者参照已有文献（Orhangazi，2008；Davis，2018）[11][140] 整理绘制。

第 3 章
制度背景与理论基础

油危机等因素的影响,第二次世界大战后美国经济的"黄金时代"开始瓦解(Krippner,2011)[113]。为了应对较低的实际利率以及规避政府监管,金融部门采取了一系列措施进行金融创新①以应对不利宏观经济条件。同时,这一时期工业企业的合并浪潮以及生产贸易国际化的到来促使金融机构不得不开发出更多样的且不受限制的金融服务和产品,以满足国外新市场、新领域的资金需求。总之,金融创新与工业资本扩张需求使得美国金融监管逐步放松,加之信息和通信技术的进步也使得金融机构的力量不断加强(Harvey,2005;Duménil 和 Lévy,2004)[193][194]。到了 20 世纪 70 年代末,金融市场自由化导致非银行金融机构数量激增,更多的非金融企业开始拓展金融活动,对金融资产和子公司的投资规模也日益加大,企业金融化在这一时期逐步兴起。20 世纪 80 年代,机构投资者的崛起、股票期权的引入及代理理论的提出等导致公司治理理念发生巨大变化,并成为金融化程度不断加深的重要推力(Stockhammer,2004)[87]。在这一时期,技术进步与信息处理优势使得机构投资者在金融管制放松的背景下借助大量资本直接推动了接管运动的兴起(Holmstrom 和 Kaplan,2001)[195],而 20 世纪 90 年代股票期权的引入使得管理层与股东利益互为一致(Lazonick,2010)[196],恰好缓解了公司控制权市场的形成给当时管理层带来的威胁。由此引致的"股东价值运动的兴起"使得管理层将生产、投资和技术创新的战略制定与决策从长期主义转向短期主义(Lee 等,2020)[59]。非金融企业通过创建或购买子公司增加金融支付,对金融资产的投资不断增加(Crotty,2003)[57]。由此,美国的企业金融化程度在这一阶段达到峰值(Krippner,2005)[2]。随着生产与贸易的全球化与金融规模的扩张,20 世纪 90 年代初,新兴市场国家也开始出现了企业金融化趋势。Khanna 和 Yafeh(2005)[197]研究发现,早在 20 世纪 80 年代的金融发展和金融自由化之前,智利的企业集团就已介入金融服务业。印度尼西亚的大型企业集团也通过设立金融子公司进行融资;在土耳其,几乎所有的银行都是集团下属的子公司(Yurtoglu,2000)[198]。西方资本市场的大发展吸

---

① 金融创新的表现之一是允许非银行机构进入银行业务,如福特汽车公司设立金融子公司,福特汽车公司从其金融业务中获得的利润超过了它从汽车制造中获得的利润(Crotty,2003)[57]。

引了新兴市场上越来越多的非金融企业更多地参与到金融市场并开展金融交易（张成思和郑宁，2018）[131]。到21世纪初的前十年，资本脱离实体经济在虚拟经济空转的现象开始愈演愈烈（Demir，2009；张成思和张步昙，2015）[36][37]。

经济金融化是金融自由化、金融发展和产业结构调整的时代产物。我国自改革开放以来，逐步融入国际金融市场。受国际金融市场发展和产业结构调整等的影响，我国实体企业也呈现出金融化的趋势。实际上，改革开放以来，我国不断进行金融深化改革，在一定程度上放开金融管制，加强资本市场制度建设。金融自由化发展使得金融收益在我国经济发展过程中占GDP的比重越来越大，经济发展对金融的依赖也越来越大。而金融的逐利本性使得资金在金融机构内部空转，并没有很好地服务于实业发展，宏观经济呈现出金融化趋势。尤其是受2008年美国次贷危机的影响，我国出台的"4万亿元投资计划"在一定程度上加剧了我国金融市场中影子银行的发展。在逐利动机的驱使下，越来越多的企业从事影子银行业务，承担了很大一部分金融机构功能，虽然在一定程度上缓解了"融资难"的问题，但是也带来了严重的金融风险；同时，由于产能过剩、实业利润空间下滑、投资回收期较长等原因，我国实体企业纷纷倾向于对金融理财产品和房地产的投资，这就使得微观层面企业金融化愈演愈烈，成为我国防范系统性金融风险不可忽视的重要方面。

从我国政府部门多次在关键场合和重要会议中对金融化的态度可见一斑，如"高度重视发展壮大实体经济""坚决打赢'防风险'等三大攻坚战""全面做好'六稳'工作""金融机构要坚守服务实体经济的本分""正确认识和把握防范化解重大风险，抓好风险处置工作，完善金融风险处置机制""强化金融风险防控，坚决维护金融稳定大局"等。由此可以看出，我国企业金融化既受到外部国际金融、经济环境的影响，同时也受到本国自身经济政策、产业结构调整和经济发展水平等的影响。

3.2 集团内部财权配置的经济效应

要深入探究集团内部财权配置对上市公司金融化的影响,就有必要把握集团内部财权配置的经济效应,以此更好地理解其经济后果。本部分基于已有的研究,从"治理效应"和"资源配置效应"两个角度分析集团内部财权配置的经济效应,为后文从集团内部财权配置的经济效应视角阐述集团内部财权配置与上市公司金融化的关系奠定了理论基础。

3.2.1 治理效应

权力的配置是集团治理的关键性现实构成要素(刘慧龙等,2014)[29]。财权作为企业所有权的核心(贺正强和伍中信,2008)[30],其在母子公司间的配置模式事关集团内部财务资源配置与集团财务治理的效果(张会丽和吴有红,2011;谭洪涛和陈瑶,2019)[32][24]。当集团内部财权集中配置于母公司时,能够给集团带来以下治理效应:

首先,财权在母公司的集中、统一能够增加母子公司之间的战略协同(李连华和程言雷,2010)[199],减少市场交易费用,提高信息透明度,进而提升管理效率。根据交易费用理论,企业集团的形成动机在于使企业成员之间的交易费用低于外部市场交易成本(Coase,1937;Pattnaik 等,2018)[200-201],进而以内部交易取代外部市场。而以母子公司产权关系形成的企业集团不仅能够以较少的资本控制较多的公司,形成规模经济,还能够通过内部市场化运作降低交易成本,增强市场竞争力。

其次,相较于集团内部财权的分散配置,集团内部财权集中配置能够降低信息不对称,缓解代理问题,对子公司机会主义行为产生积极的治理效应。由于企业规模与业务的扩张,企业集团的组织形式虽然有利于降低交易费用,但同时也增加了管理和监督费用。根据委托代理理论(Jensen 和

Meckling, 1976)[202], 母子公司之间也存在着委托人与代理人的契约关系, 由于母子公司制的企业集团内部也存在子公司作为代理人的机会主义行为, 且随着集团规模扩张和管理层级的增加, 集团内部代理问题的复杂程度也随之加大。根据不完全契约理论, 现实中不完全契约是必然存在的。契约中那些未提及的"剩余权"往往能够给企业财务、经营与人事等带来较大的不确定性影响。因此, 财权的集中安排也有利于母公司占据主动权, 有效压缩子公司管理层的权力空间, 通过监督或激励措施保障代理人与委托人之间利益的一致性(陈志军和郑丽, 2016)[203], 防范化解企业可能面临的风险。

最后, 财权集中配置的企业集团往往会利用较为完备的财务管理控制系统开展财务控制, 加强对集团内部的财务舞弊、财务资源浪费等自利行为的监管。财务管理控制系统指的是与财务活动相关的财务制度、绩效考评、预算决算、激励惩罚、风险管控等控制工具的集合(孙娜和王保平, 2017)[204]。除了法人治理结构的运行, 财权集中后母公司还可以通过制定财务制度或建立财务管理控制系统, 利用会计核算一体化、资金集中管理与全面预算管理等手段实现对集团内部资金的统一调配与实时监管(杨阳等, 2015)[70], 不仅有利于运营风险和运营成本的降低, 同时也加强了对子公司的财务控制力, 为集团整体运营提供财务保障(纳鹏杰和纳超洪, 2012)[164]。

3.2.2 资源配置效应

在集团内部财权集中配置模式下, 子公司只能在总部制定的财务制度范围内活动, 在遵守财务制度的条件下行使财务上的自主权(杨阳等, 2015)[70], 似乎财权集中配置模式更有利于企业集团整体战略的实现。然而, 事实上, 财权配置的效率决定着企业的运营效率和各方利益的分配, 从资源配置角度来看, 集团内部权力分散配置产生的资源集聚效应也有利于促进子公司的成长, 进而推动集团不断发展与壮大。根据资源基础理论(Wernerfelt, 1984)[205], 企业所拥有的资源可以成为其独特的竞争力, 企业所创造的价值取决于其能够获得的资源和能力(Yiu, 2005)[189]。作为企业发展的一种关键性资源，显然，财权在集团内部的分散配置能够直接为子公司业务投资与拓展提供财务资源与决策空间，有利于缓解子公司可能面临的融资约束与财务危机，提升其面对不确定性的能力。

值得说明的是，李连华和程言雷（2010）[199]认为集团内部权力集中或分散的配置模式各有优劣，需要企业实践者依靠可以观察到的各种影响因素进行成本与效率分析，进而决定采用何种控制模式。与此相类似的是，集团内部财权集中配置与分散配置都可能从不同角度给上市公司金融化带来影响，究竟何种模式能为上市公司金融化治理带来作用，还需要进一步讨论。

3.3 上市公司金融化动机的理论解释

要解释集团内部财权配置与上市公司金融化的关系，不仅要从集团内部财权配置的视角寻找理论基础，还需要从上市公司金融化的动机角度厘清上市公司金融化的影响因素。鉴于此，本部分着重归纳梳理上市公司金融化的动机。

随着上市公司金融投资导致其金融化问题越来越受关注，不少学者对非金融企业金融化的概念（Stockhammer，2004；Krippner，2005；张成思，2019）[4][2][10]、金融化成因（张成思和张步昙，2016；黄贤环等，2019；张成思和郑宁，2020）[6][53][54]、金融化的经济后果（Luo和Zhu，2014；谢家智等，2014；杜勇等，2017）[109][106][3]进行了广泛研究。在上述研究中，不难发现，无论是宏微观方面经济金融化程度加深（张成思和张步昙，2015）[37]、实体经济与虚拟经济投资利差（张成思和张步昙，2016）[6]、金融压制体系（张杰和杨连星，2015）[38]、主业经营状况（宋军和陆旸，2015；黄贤环等，2019）[52][53]、CEO金融背景（杜勇等，2019）[56]、股权结构特征（Crotty，2003；刘伟和曹瑜强，2018）[57][58]等原因导致上市公司金融化愈演愈烈，还是上市公司金融化对主业业绩、实业投资、研发创新、财务风险、企业利润率等经济后果的研究（杜勇等，2017、胡奕明等，2017；

谢富胜和匡晓璐，2020)[3][41][18]，都离不开对金融化主体金融资产配置内在动因的探讨。已有研究对金融化基本动机的概念提炼有所不同，如胡奕明等（2017）[41]将企业金融化的动机总结为"替代动机"与"蓄水池动机"；陈春华等（2021）[42]将其概括为"逐利动机"与"预防性动机"；谭德凯和田利辉（2021）[112]认为企业金融化可以从"预防性储蓄""规避风险"与"追逐利润"三个角度进行解释，而曹丰和谷孝颖（2021）[142]又将其总结为"投资替代动机"与"蓄水池动机"。可见，上市公司金融化内在基本动因可以从"利益"与"风险"角度大致归类为"逐利动机"与"预防储蓄动机"。

3.3.1 逐利动机

金融资产配置的逐利动机指的是企业为改善主业业绩，通过配置金融资产以获得高额收益的一种投资心态。逐利动机下的金融资产配置行为具有"投资替代效应"，诱导企业偏离主业经营，减少固定资产或研发投资，造成了对实业投资的挤出效应。

首先，从资产特性角度来看，金融资产对实物资产具有收益性、流动性与期限性方面的比较优势。相比于固定资产与无形资产运行周期长、流动性不足的特征，金融资产具有利润率高、转换性强与可逆性高等特性（李佳和闵悦，2021）[120]。面对传统生产行业利润率普遍下降以及实体经济"融资难、融资贵"的局面，企业会自发地减少生产性投资并寻找其他投资渠道（张成思和张步昙，2015）[37]。而金融资产具有较好的业绩改善功能，金融投资与实业投资之间的利润缺口与投资回报率之差自然催生了企业对金融资产的依赖，促使实业资本流向金融领域，企业通过瓜分金融业丰厚利润来获取高额回报（干胜道，2016；张成思，2019）[206][10]。

其次，根据资源基础理论，企业的资源是有限的。投资金融市场不仅会降低企业用于实体投资的资金，增加金融资产特别是对高收益资产的投资，减少企业研发投资和固定资产投资，造成了对实体投资的侵占（谢家智等，2014；王红建等，2016；胡奕明等，2017）[106][14][41]。Auvray 和 Rabinovich

(2019)[16]研究发现，离岸外包型企业产生的利润不再用于厂房和设备等实业投资，而是用于购买金融资产和进行提高股东价值的股息支付。这说明逐利动机下的金融资产配置行为能够产生"投资替代效应"与"侵占效应"，给实体经济发展带来严重影响（柯艳蓉等，2019）[151]。

最后，根据委托代理理论，由于委托代理问题的存在，管理层可能会做出牺牲长远发展利益、投资具有较高短期收益金融资产的短视行为。黄贤环等（2019）[53]研究发现，实体企业金融化并非基于缓解融资约束动机，而是出于严重的代理套利动机，导致实体企业出现"脱实向虚"。柳永明和罗云峰（2019）[207]也提出，金融投资活动中包含的股东—管理层治理结构，也是造成企业金融化的潜在力量。这表明企业内部管理者或大股东会倾向于通过金融投资提高短期财务绩效，以达到名利双收的目的（陈春华等，2021）[42]。

3.3.2 预防储蓄动机

金融资产的预防储蓄动机指的是企业将金融资产作为一种流动性储备与风险平滑手段，通过配置金融资产发挥金融资产的"蓄水池效应"，以达到增加企业资产的流动性、防范未来资金短缺、实现资本保值增值的目的与意愿。

第一，金融资产具有流动性管理功能与投资收益功能并存的特征（Kliman 和 William，2015；胡奕明等，2017）[96][41]。流动性管理功能在于企业可以利用闲散资金进行金融资产储备，以备未来不时之需（Theurillat 等，2010；杜勇等，2017；彭俞超等，2018）[208][3][9]，这表现为金融资产的"蓄水池效应"。投资收益功能在于企业可以通过购买金融资产获取现金收益或资本利得，有利于改善企业资产负债表（黄贤环等，2018）[209]。基于预防储蓄动机持有金融资产的着眼点在于资金的有效管理和提升资金使用效率，使资金创造最大的价值，及时满足企业资金需求（Stulz，1996；黄贤环和王瑶，2019）[210][8]，同时还有利于分散企业经营风险，提高企业的资源配置效率（李元和王擎，2020）[43]。

第二，根据实物期权理论，基于预防储蓄动机的金融资产配置是管理者在面对不确定性市场环境下的一种柔性投资策略。在经济政策不确定性上升时，由于企业难以准确预测市场变化与需求，企业会基于风险规避减少主业投资（张成思，2019）[10]，同时将闲置资金转向金融领域以对冲固定资产投资风险（张成思和郑宁，2018）[131]。待经济环境有所好转时再将金融资产迅速变现（黄贤环和王瑶，2019）[8]，满足企业生产性投资需求，从而把企业面临的不确定性转变成企业的优势（李佳和闵悦，2021）[120]。

3.4 集团内部财权配置与上市公司金融化的理论分析框架

根据集团内部财权配置存在的经济效应与上市公司金融化基本动机的理论解释，本书构建了集团内部财权配置与上市公司金融化的理论分析框架，实证检验集团内部财权配置与上市公司金融化之间的关系，同时挖掘了集团内部财权配置影响上市公司金融化的传导机制，并实证分析了在不同组织、治理与财务情境下的二者关系的变化，还考察了集团内部财权、经营权和人事权的协同配置对上市公司金融化的影响。本书理论分析框架如图3-3所示。

财权配置所产生的经济效应很可能对不同动机下的金融化行为产生两种影响。首先，财权配置的治理效应很可能会抑制基于逐利动机的金融化行为产生的投资替代效应。其次，财权配置的资源配置效应与基于预防储蓄动机的金融化行为产生的蓄水池效应相类似，因此，资源配置效应很可能与蓄水池效应二者之间存在替代效应。因此，本书结合集团内部财权配置的治理效应与资源配置效应以及上市公司金融化的预防储蓄动机、投资替代动机，并利用不完全契约理论、交易费用理论、实物期权理论、委托代理理论及资源基础理论等相关理论，首先检验集团内部财权配置与上市公司金融化的基本关系。

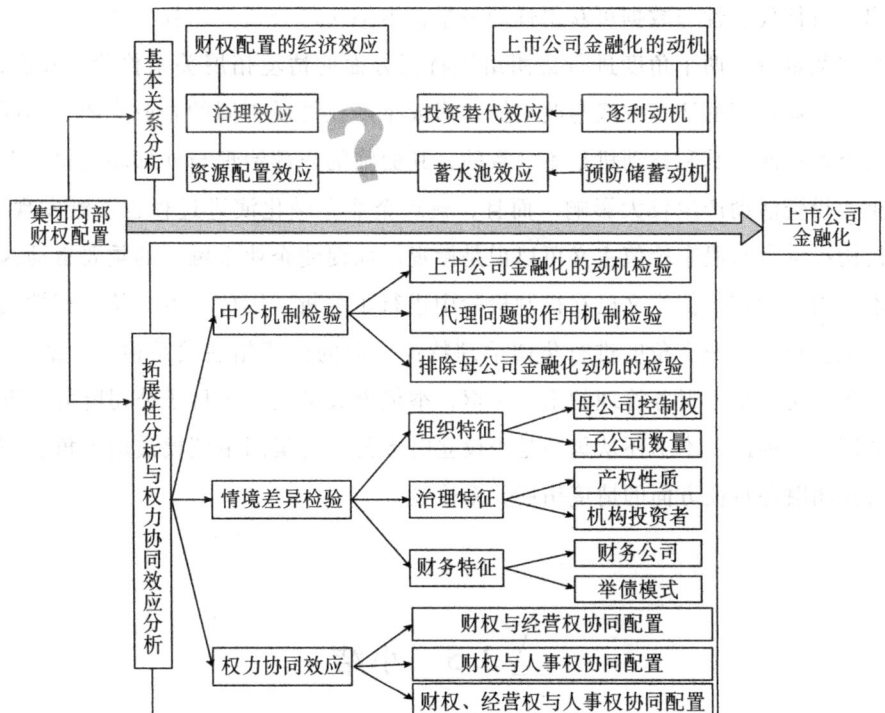

图 3-3 本书理论分析框架图

集团内部财权配置与上市公司金融化关系的机制检验与异质性分析包括两个部分：第一部分为集团内部财权配置与上市公司金融化的拓展关系研究，具体分为集团内部财权配置影响上市公司金融化的中介路径检验与情境差异检验，即本书第 5 章内容。第二部分为集团内部财权协同其他权力配置对上市公司金融化的影响研究。运用协同理论、注意力理论、激励理论等相关理论，考虑集团内部其他权力在母子公司间的分配对集团内部财权配置与上市公司金融化关系的影响，即本书第 6 章内容。

值得说明的是，在情境差异检验部分，本书系统地从集团组织、治理与财务三大特征角度进行了分析。各情境因素的选择理由主要基于以下三个方面的考量：首先，从我国企业集团演进过程中可以发现，母子公司体制的企业集团已成为当前最主流的集团组织结构，而股权关联与子公司特征关乎母公司对子公司监督与管控的效率，是母子公司组织形式的重要特征。因此，出于特征代表性与数据可获得性的考量，本书从母公司控制权力的大小与子公司数量特征两个角度进行集团组织特征方面的情境拓展关系检验。其次，不同企业集团的演变方式与改组模式形成了产权性质不同的企业集团。不同的企业控制人其利益动机是不一致的，其面临的内部治理与外部环境也会对企业投资活动产生较大影响。而且，梳理企业金融化演进过程也不难发现，机构投资者与股东价值主义可以说是微观层面促使企业金融化的重要推动因素。由于股东价值主义已在机制检验中进行了分析，因此，本书从产权性质与机构投资者两个角度进行集团治理特征方面的情境拓展关系检验。最后，财务公司是集团财务管理的重要中枢，举债模式又是影响母子公司财力的重要因素。因此，本书还从集团是否设立财务公司与集团举债模式两个角度进行集团财务特征方面的情境拓展关系检验。

3.5 小结

要想比较深刻理解集团内部财权配置与上市公司金融化之间的关系就有必要把握研究对象所处的制度背景以及研究对象自身所具有的经济效应和行为动机。本章从我国企业集团的演进与上市公司金融化的演进两个角度介绍了制度背景。关于企业集团的研究，本书发现以资本为纽带形成的母子关系制企业集团在当前实践中处于主流地位。同时，通过对上市公司金融化演进的梳理，发现当前我国上市公司金融化处于较为严重的阶段，金融化程度的加深不仅受到外部国际金融、经济环境的影响，还会受到本国自身经济政策、产业结构调整和经济发展水平等的影响。另外，本书分析了集团内部财权配置所产生的治理效应和资源配置效应两种经济效应与上市公司金融化的"逐利动机"和"预防储蓄动机"两种动因，并由此构建了集团内部财权配置影响上市公司金融化的理论分析框架，这为第4章进行实证检验提供了理论层面的基础。

第 4 章 集团内部财权配置与上市公司金融化基本关系研究

按照第 3 章构建的集团内部财权配置与上市公司金融化的理论分析框架，本章将基于已有文献研究以及集团内部财权配置所产生的"治理效应"与"资源配置效应"，结合上市公司金融化的主要动因，即"逐利动机"与"预防储蓄动机"展开理论分析，探讨集团内部财权配置是否能够对上市公司金融化带来影响，并提出研究假设。进一步地，利用我国上市公司样本实证检验集团内部财权配置与上市公司金融化二者之间的关系，主要回答集团内部财权配置对上市公司金融化存在什么样的影响。

4.1 理论分析与研究假设

根据上市公司金融化的不同动机，集团内部财权配置对上市公司金融化的影响可能存在截然相反的结论。本书将基于上市公司金融化的不同动机，结合集团内部财权配置的经济效应进行逐一分析。

4.1.1 基于逐利动机的理论分析

1. 当集团内部财权集中配置于母公司时

由于企业集团是由多个具有股权链接的主体所构成的整体，财权在集团内部母子公司之间的集中或分散配置都会影响企业的投资行为。当集团内部财权集中于母公司时能够提升决策的效率和治理逐利动机的效果，进而很可能抑制集团整体金融化水平。

首先，母公司作为企业集团的核心，当其拥有较大财权时，母公司能够发挥对集团财务决策的主导作用，使母子公司的投资、发展方向与集团战略目标保持一致。作为集团财务目标的制定者，财务目标实施的组织者、指挥者，母公司能够基于集团整体发展战略，发挥资源的整合优势，进而实现企业集团利益最大化、可持续发展的目标（王瑶等，2021）[211]。这与企业金融资产投资对实业投资造成的挤出效应以及基于逐利动机的金融化所表现出的投机贪婪化、不可持续的价值立场与经济后果是相违背的。根据资源配置理论，企业的资源是有限的，金融资产投资的数量越多，固定资产、无形资产等主业的投资率就会降低，这也正是逐利动机下金融资产配置行为产生的"投资替代效应"（Orhangazi，2008；张成思和张步昙，2016）[1][6]。这种不利于集团主业长期发展与核心竞争力培养的投资行为显然不是集团母公司的上等选择。此外，金融资产的价格与收益容易受到宏观经济政策变化的影响，使得实体经济与虚拟经济之间的风险联动性上升（李元和王擎，2020）[43]，企业财务风险提高（黄贤环等，2018）[209]。这显然与作为集团投资决策中心与风险管控中心的母公司的意志是相违背的。因此，基于生产性投资是经济增长和生产力提高的必要条件的发展认知（Seo，2012）[212]，当集团内部财权集中配置于母公司时，上市公司金融化水平可能会保持在较低水平。

其次，集团内部财权集中配置能够发挥积极的"治理效应"，缓解子公司管理层机会主义行为（谭洪涛和陈瑶，2019）[24]。已有研究表明，母公司提高对子公司的管控程度能够减少子公司管理层的权力空间，减少信息不对称，有效缓解子公司管理层的代理问题（谭洪涛和陈瑶，2019）[24]。而管理层私利是造成企业金融化的重要影响因素（Crotty，2003；柳永明和罗云峰，2019）[57][207]，因此，通过发挥集团内部集中配置积极的"治理效应"，有利于抑制代理观下逐利动机，减少管理层资金使用自由裁量权，进而缓解上市公司金融化。

最后，集团内部财权集中后，母公司可以建立一系列良好的财务组织结构、财务管理制度与财务监督系统，从多角度、多方面对子公司展开严密的财务控制（高勇强和田志龙，2002）[185]。因此，母公司通过对财权的集中管控能够使母公司较为全面地掌握子公司经营投资活动的详细信息（谭洪涛和陈瑶，2019）[24]，当子公司偏离主业经营，通过金融渠道获利来弥补主业业绩缺口时也会及时被发现并得到有效制止。

2. 当集团内部财权分散配置于子公司时

在集团内部存在一个或一个以上的子公司，而子公司与母公司之间、子公司与子公司之间必然存在利益诉求的不一致性。当集团内部财权分散配置于子公司时，由于母公司对子公司在财务上的管控被弱化，子公司的逐利动机会更强，这很有可能使得集团整体金融化水平上升。

首先，当上市公司基于逐利动机进行金融资产配置时，集团内部财权分散配置带来的经济效应很可能提升上市公司内部代理问题，其金融化水平可能越高。根据"委托代理理论"，集团内部财权分散配置提升了集团内部管理层权力寻租空间，催生了管理层通过投资金融资产获利的短视行为。已有研究表明，管理层在企业重大决策制定的过程中占据主导地位，因此，管理层在企业金融资产配置方面同样扮演着至关重要的角色（Duchin等，2017；杜勇等，2019）[213][56]。进一步地，Palley（2008）[11]、安磊等（2018）[146]直接提出管理层对金融化投资的偏好归根结底源于代理问题。母公司治理层与子公司管理层之间的权力博弈对上市公司整体的金融化影响主要表现在以下两点：第一，当集团内部财权分散配置时，子公司管理层拥有的相对独立的财务决策权和自由裁量权越大（余怒涛等，2021）[214]，越能为子公司金融资产投资决策提供便利。根据"自由现金流假说"，拥有较大财权的子公司管理层并不会完全站在集团角度考虑集团整体利益，而是通过各种方式谋求自身利益最大化（Myers和Rajan，1998；张会丽和陆正飞，2012）[215][32]。比如，财权分散配置赋予子公司管理层何时使用以及如何使用货币资金的最大空间（王瑶等，2021）[211]。由于金融资产具有回报周期短、收益率高和流动性强的特点与优势（Kim和Kung，2017；黄贤环等，2018）[216][209]，子公司管理层可以在实体经济发展整体不景气的环境下，改变主业投资资金在现金支出中的优先顺序进行金融资产配置,并通过分享金融、房地产行业的超额回报来填补主业利润缺口(王红建等,2016;曹丰和谷孝颖,2021)[14][142],并以此"佳绩"满足个人薪酬和晋升等方面的需求,还可以向母公司寻求其他更多的资源倾斜(武立东和黄海昕,2010;王瑶等,2021)[217][211]。更有甚者企图通过投资金融机构来建立良好的银企关系(李元和王擎,2020)[43],进而导致资源扭曲。第二,在股东利益导向和管理层私利最大化的共同作用下,子公司拥有的较大财权为上市公司大股东利用控制权进而干预子公司投资行为提供了可能。在现代企业制度框架下,集团内部代理成本会随着委托代理层次的增加而不断增加(程新生等,2020)[19]。从产权关系上看,由于母子公司在法律意义上属于完全独立的法人实体,母公司仅能通过"子公司股东会—子公司董事会(监事会)—子公司管理层"这样的法人治理结构控制和监督子公司,并以此实现内部管理。但事实上,与单体企业相比,企业集团的代理链条是叠层式的(叶陈刚和周新军,2006)[218]。母子公司之间的治理结构还会受到"上市公司股东会—上市公司董事会(监事会)—上市公司管理层"代理链条的影响。进一步地,股东价值导向能够对企业固定资产投资与可持续繁荣带来不利影响。也就是说,对股东价值最大化的强调使得企业生产、投资和技术创新的战略制定与决策从长期角度转向了短期主义(Davis,2018;Lee 等,2020)[140][59]。因此,子公司拥有的较大财权不仅为上市公司内部大股东与管理层的自利行为提供资金基础,也为上市公司大股东与子公司高管合谋,利用金融资产攫取控制权私利提供了空间(刘姝雯等,2019)[102],进而提升了上市公司金融化水平。

其次,集团内部财权的分散配置一定程度上给母公司的财务监督与控制能力带来限制(张会丽和吴有红,2011)[32],导致对金融化的监管与治理难度增加。由于我国较多的子公司处于非公开上市状态,加之母公司地理位置分散,使得上游对下游代理问题监督难度与管控成本不断加大,对金融资产配置行为的管控也往往具有滞后性(王瑶等,2021)[211]。此外,企业对金融资产投资存在的"重奖轻罚"现象(杜勇等,2017;曹丰和谷孝颖,2021)[3][142]也会刺激拥有财权的子公司进行金融资产配置。当拥有较大财权的子公司金融资产投资失败时,子公司管理层会将失败原因归结为市场风险等外部环境变化,而非金融资产配置行为本身。相反,当金融资产投资成功,子公司便拥有了更多与上级谈判的筹码,从而获取更多的资金和项目等"剩余财权"。

4.1.2 基于预防储蓄动机的理论分析

当上市公司基于预防储蓄动机进行金融资产配置时,集团内部财权分散配置带来的"资源效应"很可能降低子公司通过金融资产配置应对未来财务不确定性的需求,上市公司金融化水平可能越低。

首先,集团内部财权配置的资源集聚效应与上市公司金融化的预防储蓄动机可能存在替代效应。根据资源基础理论,企业拥有不可复制的且独特稀缺的资源越多,企业的竞争优势越大(Wernerfelt,1984;Yiu,2005)[205][189]。当集团母公司将财权更多地分布于子公司时,其可能的目的便在于给予子公司更多的资源倾斜与集聚,以便更好地满足子公司投资具有良好前景项目的财力需求(王瑶等,2021)[211]。与此同时,上市公司金融化也存在预防储蓄动机,即实体企业为了预防未来可能存在的财务困境风险以及外部宏观环境变化带来的财务冲击,也有动力持有具有变现能力强、可逆性大且获利能力高的金融资产(胡奕明等,2017;Kim 和 Kung,2017)[41][216],以便在未来需要资金时能够迅速变现金融资产,满足自身现金需求。因此,子公司拥有的财权越大,其应对未来存在的财务困境风险和满足未来良好投资项目所需要的财力越强,那么很可能弱化其对金融化所产生的"蓄水池效应"的追求。由此可见,集团内部财权分散配置很可能减少基于预防储蓄动机的金融资产配置行为。

其次,出于缓解子公司融资约束或把握投资机会的考虑,母公司会将财权分散配置于下游子公司,以期提高子公司应对未来不确定性的能力。但是,当子公司面临的经济政策不确定性上升时,金融资产价格的大幅波动很可能使其流动性下降,转换成本提高,进而导致金融资产作为避险工具的价值下降,很可能会抑制财权较大的子公司金融资产配置的动机(聂辉华等,2020;王瑶等,2021)[126][211]。

通过以上从金融化不同动机视角对集团内部财权配置与上市公司金融化关系的分析可以发现，当集团内部财权集中配置于母公司时，财权集中配置的"治理效应"会抑制上市公司基于逐利动机下的金融化现象；反之，集团内部财权分散配置于子公司时，很可能会提升集团内部代理问题及对上市公司金融化的监管难度，进而助推了基于逐利动机下的上市公司金融化水平。然而，集团内部财权分散配置的"资源集聚效应"有助于缓解子公司应对未来不确定性或财务困境的担忧，进而有可能减少基于预防储蓄动机下的上市公司金融资产配置行为。基于此，本书提出如下竞争性假设：

假设1：集团内部权力越是分散配置于子公司，上市公司金融化水平越高。

假设2：集团内部权力越是分散配置于子公司，上市公司金融化水平越低。

4.2 研究设计

4.2.1 样本选择与数据来源

为有效验证上述假设，本书从国泰安数据库（CSMAR）中选取2007—2020年我国沪深上市公司相关数据，研究集团内部财权配置与上市公司金融化水平的关系。考虑到数据统计方法与口径的一致性，本书所选取的上市公司数据区间从2007年（即新会计准则启用年）开始。同时，借鉴杜勇等（2017）[3]、黄贤环和王瑶（2019）[8]、张成思和郑宁（2020）[54]等学者的研究方法，对数据进行以下处理：①由于归属于金融行业的企业与一般性行业企业在经营、财务等方面存在较大差异，而投资于房地产是房地产行业企业的主业，即便存在逐利动机，但并不属于对金融资产的投资，鉴于此本书剔除归属于金融和房地产行业样本；②对资产负债率大于1、数据缺失、异常值、ST类样本予以剔除;③连续变量进行上下1%分位缩尾处理。最终,本书共获得7633个样本观测值。

4.2.2 变量测度

1. 集团内部财权配置的测度

财权是企业"财力"以及与此相伴的权力的结合(贺正强和伍中信,2008)[30]。根据"本金理论"(伍中信,2006)[31],对现金流向和流量的合理调控是从"价值"角度进行财务治理的切入点,而对现金控制权、剩余索取权等权能的合理配置是从"权力"视角进行财务治理配置的着手点。进一步地,货币资金不仅是企业生存与发展的必备资源,同时又是极易被代理人浪费、侵占的资源(Myers和Rajan,1998;Fresard和Salva,2010)[215][219]。作为企业集团内部资源配置中各级代理方的重要寻租目标,现金在母子公司间的分布不仅综合反映了母公司对内部财务资源配置的多种策略安排,也最为直接地反映了集团内部财力的配置状况(张会丽和吴有红,2011)[32],体现了集团对财务资源的监督与控制模式(程新生等,2020)[19]。因此,本书通过集团现金在母子公司之间的分布状况对集团内部财权配置进行测度。当现金较多地分布于子公司,表明子公司拥有的财权较大;当现金较多地分布于母公司,表明母公司拥有的财权较大。具体地,集团内部财权(Fp)通过子公司持现比率表示:

Fp = (合并报表货币资金 − 母公司报表货币资金)/合并报表货币资金

Fp 数值越大,表示集团内部财权越是配置于子公司。稳健性部分,本书选用合并报表与母公司报表现金数据的平均值再次进行检验。

2. 上市公司金融化水平的测度

实体企业金融化是近年来非常热门的研究话题,已有文献对"金融化"进行了比较持续的研究。关于企业金融化水平的衡量,当前文献主要从资产负债表项目和利润表项目出发进行测度:第一,借助资产负债表中金融资产项目总和占总资产的比重;第二,借助利润表中金融收益项目。具体地,表4−1报告了当前主流文献对企业金融化的测度模式。

表 4-1　　　　　　　　　　金融化的测度方式

	分类	测度方法	代表性文献
资产负债表项目	金融资产持有规模	金融资产对数值	胡奕明等（2017）[41]、彭俞超等（2018）[9]
	金融资产持有率	金融资产/总资产	Orhangazi（2008）[1]、Demir（2009）[36]、Denis 和 Sibilkov（2010）[220]、Seo（2012）[212]、谢家智等（2014）[106]、宋军和陆旸（2015）[52]、张成思和张步昙（2016）[6]、杜勇等（2017）[3]、彭俞超等（2017）[45]、周彬和谢佳松（2018）[39]、彭俞超和黄志刚（2018）[110]、步晓宁等（2020）[47]、黄贤环和王瑶（2021）[46]
	金融资产变动	金融资产和金融负债变动的相关性	王永钦等（2015）[221]、Du 等（2017）[222]
		金融资产规模自然对数值的一阶差分	胡宁等（2019）[129]、马勇和陈点点（2020）[50]
	金融资产增速	金融资产期末与期初差/总资产	李元和王擎（2020）[43]
	是否金融化	金融资产/总资产，该值大于0取值为1，否则为0	王红建等（2017）[14]、陈春华（2021）[42]
利润表项目	金融资产收益率	金融获利/金融资产	张成思和张步昙（2016）[6]
		金融获利/总资产	杨筝等（2019）[44]
	金融投资获利占比	金融获利/营业利润	柯艳蓉等（2019）[151]
	金融投资率	现金流投资比率	张成思和张步昙（2016）[6]
	金融化收益率	金融资产收益率与经营资产收益率之差	柳永明和罗云峰（2019）[207]

从表 4-1 中可以看出，当前主流文献主要是从资产负债表项目和利润表项目出发对上市公司金融化水平进行测度。其中，从资产负债表项目出发进行测度主要包含：金融资产持有规模、金融资产持有率、金融资产变动、

金融资产增速、是否金融化等静态指标和动态指标。而从利润表项目出发进行测度主要包含：金融资产收益率、金融渠道获利占比、金融投资率、金融化收益率等指标。本书参照主流文献的做法，在基准回归时采用认可度较高的金融资产持有率对上市公司金融化进行测度。此外，稳健性检验部分还采用改变金融资产持有率测度方式、是否金融化、金融资产是否增长、金融资产收益率对上市公司金融化重新进行测度。

值得注意的是，以资产负债表项目对上市公司金融化水平进行测度的前提是合理界定金融资产的内涵和外延。如表4-2所示。

本书梳理了当前主流文献在测度企业"金融化"水平时对"金融资产"项目的界定。本书在主检验部分借鉴 Demir（2009）[36]、宋军和陆旸（2015）[52]、张成思和张步昙（2016）[6]、杜勇等（2017）[3]、彭俞超和黄志刚（2018）[110]、黄贤环和王瑶（2021）[46]等的研究，上市公司金融化测度选用资产负债表数据，采用"金融资产占总资产之比"进行反映。值得说明的是，由于本书采用的是2007—2020年数据样本，而我国在2017年出台的《企业会计准则第22号——金融工具确认和计量》规定：符合条件的企业从2018年1月1号开始陆续执行新的金融工具准则。这就使得采用新金融工具准则之后的上市公司，其资产负债表中删除了"持有至到期投资""可供出售金融资产"等项目，而新增了"债权投资""其他债权投资""其他权益工具投资"和"其他非流动金融资产"等项目。因此，在主检验部分，针对尚未执行新金融工具准则的样本企业，本书通过"交易性金融资产、可供出售金融资产、持有至到期投资与投资性房地产"之和对金融资产进行测度。对于2018年1月1日之后采用了新金融工具准则的上市公司样本，本书通过"交易性金融资产、投资性房地产、债权投资、其他债权投资、其他权益工具投资与其他非流动金融资产投资"之和进行测度。借鉴张成思和郑宁（2020）[54]的做法，若债权投资、其他债权投资、其他权益工具投资、其他非流动金融资产为空缺值，本书采取将其赋值为0的方法进行处理。

关于金融资产的测度还需做出以下几点说明：第一，虽然货币资金或现金也归属于金融资产，但是企业货币资金的变化更多的是由企业日常经营活动本身导致的，对资本增值影响较小（王红建等，2017；陈春华等，2021；

表 4-2　金融资产的范围

	<2018 年								>2018 年		
	Demir (2009)[36]	刘珺等 (2014)[223]	王红建等 (2017)[14]	宋军和陆旸 (2015)[52] 陈春华等 (2021)[42]	彭俞超和黄志刚 (2018)[110]	聂辉华等 (2020)[126]	杜勇等 (2017)[3] 曹丰和谷孝颖 (2021)[142]	彭俞超等 (2018)[9]	马勇和陈点点 (2020)[50]	黄贤环和王瑶 (2021)[46]	张成思和郑宁 (2020)[54]
现金	√										
交易性金融资产	√	√	√	√	√	√	√	√	√	√	√
持有至到期投资	√	√		√	√	√	√	√	√	√	√
衍生金融资产			√	√	√	√	√	√		√	
可供出售金融资产		√		√	√	√	√	√	√	√	√
买入返售金融资产		√		√	√						
发放贷款及垫款		√		√	√		√				
长期股权投资			√	√	√	√		√	√	√	
投资性房地产			√		√	√		√	√	√	√
委托理财与信托产品				√					√		√
应收利息、应收应收款											
其他应收款											
债权投资										√	√
其他债权投资										√	√
其他权益工具投资										√	√
其他非流动性金融资产										√	√

曹丰和谷孝颖，2021)[14][42][142]。因此，本书关于金融资产的定义中并不包含货币资金。第二，考虑到投资性房地产的特殊性，在稳健性检验时，本书根据企业会计准则的规定，将投资性房地产剔除出企业金融资产的范畴，对金融化水平重新测度。第三，鉴于本书的研究主体是集团内部的母子公司且其二者之间本身存在着投资与被投资的关系，因此，母公司对子公司实施控制、重大影响的权益性投资属于正常经营或内部结构重组活动（张成思和郑宁，2018）[131]。若将母公司对子公司的投资纳入金融资产范畴，则会影响本书研究结论的稳健性。因此，出于稳健原则，借鉴张成思和郑宁（2018）[131]、顾雷雷等（2020）[147]的做法，本书在金融资产的界定与计量中未包含长期股权投资。第四，考虑到"衍生金融资产""买入返售金融资产""发放贷款及垫款"等项目数据缺失较严重，本书未将以上项目纳入金融资产对上市公司金融化水平进行测度。

3. 控制变量的测度

关于控制变量，本书对影响金融化水平的公司特征、财务特征、公司治理特征、宏观环境特征以及行业（Industry）和年度（Year）等因素进行了控制。变量具体定义如表4-3所示。

表4-3 变量定义

变量名称	变量简称	变量解释
金融化	Fin	见书中定义
集团内部财权配置	Fp	见书中定义
产权性质	Soe	国企取值为1，否则为0
企业规模	Size	以企业资产总额取自然对数表示
财务杠杆	Lev	通过"负债总额/资产总额"计算
集团债务分布	Debt	通过"（合并报表长短期贷款之和－母公司报表长短期贷款之和）/合并报表长短期贷款之和"计算
成长能力	Growth	以营业收入增长率表示，通过"（本年营业收入－上年营业收入）/上年营业收入"计算
盈利能力	Roa	以总资产报酬率表示

续表

变量名称	变量简称	变量解释
自由现金流量	Cf	通过"经营活动产生的现金净流量/资产总额"计算
归属于母公司所有者权益	Paequ	通过"合并报表归属于母公司所有者权益/资产总计"计算
股权集中度	First	以"第一大股东持股比例"表示
董事会规模	Board	以"董事会人数"表示
独立董事规模	Indirector	通过"独立董事人数/董事会人数"计算
两权分离度	Seperation	通过控制权与所有权之间的差值计算
是否二职合一	Dual	若董事长与总经理兼任,则取值为1,否则取值为0
宏观经济形势	Ec	通过"企业信心指数"衡量
市场化程度	Finen	通过"樊纲市场化指数"衡量
年度	Year	控制
行业	Industry	控制

4.2.3 模型设计

为检验本书提出的研究假设,构建实证模型(4-1),并采用固定效应进行检验。

$$\begin{aligned} Fin = & \alpha_0 + \alpha_1 Fp + \alpha_2 Soe + \alpha_3 Size + \alpha_4 Lev + \alpha_5 Debt + \\ & \alpha_6 Growth + \alpha_7 Roa + \alpha_8 Cf + \alpha_9 Paequ + \alpha_{10} First + \\ & \alpha_{11} Board + \alpha_{12} Indirector + \alpha_{13} Seperation + \alpha_{14} Dual + \\ & \alpha_{15} Ec + \alpha_{16} Finen + \sum Year + \sum Industry + \varepsilon \end{aligned} \quad (4-1)$$

其中,ε 为模型随机扰动项,其余变量定义如表4-3中的解释。当 α_1 显著为正时,表明集团内部财权配置越分散,企业金融化水平越高,否则会降低金融化水平。

4.3 实证结果

4.3.1 描述性统计

如表 4-4 所示，上市公司金融化水平（Fin）的最大值为 0.324，最小值趋近于 0，均值为 0.026，且四分之一分位数趋于 0，这表明样本企业金融资产配置水平差异较大，不同样本企业的金融化水平存在差异。财权配置（Fp）的均值为 0.414，最大值趋近于 1，说明我国有近一半的企业集团将财权配置于子公司内部。

表 4-4　　　　　　变量描述性统计结果

Variable	N	mean	sd	p25	p50	p75	min	max
Fin	7633	0.026	0.056	0.000	0.004	0.024	0.000	0.324
Fp	7633	0.441	0.288	0.197	0.414	0.670	0.001	0.999
Soe	7633	0.447	0.497	0.000	0.000	1.000	0.000	1.000
Size	7633	22.266	1.336	21.326	22.037	22.970	19.847	26.477
Lev	7633	0.481	0.197	0.327	0.477	0.629	0.098	0.936
Debt	7633	0.437	0.372	0.059	0.368	0.787	0.000	1.000
Growth	7633	0.328	0.899	-0.043	0.116	0.380	-0.681	6.517
Roa	7633	0.030	0.050	0.010	0.029	0.055	-0.183	0.160
Cf	7633	0.039	0.066	0.003	0.039	0.079	-0.161	0.221
Paequ	7633	0.488	0.202	0.334	0.488	0.645	0.048	0.888
First	7633	0.240	0.182	0.072	0.213	0.377	0.004	0.701
Board	7633	8.851	1.771	8.000	9.000	9.000	4.000	18.000
Indirector	7633	0.373	0.054	0.333	0.333	0.400	0.333	0.571
Seperation	7633	5.762	8.065	0.000	0.000	10.987	0.000	29.909
Dual	7633	0.233	0.423	0.000	0.000	0.000	0.000	1.000
Ec	7633	1.212	0.056	1.138	1.218	1.240	1.099	1.435
Finen	7633	7.835	1.743	6.620	8.310	9.350	2.940	10.000

此外，国企与非国企的样本观测值数量差异较小，而样本选择区间内上市公司所面临的偿债能力（Lev）、成长能力（$Growth$）、归属于母公司所有者权益（$Paequ$）、治理特征以及市场化程度（$Finen$）等都存在较大的差异。上市公司具有的内部财务与公司治理特征以及其面临的宏观环境特征都很可能给企业集团母子公司间的财权配置模式带来影响，进而很可能对上市公司的金融资产配置水平造成差异。

表4-5[1]报告了2007—2020年所选样本分行业的描述性统计结果。由表4-5可知，本书所选样本涉及行业门类共计15类，涉及行业大类共计70类。

表4-5　　　　所选样本行业分布描述性统计

	Industry	N	mean	sd	p25	p50	p75	min	max
A	农林牧渔业 (147)	农业	47	0.014	0.027	0.000	0.003	0.015	0.000	0.153
		林业	19	0.032	0.036	0.000	0.027	0.064	0.000	0.108
		畜牧业	43	0.021	0.044	0.000	0.000	0.024	0.000	0.189
		渔业	34	0.018	0.025	0.000	0.000	0.042	0.000	0.080
		辅助性活动	4	0.036	0.028	0.015	0.043	0.058	0.000	0.060
B	采矿业 (259)	煤炭开采	115	0.013	0.030	0.000	0.002	0.012	0.000	0.209
		石油天然气开采	16	0.004	0.008	0.000	0.000	0.001	0.000	0.027
		黑色金属采选	23	0.034	0.050	0.000	0.011	0.051	0.000	0.218
		有色金属采选	77	0.026	0.051	0.002	0.008	0.031	0.000	0.324
		开采专业及辅助	28	0.011	0.024	0.000	0.001	0.007	0.000	0.084
C	制造业 (5149)	农副食品加工	128	0.031	0.073	0.000	0.003	0.014	0.000	0.324
		食品制造	68	0.025	0.044	0.000	0.005	0.024	0.000	0.152
		酒、饮料和精制茶	77	0.015	0.025	0.000	0.002	0.020	0.000	0.112
		纺织业	140	0.062	0.100	0.001	0.015	0.073	0.000	0.324
		服饰业	83	0.055	0.070	0.005	0.019	0.105	0.000	0.267
		皮革等及其制品	20	0.041	0.067	0.001	0.015	0.049	0.000	0.267
		木材加工等	27	0.012	0.018	0.000	0.005	0.019	0.000	0.087

[1] 表中行业分类按照统计局官网发布的《中华人民共和国国家标准：国民经济行业分类》（GB/T 4754—2017）进行统计。囿于版面所限，本书对部分行业门类与大类进行了简写处理。

续表

	Industry		N	mean	sd	p25	p50	p75	min	max
C	制造业 (5149)	家具	17	0.019	0.037	0.000	0.003	0.009	0.000	0.116
		造纸和纸制品	111	0.011	0.024	0.000	0.001	0.011	0.000	0.133
		印刷	28	0.023	0.027	0.000	0.017	0.035	0.000	0.089
		文教、工美等	23	0.019	0.023	0.000	0.013	0.029	0.000	0.081
		石油、煤炭加工	65	0.009	0.015	0.000	0.000	0.013	0.000	0.061
		化学原料、制品	603	0.012	0.035	0.000	0.001	0.007	0.000	0.324
		医药制造	415	0.026	0.052	0.000	0.004	0.027	0.000	0.324
		化学纤维制造	93	0.034	0.072	0.000	0.001	0.025	0.000	0.324
		橡胶和塑料制品	159	0.008	0.020	0.000	0.000	0.005	0.000	0.145
		非金属矿物制品	285	0.028	0.063	0.000	0.002	0.018	0.000	0.324
		黑色金属冶炼	156	0.008	0.016	0.000	0.001	0.008	0.000	0.112
		有色金属加工	201	0.013	0.026	0.000	0.002	0.014	0.000	0.161
		金属制品	145	0.016	0.034	0.000	0.001	0.013	0.000	0.206
		通用设备制造	297	0.016	0.042	0.000	0.002	0.009	0.000	0.279
		专用设备制造	394	0.014	0.038	0.000	0.001	0.010	0.000	0.314
		汽车制造	289	0.016	0.039	0.000	0.002	0.011	0.000	0.289
		铁路、船舶、航空运输设备制造	114	0.035	0.074	0.000	0.006	0.029	0.000	0.324
		电气机械制造	491	0.018	0.042	0.000	0.002	0.016	0.000	0.317
		计算机、通信和其他电子设备制造	604	0.019	0.043	0.000	0.003	0.018	0.000	0.324
		仪器仪表制造	61	0.019	0.037	0.000	0.001	0.023	0.000	0.219
		其他制造业	49	0.017	0.018	0.002	0.013	0.024	0.000	0.061
		废弃资源利用	6	0.010	0.018	0.000	0.002	0.010	0.000	0.046
D	电、热、燃气等 (314)	电力、热力生产	243	0.034	0.068	0.001	0.008	0.034	0.000	0.324
		燃气生产	24	0.029	0.035	0.002	0.017	0.040	0.000	0.111
		水的生产	47	0.022	0.049	0.003	0.006	0.032	0.000	0.324
E	建筑业 (264)	房屋建筑业	8	0.020	0.017	0.003	0.023	0.036	0.000	0.039
		土木工程	206	0.023	0.040	0.001	0.010	0.030	0.000	0.243
		建筑安装	3	0.038	0.017	0.028	0.029	0.057	0.028	0.057
		建筑装饰、装修	47	0.010	0.017	0.001	0.004	0.013	0.000	0.085

续表

	Industry		N	mean	sd	p25	p50	p75	min	max
F	批发零售 (502)	批发业	233	0.068	0.090	0.006	0.026	0.084	0.000	0.324
		零售业	269	0.064	0.081	0.007	0.035	0.093	0.000	0.324
G	交通运输、仓储等 (322)	铁路运输业	3	0.000	0.000	0.000	0.001	0.001	0.000	0.001
		道路运输业	124	0.038	0.055	0.005	0.019	0.050	0.000	0.324
		水上运输业	105	0.028	0.062	0.000	0.005	0.021	0.000	0.307
		航空运输业	37	0.040	0.062	0.003	0.007	0.076	0.000	0.186
		多式联运及代理	22	0.013	0.019	0.000	0.003	0.019	0.000	0.063
		装卸搬运和仓储	31	0.048	0.071	0.002	0.016	0.067	0.000	0.253
H	住宿餐饮 (26)	住宿业	16	0.077	0.093	0.002	0.048	0.132	0.000	0.324
		餐饮业	10	0.067	0.073	0.003	0.051	0.134	0.000	0.201
I	信息传输、软件等 (303)	电信、广播电视和卫星传输	24	0.043	0.061	0.000	0.011	0.101	0.000	0.168
		互联网和相关服务	25	0.054	0.068	0.009	0.022	0.078	0.000	0.290
		软件和信息技服	254	0.025	0.044	0.000	0.004	0.029	0.000	0.252
L	租赁和商服 (81)	租赁业	5	0.014	0.025	0.003	0.003	0.004	0.000	0.059
		商务服务业	76	0.105	0.113	0.021	0.052	0.182	0.000	0.324
M	科学研究和技术服务业 (35)	研究和试验发展	1	0.143	—	0.143	0.143	0.143	0.143	0.143
		专业技术服务业	34	0.016	0.034	0.000	0.003	0.021	0.000	0.177
N	水利、环境公共设施管理 (79)	生态保护、环境治理	27	0.010	0.019	0.000	0.000	0.011	0.000	0.060
		公共设施管理业	52	0.017	0.024	0.000	0.008	0.028	0.000	0.113
P	教育 (7)		7	0.039	0.044	0.000	0.035	0.081	0.000	0.110
Q	卫生 (33)	社会工作	33	0.071	0.043	0.040	0.061	0.104	0.000	0.161
R	文化、体育和娱乐业 (112)	新闻和出版业	25	0.062	0.081	0.006	0.034	0.059	0.000	0.304
		广播、电视、电影和录音制作业	7	0.019	0.017	0.003	0.018	0.027	0.000	0.048
		娱乐业	80	0.085	0.108	0.004	0.037	0.105	0.000	0.324
	总计		7633	0.026	0.056	0.000	0.004	0.024	0.000	0.324

图 4-1 详细展示了本书所选样本行业分布占比情况。从扇形图可以看出，本书所选的样本企业中，制造业门类以 67% 的占比位列第一位，批发和零售业以 6.58% 位居第二位，第三位为交通运输、仓储和邮政业（4.22%）。

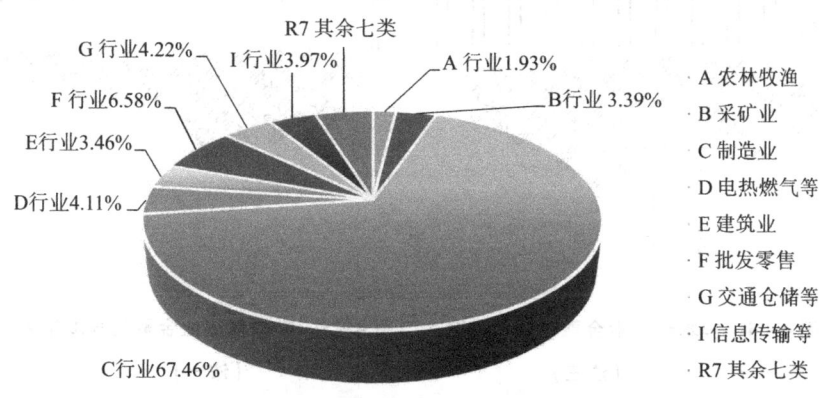

图 4-1 样本行业分布占比

进一步地，本书依据表 4-4 的统计结果按照三种划分标准整理得出样本全行业金融化程度前十位排名以及占全行业比例第一位的制造业金融化程度前十位排名。图 4-2 至图 4-4 分别按照金融化均值、中位数与最大值的排名标准，展示了样本全行业金融化程度排名。图 4-5 至图 4-7 具体到制造业门类中，同样根据金融化均值、中位数与最大值的排名标准展示了样本制造业金融化程度排名。

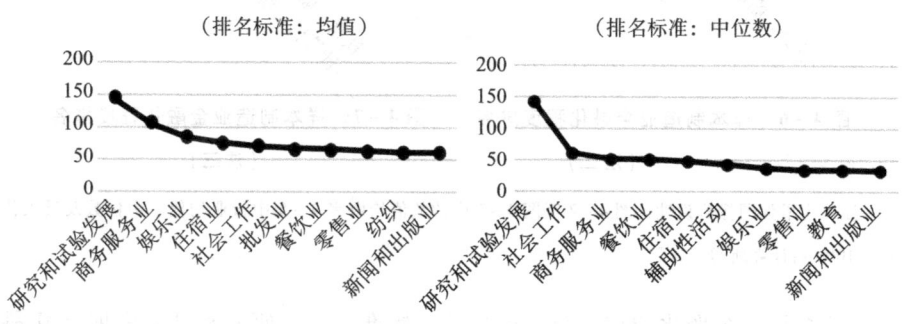

图 4-2 样本全行业金融化程度排名（法一）　　**图 4-3 样本全行业金融化程度排名（法二）**

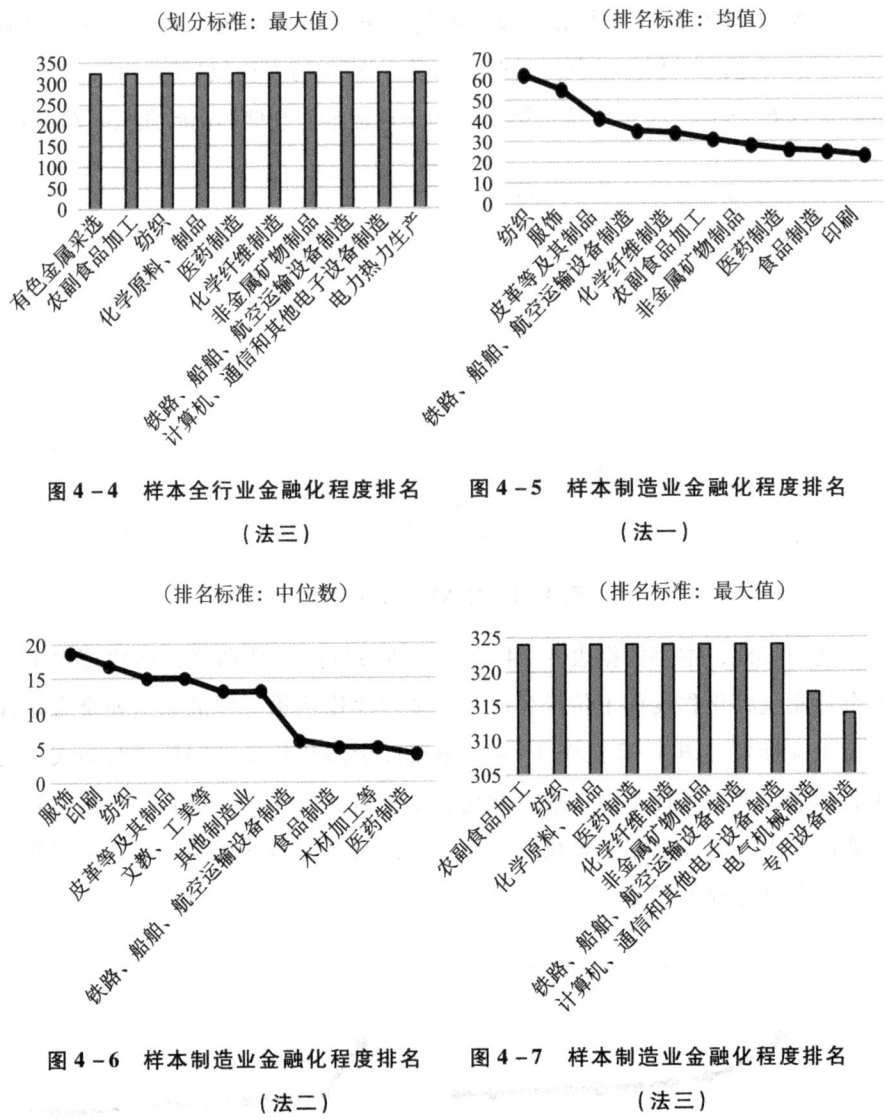

图 4-4　样本全行业金融化程度排名（法三）

图 4-5　样本制造业金融化程度排名（法一）

图 4-6　样本制造业金融化程度排名（法二）

图 4-7　样本制造业金融化程度排名（法三）

注：为增强图像辨识性，图 4-2 至图 4-7 中的数值均由表 4-5 中行业均值、中位数及最大值乘以 1000 后计算所得。

从全行业金融化的均值与中位数排名标准来看，研究和试验发展（M 科学研究和技术服务业）、商务服务业（L 租赁和商务服务业）、娱乐业（R 文化、体育和娱乐业）、住宿业（H 住宿和餐饮业）、社会工作（Q 卫生和社会工作)、批发业 (F 批发和零售业)、餐饮业 (H 住宿和餐饮业)、零售业 (F 批发和零售业)、纺织业 (C 制造业) 排名靠前。从全行业中的最大值分布来看，有色金属矿采选业 (B 采矿业)、农副食品加工业 (C 制造业)、化学原料和化学制品制造业 (C 制造业) 以及医药制造业 (C 制造业) 占据前几位，其次为化学纤维制造业 (C 制造业)、非金属矿物制品业 (C 制造业) 等。

从制造业金融化的均值与中位数排名标准来看，纺织业、服饰业、皮革、毛皮、羽毛及其制品和制鞋业、铁路、船舶、航空运输设备制造、医药制造业、食品制造业、印刷业金融化程度较高。从制造业金融化的最大值排名标准来看，农副食品加工业、纺织业、化学原料和化学制品制造业、医药、化纤、非金属矿物制品业等大类的金融化水平较高。

综上分析可以看出，全样本中制造业 (C)、批发和零售业 (F)、交通运输、仓储和邮政业 (G) 以及电力、热力、燃气及水生产和供应业 (D) 样本数量占比较多，但金融化程度除制造业 (C) 较高外，样本数量占比较小的科学研究和技术服务业 (M)、租赁和商务服务业 (L)、文化、体育和娱乐业 (L)、住宿和餐饮业 (H) 卫生和社会工作 (Q) 及采矿业 (B) 这六大门类其金融化水平也较高。

4.3.2 变量相关性分析

对变量之间的相关系数检验，能够初步判定变量之间的关系，同时能够判定变量之间是否存在严重的多重共线性问题。表 4-6 报告了本书主要变量的相关系数矩阵。由表 4-6 可以看出，企业集团内部财权配置 (Fp) 与上市公司金融化 (Fin) 之间的相关系数为 0.109，且在 1% 的水平上显著。这初步验证了本书预期，表明集团内部财权越是配置于子公司，上市公司的金融化程度就越高。当然，集团内部财权配置与上市公司金融化的因果关系还需要考虑其他影响因素。

表 4-6 变量相关系数检验

	Fin	Fp	Soe	Size	Lev	Debt	Growth	Roa	Cf
Fp	0.109***	1							
Soe	0.051***	0.073***	1						
Size	0.022*	0.194***	0.396***	1					
Lev	-0.025**	0.188***	0.326***	0.445***	1				
Debt	0.031***	0.437***	0.060***	0.183***	0.009	1			
Growth	-0.001	0.071***	-0.029**	-0.076***	-0.009	0.059***	1		
Roa	0.018	0.018	-0.125***	0.034**	-0.392***	0.115***	0.034***	1	
Cf	-0.024**	0.026**	0.044***	0.120***	-0.105***	0.070***	-0.088***	0.342***	1
Paequ	0.017	-0.256***	-0.348***	-0.465***	-0.976***	-0.056***	0.011	0.372***	0.084***
First	0.069***	0.062***	0.382***	0.356***	0.222***	0.057***	-0.059***	-0.051***	0.085***
Board	-0.045***	0.016	0.267***	0.280***	0.151***	0.003	-0.033***	0.008	0.062***
Indirector	0.019*	0.019	-0.025**	0.080***	0.020*	0.024**	-0.000	-0.029**	-0.021*
Seperation	-0.009	0.017	-0.165***	-0.008	0.040***	0.042***	-0.029**	0.023**	0.031***
Dual	-0.005	-0.058***	-0.291***	-0.178***	-0.134***	-0.037***	-0.003	0.041***	-0.032***
Ec	-0.065***	-0.061***	0.088***	-0.002	0.077***	-0.058***	-0.041***	0.048***	-0.002
Finen	0.103***	0.043***	-0.201***	-0.009	-0.134***	0.064***	-0.040***	0.133***	0.040***

	Paequ	First	Board	Indirector	Seperation	Dual	Ec	Finen
First	-0.240***	1						
Board	-0.158***	0.100***	1					
Indirector	-0.015	0.018	-0.423***	1				
Seperation	-0.044***	0.163***	0.023**	-0.077***	1			
Dual	0.151***	-0.168***	-0.180***	0.097***	-0.019*	1		
Ec	-0.082***	-0.032***	0.112***	-0.032***	0.023**	-0.052***	1	
Finen	0.135***	-0.011	-0.109***	0.010	-0.015	0.120***	-0.154***	1

注：* $p<0.1$，** $p<0.05$，*** $p<0.01$。

此外，其他控制变量与上市公司金融化之间也大都存在统计意义上的相关关系，且产权性质（Soe）、企业规模（$Size$）、债务分布（$Debt$）、股权集中度（$First$）及市场化程度（$Finen$）与上市公司金融化（Fin）显著正相关，初步说明上市公司为国企、企业规模越大、债务越是分布于子公司、第一大股东持股比例越大高、市场化程度越高，则上市公司金融化水平越高。而财务杠杆（Lev）、自由现金流量（Cf）、董事会规模（$Board$）及宏观经济形势（Ec）与上市公司金融化显著负相关。当然，上述分析尚未考虑其他内外部因素对二者关系可能存在的影响。但也基本可以看出，本书控制变量的选取是较为可行的。

4.3.3 实证分析

如表 4-7 报告了集团内部财权配置（Fp）与上市公司金融化水平（Fin）关系的全样本回归结果。其中，列（1）为模型中未加入控制变量且尚未控制年度和行业的回归结果。从回归结果可以看出，集团内部财权配置（Fp）与金融化水平（Fin）在 1% 的水平上显著为正，初步表明集团内部财权分散配置于子公司会提升上市公司金融化水平。从列（2）仅控制了年度与行业后的回归结果可以看出，集团内部财权配置（Fp）与金融化水平（Fin）同样在 1% 的水平上显著为正。列（3）则报告了在控制年度与行业的基础上加入公司属性与财务特征方面的控制变量后的回归结果。从列（3）可以看出，集团内部财权配置（Fp）与金融化水平（Fin）的回归系数为 0.018，仍然在 1% 的水平上显著为正。列（4）报告了在列（3）的基础上进一步加入公司治理特征与宏观影响因素方面的控制变量后的回归结果。从列（4）可以看出，集团内部财权配置（Fp）与金融化水平（Fin）的回归系数依然在 1% 的水平上显著为正，且集团内部财权向子公司的配置每增加 1 个单位，上市公司金融化程度便提高 0.018 个单位。

表 4-7　　　　　　　　　　全样本回归结果

Variable	(1) Fin	(2) Fin	(3) Fin	(4) Fin
Fp	0.021***	0.010***	0.018***	0.018***
	(5.96)	(3.23)	(4.51)	(4.53)
Soe			0.007**	0.007**
			(2.42)	(2.33)
Size			-0.001	-0.001
			(-1.02)	(-1.17)
Lev			-0.017	-0.013
			(-0.67)	(-0.49)
Debt			-0.005	-0.005*
			(-1.55)	(-1.67)
Growth			-0.001	-0.001
			(-1.09)	(-0.83)
Roa			-0.008	-0.011
			(-0.41)	(-0.58)
Cf			-0.028**	-0.033**
			(-2.16)	(-2.47)
Paequ			0.012	0.016
			(0.44)	(0.60)
First				0.016**
				(2.24)
Board				-0.001**
				(-2.10)
Indirector				-0.010
				(-0.56)
Seperation				0.000
				(0.52)
Dual				0.000
				(0.08)
Ec				-0.149***
				(-3.81)

续表

Variable	(1) Fin	(2) Fin	(3) Fin	(4) Fin
Finen				0.002***
				(2.63)
Year	No	Yes	Yes	Yes
Industry	No	Yes	Yes	Yes
Constant	0.017***	0.002	0.026	0.245***
	(10.48)	(0.19)	(0.72)	(4.02)
N	7633	7633	7633	7633
R-squared	0.012	0.139	0.150	0.156

注：括号内为经过 robust 和公司层面 cluster 回归后的 t 值，* $p<0.1$，** $p<0.05$，*** $p<0.01$。

综上可看出，集团内部财权越是配置于子公司，上市公司金融化水平越高。假设 1 得到验证。这说明集团内部财权分散配置很可能会提升集团内部代理问题，不仅为子公司管理层寻租提供了一定的空间，也为上市公司大股东与子公司管理层合谋提供了资金支持。同时，集团内部财权分散配置缺乏良好的财务监督系统，提高了子公司金融资产配置行为的监管难度，进而助推了基于逐利动机下的上市公司金融化水平。

需要注意的是，上述集团内部财权分散配置对上市公司金融化的助推效应并不能完全排除集团内部财权分散配置为子公司带来的资源集聚效应。集团内部财权分散配置助推上市公司金融化这一结果的出现很可能是因为财权分散配置带来的代理问题导致的负面影响超过了资源配置的正面影响，从而使得集团内部财权分散配置对上市公司金融化的影响总体上表现为负向作用。本书第 5 章将从上市公司金融化的动机、代理问题作用机制以及排除母公司金融化动机三个方面，系统检验集团内部财权配置影响上市公司金融化的传导路径，更好地识别二者的作用机理。

4.3.4 稳健性检验

为考察本书的实证结果是否会随着变量测度或参数设计的改变而发生变

化，本书从变量选择、计量方法、样本数据以及理论解释四个角度出发进行了稳健性检验。主要通过改变关键变量测度、进行内生性检验、改变研究区间以及排除其他假说四种方法重新进行实证检验，以保证本书研究结论的稳健性。

1. 改变关键变量测度方法

考虑到变量测度误差对实证结果可能带来的偏误，本部分分别改变了因变量上市公司金融化与自变量企业集团内部财权配置的测度方式，重新进行实证检验。对于上市公司金融化的替换方式，本书另外选用了重新计算金融资产占比、是否金融化、金融资产是否增长以及金融资产收益率进行测度，具体计算方式如表 4-8 所示。

表 4-8　　　　　　　　　改变金融化测度方式明细表

替换变量		变量含义	计算方式
1	$Fin1$	金融资产占比	（交易性金融资产 + 可供出售金融资产净额 + 持有至到期投资净额 + 债权投资 + 其他债权投资 + 其他权益工具投资 + 其他非流动金融资产投资）/资产总额
2	$Fin2$	是否金融化	若 $Fin > 0$，表示上市公司进行了金融资产配置，则取值为 1，否则 $Fin2$ 取值为 0
3	$Fin3$	金融资产是否增长	若 $D.Fin > 0$，表示上市公司当期金融资产资产占总资产比重相较前期有所上升，则 $Fin3$ 取值为 1，否则 $Fin3$ 取值为 0
4	$Fin4$	金融资产收益率	金融收益/总资产

第一，将投资性房地产剔除出金融资产总额重新计算金融资产占比。投资性房地产指的是为赚取租金或资本增值而持有的房地产，由于现实投资活动中投资者"以房生钱"、人为炒作房价的行为使得投资性房地产带有浓厚的金融色彩。基于此，主检验将投资性房地产纳入了 Fin 的计算范畴。然而，根据会计准则的规定，"投资性房地产"项目本不属于金融资产范畴。因此，借鉴彭俞超和黄志刚（2018）[110]、黄贤环等（2021）[40]及王瑶等（2021）[211]的做法，本部分将"投资性房地产"排除出金融资产的范畴 Fin 后得到 $Fin1$ 再次进行回归，回归结果如表 4-9 所示。列（1）为未考虑其他变量影响下自变量（Fp）与因变量（$Fin1$）的回归结果。Fp 的回归系数

在1%的水平上显著为正。列（3）在列（2）控制了年度、行业的基础上加入了公司属性与财务特征方面的控制变量，Fp 的回归系数依旧在1%的水平上显著为正。列（4）又进一步加入了与公司治理特征、宏观环境相关的控制变量。可以看出，采用 $Fin1$ 替换上市公司金融化的测度方法后，列（4）的回归系数为0.010，依然在1%的水平上显著为正，结论与表4-7主检验保持一致。

表 4-9　　　　替换金融化测度方法——剔除投资性房地产

Variable	(1) $Fin1$	(2) $Fin1$	(3) $Fin1$	(4) $Fin1$
Fp	0.011*** (4.72)	0.005** (2.32)	0.010*** (3.70)	0.010*** (3.70)
Soe			0.002 (1.23)	0.002 (1.00)
Size			0.001** (1.99)	0.001* (1.81)
Lev			-0.046** (-2.34)	-0.043** (-2.23)
Debt			-0.006*** (-2.73)	-0.006*** (-2.78)
Growth			-0.001* (-1.88)	-0.001* (-1.73)
Roa			-0.005 (-0.35)	-0.007 (-0.47)
Cf			-0.022** (-2.26)	-0.024** (-2.43)
Paequ			-0.017 (-0.88)	-0.015 (-0.76)
First				0.008* (1.73)
Board				-0.000 (-1.12)

续表

Variable	(1) Fin1	(2) Fin1	(3) Fin1	(4) Fin1
Indirector				-0.013
				(-1.08)
Seperation				0.000
				(0.43)
Dual				-0.001
				(-0.37)
Ec				-0.083***
				(-3.49)
Finen				0.001
				(1.37)
Year	No	Yes	Yes	Yes
Industry	No	Yes	Yes	Yes
Constant	0.011***	0.004	0.004	0.129***
	(9.30)	(0.64)	(0.18)	(3.13)
N	7633	7633	7633	7633
R-squared	0.006	0.089	0.105	0.107

注：括号内为经过 robust 和公司层面 cluster 回归后的 t 值，* $p<0.1$，** $p<0.05$，*** $p<0.01$。

第二，借鉴王红建等（2017）[14]、陈春华等（2021）[42]的做法，采用上市公司是否金融化（Fin2）替换 Fin 重复上述检验。回归结果如表 4-10 所示。由表 4-10 中列（4）可知，在逐步加入控制变量及控制年度、行业后，自变量的回归系数依旧在 1% 的水平上显著为正。这进一步表明本书主检验研究结论具有稳健性。

表 4-10　　　　　替换金融化测度方法——是否金融化

Variable	(1) Fin2	(2) Fin2	(3) Fin2	(4) Fin2
Fp	0.257***	0.188***	0.100***	0.100***
	(10.81)	(7.85)	(3.91)	(3.93)

续表

Variable	(1) Fin2	(2) Fin2	(3) Fin2	(4) Fin2
Soe			0.087*** (5.23)	0.082*** (4.62)
Size			0.075*** (10.96)	0.070*** (9.93)
Lev			-0.570*** (-3.29)	-0.544*** (-3.16)
Debt			0.001 (0.04)	0.000 (0.00)
Growth			-0.004 (-0.60)	-0.002 (-0.36)
Roa			-0.276* (-1.91)	-0.303** (-2.10)
Cf			0.122 (1.31)	0.095 (1.02)
Paequ			-0.562*** (-3.27)	-0.537*** (-3.14)
First				0.089** (2.19)
Board				0.004 (0.92)
Indirector				-0.066 (-0.50)
Seperation				0.001 (0.69)
Dual				-0.010 (-0.61)
Ec				-0.433* (-1.90)

续表

Variable	(1) Fin2	(2) Fin2	(3) Fin2	(4) Fin2
Finen				0.012***
				(2.61)
Year	No	Yes	Yes	Yes
Industry	No	Yes	Yes	Yes
Constant	0.598***	0.618***	-0.516**	0.109
	(43.13)	(6.24)	(-2.17)	(0.29)
N	7633	7633	7633	7633
R-squared	0.027	0.142	0.195	0.198

注：括号内为经过 robust 和公司层面 cluster 回归后的 t 值，* $p<0.1$，** $p<0.05$，*** $p<0.01$。

第三，借鉴马勇和陈点点（2020）[50]、李元和王擎（2020）[43]的思路，本部分从关注上市公司金融化趋势角度，采用金融资产是否增长（Fin3）对上市公司金融化再次衡量。再次替换金融化变量测度方法后的回归结果如表4-11所示。在逐步加入控制变量及控制年度效应与行业效应后，企业集团内部财权配置与上市公司金融化的回归系数依然在1%的水平上显著为正。也就是说，相比其他实物投资，集团财权越是分散配置，上市公司的子公司会更积极地配置金融资产，进而提升上市公司金融化水平。

表4-11　　　　替换金融化测度方法——金融资产是否增长

Variable	(1) Fin3	(2) Fin3	(3) Fin3	(4) Fin3
Fp	0.004***	0.002***	0.004***	0.004***
	(4.09)	(2.62)	(3.02)	(2.97)
Soe			-0.001	-0.000
			(-1.19)	(-0.66)
Size			-0.000	-0.000
			(-0.34)	(-0.36)
Lev			-0.016*	-0.015*
			(-1.76)	(-1.72)

续表

Variable	(1) Fin3	(2) Fin3	(3) Fin3	(4) Fin3
Debt			-0.002	-0.002
			(-1.54)	(-1.59)
Growth			-0.000	-0.000
			(-0.70)	(-0.59)
Roa			-0.014	-0.015*
			(-1.64)	(-1.75)
Cf			-0.002	-0.002
			(-0.35)	(-0.41)
Paequ			-0.010	-0.009
			(-1.10)	(-1.08)
First				-0.001
				(-0.47)
Board				-0.000
				(-0.25)
Indirector				-0.002
				(-0.45)
Seperation				0.000
				(0.58)
Dual				-0.000
				(-0.47)
Ec				-0.009**
				(-2.02)
Finen				0.000**
				(2.53)
Year/Industry	No	Yes	Yes	Yes
Constant	0.004***	-0.000	0.015	0.027**
	(9.89)	(-0.16)	(1.57)	(2.20)
N	7633	7633	7633	7633
R-squared	0.002	0.058	0.062	0.063

注：括号内为经过 robust 和公司层面 cluster 回归后的 t 值，* $p<0.1$，** $p<0.05$，*** $p<0.01$。

第四，本书借鉴杨筝等（2019）[44]的方法，采用金融渠道收益占比（$Fin4$）衡量上市公司金融化水平。$Fin4$通过金融渠道收益占期末总资产的比重表示。具体地，参照 Krippner（2005）[2]和张成思和郑宁（2020）[54]的设计，金融渠道收益 = 投资净收益 + 公允价值变动净收益 + 汇兑净收益 + 其他综合收益 + 利息收入 − 利息支出 − 对联营和合营企业的投资净收益。根据表 4 − 12 以 $Fin4$ 替代 Fin 的回归结果可知，Fp 系数的显著性仍与前文回归结果保持一致。

表 4 − 12　　　　替换金融化测度方法——金融渠道收益占比

Variable	(1) Fin4	(2) Fin4	(3) Fin4	(4) Fin4
Fp	0.008*** (5.39)	0.003*** (3.14)	0.003*** (2.89)	0.003*** (2.86)
Soe			0.001 (1.58)	0.001 (1.37)
Size			0.000 (0.04)	−0.000 (−0.20)
Lev			−0.002 (−0.30)	−0.001 (−0.20)
Debt			−0.000 (−0.35)	−0.000 (−0.38)
Growth			−0.000 (−1.31)	−0.000 (−1.15)
Roa			0.041*** (5.51)	0.041*** (5.52)
Cf			−0.024*** (−4.91)	−0.025*** (−4.97)
Paequ			−0.001 (−0.15)	−0.001 (−0.10)
First				0.002 (0.88)

续表

Variable	(1) Fin4	(2) Fin4	(3) Fin4	(4) Fin4
Board				-0.000
				(-0.47)
Indirector				0.005
				(0.79)
Seperation				-0.000
				(-0.40)
Dual				-0.001
				(-1.04)
Ec				-0.116***
				(-4.91)
Finen				0.000*
				(1.95)
Year/Industry	No	Yes	Yes	Yes
Constant	0.007***	0.073***	0.073***	0.238***
	(10.39)	(8.95)	(5.68)	(8.26)
N	7633	7633	7633	7633
R-squared	0.007	0.483	0.488	0.489

注：括号内为经过 robust 和公司层面 cluster 回归后的 t 值，* $p<0.1$，** $p<0.05$，*** $p<0.01$。

第五，改变自变量集团内部财权配置的测度方式。由于在计算集团内部财权配置（Fp）时，合并报表与母公司报表现金数据均为流量值，出于稳健性考虑，本书借鉴张会丽和陆正飞（2012）[156]、娄祝坤等（2019）[157] 等的做法，采用合并报表与母公司报表现金数据的平均值重新进行检验，同时生成新的集团内部财权配置测度指标 Fp_abe。具体地，Fp_abe =（Fp 本期值 + Fp 上期值）/2。Fp_abe 越高，则表明财权在母子公司间配置越分散，上市公司对财权的控制越松散。根据表 4-13 的回归结果可以看出，在替换自变量集团内部财权配置的测度方法后，Fp_abe 的回归系数依旧在 1% 的水平上显著为正,依旧证明集团内部财权分散配置对上市公司金融化的助推作用是存在的。

表4-13　　替换财权配置测度方法——采用子公司现金持有量期初期末平均值

Variable	(1) Fin	(2) Fin	(3) Fin	(4) Fin
Fp_abe	0.024 *** (5.05)	0.012 *** (2.92)	0.022 *** (4.00)	0.021 *** (3.99)
Soe			0.007 ** (2.03)	0.007 ** (2.18)
Size			-0.002 (-1.32)	-0.002 (-1.24)
Lev			-0.021 (-0.65)	-0.017 (-0.55)
Debt			-0.005 (-1.28)	-0.006 (-1.43)
Growth			-0.000 (-0.24)	-0.000 (-0.09)
Roa			0.003 (0.13)	-0.001 (-0.03)
Cf			-0.036 ** (-2.07)	-0.039 ** (-2.27)
Paequ			0.016 (0.48)	0.018 (0.56)
First				0.011 (1.37)
Board				-0.002 ** (-2.38)
Indirector				-0.013 (-0.59)
Seperation				0.000 (0.40)

续表

Variable	(1) Fin	(2) Fin	(3) Fin	(4) Fin
Dual				-0.000
				(-0.11)
Ec				-0.301***
				(-3.72)
Finen				0.002***
				(2.70)
Year	No	Yes	Yes	Yes
Industry	No	Yes	Yes	Yes
Constant	0.018***	0.002	0.038	0.431***
	(8.57)	(0.25)	(0.87)	(4.06)
N	5019	5019	5019	5019
R-squared	0.013	0.141	0.155	0.162

注：括号内为经过 robust 和公司层面 cluster 回归后的 t 值，* $p<0.1$，** $p<0.05$，*** $p<0.01$。

第六，同时改变自变量与因变量的测度方式。表 4-14 显示了同时替换自变量与因变量的测度方式后的回归结果，以弥补上文稳健性检验时仅改变某一关键变量测度的不足。从列（1）至列（4）均可发现，集团内部财权配置助推上市公司金融化的关系依旧与前文相一致。

表 4-14　　　　　　同时替换自变量与因变量的测度方式

Variable	(1) Fin1	(2) Fin2	(3) Fin3	(4) Fin4
Fp_abe	0.013***	0.099***	0.006***	0.006***
	(3.43)	(3.12)	(3.31)	(4.15)
Soe	0.002	0.079***	-0.001	0.002*
	(0.66)	(4.33)	(-0.92)	(1.86)
Size	0.001	0.064***	-0.001	0.000
	(1.44)	(8.27)	(-1.23)	(0.03)

续表

Variable	(1) Fin1	(2) Fin2	(3) Fin3	(4) Fin4
Lev	-0.055**	-0.439**	-0.019	0.004
	(-2.34)	(-2.50)	(-1.45)	(0.53)
Debt	-0.007**	-0.002	-0.002	-0.001
	(-2.33)	(-0.11)	(-1.43)	(-0.94)
Growth	-0.001	-0.002	0.000	-0.000
	(-1.45)	(-0.19)	(0.03)	(-0.92)
Roa	-0.009	-0.133	-0.019	0.047***
	(-0.48)	(-0.79)	(-1.48)	(5.15)
Cf	-0.027**	-0.029	-0.005	-0.031***
	(-2.11)	(-0.27)	(-0.61)	(-4.82)
Paequ	-0.021	-0.426**	-0.008	0.007
	(-0.88)	(-2.45)	(-0.64)	(0.92)
First	0.003	0.028	-0.003	0.000
	(0.58)	(0.62)	(-1.29)	(0.16)
Board	-0.001	0.002	-0.000	-0.000
	(-1.13)	(0.44)	(-0.55)	(-1.02)
Indirector	-0.017	-0.177	-0.002	0.008
	(-1.09)	(-1.24)	(-0.30)	(1.05)
Seperation	0.000	0.001	0.000	-0.000
	(0.65)	(0.84)	(1.07)	(-0.30)
Dual	-0.001	-0.010	-0.001	-0.001
	(-0.69)	(-0.53)	(-0.70)	(-1.16)
Ec	-0.184***	-0.745	-0.005	-0.377***
	(-3.31)	(-1.16)	(-0.34)	(-4.81)
Finen	0.001	0.009*	0.001***	0.000*
	(1.28)	(1.88)	(2.62)	(1.86)
Year	Yes	Yes	Yes	Yes
Industry	Yes	Yes	Yes	Yes
Constant	0.263***	0.636	0.036	0.525***
	(3.53)	(0.82)	(1.50)	(5.97)
N	5019	5019	5019	5019
R-squared	0.113	0.179	0.063	0.433

注：括号内为经过 robust 和公司层面 cluster 回归后的 t 值，* $p<0.1$，** $p<0.05$，*** $p<0.01$。

2. 内生性检验

导致内生性问题出现的主要原因在于解释变量与被解释变量互为因果、遗漏关键变量以及样本选择偏差等。本书采用两阶段最小二乘法（2SLS）、Heckman 两阶段模型及工具变量法（IV）来缓解内生性问题对研究结论产生的影响。

首先，本书采用两阶段最小二乘法（2SLS）缓解由于双向因果关系可能带来的内生性问题。主检验已发现集团内部财权越是配置于子公司，上市公司金融化水平越高。然而已有研究发现，公司金融化水平对企业现金持有量存在调节作用（张曾莲和穆林，2018）[224]。那么，金融化水平较高的上市公司切身感受到了金融资产配置带来的巨额"红利"，很可能进一步将集团内部财权下放至更多的子公司以便于更多的财务主体从事金融活动，赚取金融收益，最终提升企业集团整体的业绩，因而上市公司金融化水平也可能会对企业集团上下游间的财权配置发挥调节作用。由此可见，集团内部财权配置与上市公司金融化之间可能存在反向因果关系。因此，为缓解反向因果关系可能带来的内生性问题，借鉴刘贯春（2017）[225]等的研究方法，选用集团内部财权配置滞后一期（$L.Fp$）作为工具变量，采用两阶段最小二乘法检验其对上市公司金融化水平的影响。表 4-15 报告了以 $L.Fp$ 作为工具变量进行两阶段回归的集团内部财权配置与上市公司金融化之间的回归结果。

表 4-15　　　　稳健性检验——内生性检验

Variable	工具变量—2SLS 回归		Heckman 两阶段回归	
	Fp	Fin	Mfp	Fin
$L.Fp$	0.643*** (61.21)			
Fp		0.028*** (5.72)		0.017*** (6.40)
$Mills$				-0.015* (-1.77)
Soe	-0.021*** (-3.20)	0.008*** (3.92)	-0.135** (-2.51)	0.008*** (4.50)

续表

Variable	工具变量—2SLS 回归		Heckman 两阶段回归	
	Fp	Fin	Mfp	Fin
Size	0.002	-0.002*	0.073***	-0.002***
	(0.63)	(-1.90)	(3.16)	(-2.61)
Lev	-0.586***	-0.006	-6.753***	0.033
	(-9.48)	(-0.33)	(-11.30)	(1.19)
Debt	0.110***	-0.008***	1.054***	-0.015**
	(13.79)	(-2.94)	(18.18)	(-2.53)
Growth	0.017***	0.000	0.045**	-0.001*
	(5.15)	(-0.43)	(2.14)	(-1.66)
Roa	0.123*	-0.003	0.749*	-0.018
	(1.93)	(-0.16)	(1.68)	(-1.17)
Cf	-0.096**	-0.038***	0.046	-0.033***
	(-2.21)	(-2.86)	(0.16)	(-3.01)
Paequ	-0.699***	0.031	-7.966***	0.074**
	(-11.38)	(1.60)	(-13.38)	(2.21)
First	-0.035**	0.012**		0.016***
	(-2.11)	(2.29)		(3.77)
Board	0.001	-0.002***		-0.001***
	(0.52)	(-3.57)		(-3.60)
Indirector	-0.007	-0.013		-0.010
	(-0.13)	(-0.79)		(-0.85)
Seperation	-0.000	0.000		0.000
	(-0.88)	(0.72)		(0.88)
Dual	-0.006	0.000		0.000
	(-0.95)	(-0.10)		(0.09)
Ec	0.385	-0.013		-0.156***
	(1.17)	(-0.13)		(-3.92)
Finen	0.003*	0.002***		0.002***
	(1.65)	(4.14)		(4.51)
Year/Industry	Yes	Yes	Yes	Yes
Constant	0.183	0.102	4.240***	0.244***
	(0.46)	(0.84)	(4.960)	(4.202)
N	5019	5019	7616	7616
R-squared/Pseudo R^2	0.616	0.143	0.146	0.156

注：括号内为经过 robust 和公司层面 cluster 回归后的 t 值，* $p<0.1$，** $p<0.05$，*** $p<0.01$。

第4章
集团内部财权配置与上市公司金融化基本关系研究

经检验，本书工具变量选取不存在弱识别问题（最小特征值 F 统计量为 85.879）。由表 4-15 可知，集团内部财权配置（Fp）与上市公司金融化（Fin）的回归系数为 0.028，且在 1% 的水平上显著为正。可见，在考虑反向因果可能导致的内生性问题情况下，依旧证实了集团内部财权分散配置对上市公司金融化的助推作用。

其次，本书采用 Heckman 两阶段方法缓解因样本选择偏差、遗漏关键变量可能带来的内生性问题。借鉴梁上坤（2018）[226]、黄贤环和王瑶（2021）[46]的做法，构建第一阶段的 Probit 模型（4-2）以及第二阶段的回归模型（4-3），进行 Heckman 两阶段回归。

$$Mfp = \beta_0 + \beta_1 Soe + \beta_2 Size + \beta_3 Lev + \beta_4 Debt + \beta_5 Growth +$$
$$\beta_6 Roa + \beta_7 Cf + \beta_8 Paequ + \sum Year + \sum Industry + \varepsilon \quad (4-2)$$

$$Fin = \chi_0 + \chi_1 Fp + \chi_2 Mills + \chi_3 Soe + \chi_4 Size + \chi_5 Lev + \chi_6 Debt +$$
$$\chi_7 Growth + \chi_8 Roa + \chi_9 Cf + \chi_{10} Paequ + \chi_{11} First +$$
$$\chi_{12} Board + \chi_{13} Indirector + \chi_{14} Seperation + \chi_{15} Dual +$$
$$\chi_{16} Ec + \chi_{17} Finen + \sum Year + \sum Industry + \varepsilon \quad (4-3)$$

具体地，首先，计算出集团内部财权配置分行业、分年度的中位数（$Median\_Fp$），再将 Fp 的实际值与 $Median\_Fp$ 进行比较，进而生成虚拟变量 Mfp。若 Fp 大于 $Median\_Fp$，则 Mfp 取值为 1，否则，Mfp 取值为 0。接着，将第一阶段回归得到的逆米尔斯比（$Mills$）作为控制变量代入第二阶段回归模型（4-3）进行回归，检验 Fp 与 $Mills$ 联合对上市公司的回归系数。表 4-15 最后两列为 Heckman 两阶段的回归结果。值得说明的是，表中除第 4 列汇报的为 $Pseudo\ R^2$ 外，其余均为 $R-squared$。可以看出，逆米尔斯比（$Mills$）与上市公司金融化（Fin）的回归系数为 -0.015，在 10% 的水平上显著；同时，集团内部财权配置（Fp）与上市公司金融化（Fin）的回归系数为 0.017，依旧在 1% 的水平上显著。这再次表明，即便在考虑了内生性问题后，本书依然得到了集团内部财权分散配置提升上市公司金融化的研究结论，验证了研究结论的稳健性。

3. 改变研究区间

自然灾害、政府政策以及经济社会异常事件等不可抗力通常会给经济主体的管理方式、经营活动与投资行为带来不同程度的冲击,因而也很可能会改变上市公司金融资产配置策略,进而影响其金融化水平。本书通过改变研究区间,剔除可能影响研究结论的特殊样本,再次考察集团内部权力配置(Fp)与上市公司金融化(Fin)之间的关系。具体地,考虑到新冠肺炎疫情、金融危机以及"三去一降一补"政策对企业金融资产投资行为影响较大,故本书剔除了受上述事件影响区间内的样本,再次进行回归。

首先,考虑新冠肺炎疫情暴发的影响。2019年12月,我国首例新冠肺炎确诊病例在武汉被发现。自2020年1月以来,疫情给我国企业生产经营造成了巨大冲击。为应对疫情所采取的封城、隔离、停工等防护措施使得大部分产业短期"休克"。尽管2020年6月前后我国疫情得到初步控制,但企业仍然面临着国内内需短期难以复苏、境外疫情输入居高不下的发展困境。2021年初国内新冠肺炎疫情得到有效控制。疫情期间企业金融资产配置的动机与能力存在较大不确定性。鉴于此,本书剔除2020年的样本,选用2007—2019年的数据重新检验集团内部财权配置(Fp)与上市公司金融化(Fin)之间的关系。表4-16报告了剔除2020年特殊样本后的回归结果。从表4-16中的回归结果可见,集团内部财权配置(Fp)的回归系数依旧在1%的水平上显著为正,依然表明基准回归结果是稳健的。

表4-16 稳健性检验——改变研究区间(考虑新冠肺炎疫情影响)

Variable	(1) Fin	(2) Fin	(3) Fin	(4) Fin
Fp	0.021*** (5.88)	0.010*** (3.23)	0.018*** (4.48)	0.018*** (4.49)
Soe			0.007** (2.46)	0.007** (2.39)
$Size$			-0.001 (-1.06)	-0.001 (-1.16)

续表

Variable	(1) Fin	(2) Fin	(3) Fin	(4) Fin
Lev			-0.019	-0.014
			(-0.72)	(-0.54)
Debt			-0.005	-0.005*
			(-1.57)	(-1.71)
Growth			-0.001	-0.001
			(-1.10)	(-0.84)
Roa			-0.007	-0.011
			(-0.40)	(-0.57)
Cf			-0.029**	-0.033**
			(-2.18)	(-2.48)
Paequ			0.010	0.014
			(0.39)	(0.55)
First				0.016**
				(2.26)
Board				-0.002**
				(-2.30)
Indirector				-0.010
				(-0.54)
Seperation				0.000
				(0.56)
Dual				0.000
				(0.06)
Ec				-0.179***
				(-3.73)
Finen				0.002***
				(2.66)
Year	No	Yes	Yes	Yes
Industry	No	Yes	Yes	Yes
Constant	0.017***	0.002	0.028	0.291***
	(10.46)	(0.20)	(0.78)	(3.92)
N	7595	7595	7595	7595
R-squared	0.012	0.135	0.146	0.153

注：括号内为经过 robust 和公司层面 cluster 回归后的 t 值，* $p<0.1$，** $p<0.05$，*** $p<0.01$。

其次，考虑金融危机的影响。2008年由美国华尔街次级房屋信贷危机引发的环球金融海啸不仅给我国金融行业带来了巨大冲击，其影响也波及我国实体企业尤其是外贸依存度较高的出口企业。受此影响，金融体系改革创新、金融监管力度增强很可能会或诱发或抑制企业金融资产配置。同时，外需减弱对我国实体经济转型升级的倒逼作用也可能令企业集团采取不同的资产投资策略。因此，考虑到金融危机很可能会给企业集团内部财权配置以及上市公司金融资产配置等资产配置行为带来影响，且该影响直至2012年才在我国范围内基本消除，故删除受此影响的2007—2012年样本进行稳健性检验。表4-17报告了考虑金融危机影响后的回归结果。由表4-17可知，集团内部财权配置（Fp）的回归系数在1%的水平上显著，再次说明财权分散配置对上市公司金融化具有提升作用。

表4-17 稳健性检验——改变研究区间（考虑金融危机影响）

Variable	(1) Fin	(2) Fin	(3) Fin	(4) Fin
Fp	0.021***	0.010***	0.017***	0.017***
	(5.58)	(2.97)	(4.21)	(4.24)
Soe			0.006**	0.006**
			(2.02)	(2.04)
$Size$			-0.001	-0.001
			(-0.58)	(-0.61)
Lev			-0.024	-0.020
			(-0.85)	(-0.69)
$Debt$			-0.005	-0.006*
			(-1.59)	(-1.74)
$Growth$			-0.001	-0.001
			(-1.10)	(-0.82)
Roa			0.002	-0.003
			(0.10)	(-0.14)
Cf			-0.034**	-0.037**
			(-2.21)	(-2.39)

续表

Variable	(1) Fin	(2) Fin	(3) Fin	(4) Fin
Paequ			0.009 (0.30)	0.013 (0.43)
First				0.014* (1.85)
Board				-0.002** (-2.21)
Indirector				-0.027 (-1.36)
Seperation				0.000 (0.56)
Dual				0.001 (0.35)
Ec				-0.420*** (-4.41)
Finen				0.002** (2.51)
Year/Industry	No	Yes	Yes	Yes
Constant	0.019*** (10.94)	0.005 (0.68)	0.026 (0.68)	0.546*** (4.67)
N	5752	5752	5752	5752
R-squared	0.011	0.141	0.153	0.159

注：括号内为经过 robust 和公司层面 cluster 回归后的 t 值，* $p<0.1$，** $p<0.05$，*** $p<0.01$。

最后，考虑"三去一降一补"政策的影响。2015 年，政府实施了"三去一降一补"的结构性改革政策。其中"去杠杆"这一任务明确指出要加强风险监测预警，逐步、可控地减少企业杠杆，促进实体经济可持续发展。因此，考虑到金融风险的专项整治措施很可能对金融资产配置行为带来影响，本书选择 2007—2014 年的数据再次进行稳健性检验。表 4-18 为剔除"三去一降一补"政策影响区间内的样本后的回归结果。根据表 4-18 中列（4）可知，集团内部财权配置（Fp）的回归系数仍旧在1%的水平上显著为正，与主检验的结论保持一致。

表4-18　　　　　稳健性检验——改变研究区间
（考虑"三去一降一补"政策影响）

Variable	(1) Fin	(2) Fin	(3) Fin	(4) Fin
Fp	0.021***	0.010***	0.017***	0.017***
	(5.58)	(2.97)	(4.21)	(4.24)
Soe			0.006**	0.006**
			(2.02)	(2.04)
Size			-0.001	-0.001
			(-0.58)	(-0.61)
Lev			-0.024	-0.020
			(-0.85)	(-0.69)
Debt			-0.005	-0.006*
			(-1.59)	(-1.74)
Growth			-0.001	-0.001
			(-1.10)	(-0.82)
Roa			0.002	-0.003
			(0.10)	(-0.14)
Cf			-0.034**	-0.037**
			(-2.21)	(-2.39)
Paequ			0.009	0.013
			(0.30)	(0.43)
First				0.014*
				(1.85)
Board				-0.002**
				(-2.21)
Indirector				-0.027
				(-1.36)

第4章 集团内部财权配置与上市公司金融化基本关系研究

续表

Variable	(1) Fin	(2) Fin	(3) Fin	(4) Fin
Seperation				0.000
				(0.56)
Dual				0.001
				(0.35)
Ec				-0.420***
				(-4.41)
Finen				0.002**
				(2.51)
Year/Industry	No	Yes	Yes	Yes
Constant	0.019***	0.005	0.026	0.546***
	(10.94)	(0.68)	(0.68)	(4.67)
N	5752	5752	5752	5752
R-squared	0.011	0.141	0.153	0.159

注：括号内为经过 robust 和公司层面 cluster 回归后的 t 值，* $p<0.1$，** $p<0.05$，*** $p<0.01$。

4. 排除其他可能的假说

当集团内部财权较多地分散配置于子公司时，子公司自利动机会给母公司财务调控能力带来限制（张会丽和吴有红，2011）[32]，因而可能促使拥有较大财权的子公司通过金融投资以获取快速、高额收益，做出偏离于集团整体发展战略的投资决策。那么，集团内部财权高度配置于子公司，完全由子公司掌握战略、研发、生产、营销等自主决策权，上市公司金融化是否会有所缓解？换句话说，财权分散配置与上市公司金融化之间是否可能呈现先增后减的非线性关系呢？为检验上述可能性是否存在，本书在模型（4-1）中加入了集团内部财权配置的二次项（Fp^2）。表4-19中列（4）的回归结果显示，Fp 的回归系数为0.026，并且在5%的水平上显著为正，而 Fp^2 的回归系数并不显著。这表明集团内部财权分散配置与上市公司金融化之间的正向助推关系未发生变化，集团内部财权配置与上市公司金融化之间的非线性关系未得到证实。

表 4-19　　　　稳健性检验——排除非线性关系的影响

Variable	(1) Fin	(2) Fin	(3) Fin	(4) Fin
Fp	0.043***	0.023**	0.029***	0.026**
	(3.73)	(2.20)	(2.63)	(2.33)
Fp^2	-0.023**	-0.014	-0.012	-0.011
	(-1.98)	(-1.24)	(-1.08)	(-1.02)
Soe			0.007**	0.007**
			(2.43)	(2.34)
Size			-0.001	-0.001
			(-1.10)	(-1.22)
Lev			-0.016	-0.012
			(-0.62)	(-0.46)
Debt			-0.005	-0.005
			(-1.49)	(-1.63)
Growth			-0.001	-0.001
			(-1.02)	(-0.77)
Roa			-0.007	-0.011
			(-0.40)	(-0.58)
Cf			-0.028**	-0.032**
			(-2.15)	(-2.45)
Paequ			0.012	0.016
			(0.46)	(0.61)
First				0.016**
				(2.23)
Board				-0.001**
				(-2.12)
Indirector				-0.010
				(-0.56)
Seperation				0.000
				(0.53)

续表

Variable	(1) Fin	(2) Fin	(3) Fin	(4) Fin
Dual				0.000
				(0.08)
Ec				-0.149***
				(-3.81)
Finen				0.002***
				(2.61)
Year/Industry	No	Yes	Yes	Yes
Constant	0.014***	-0.000	0.025	0.245***
	(6.29)	(-0.05)	(0.71)	(4.02)
N	7633	7633	7633	7633
R-squared	0.013	0.139	0.150	0.156

注：括号内为经过 robust 和公司层面 cluster 回归后的 t 值，* $p<0.1$，** $p<0.05$，*** $p<0.01$。

4.4 小结

本章基于第3章构建的集团内部财权配置与上市公司金融化关系的理论分析框架，采用面板数据实证检验了集团内部财权配置与上市公司金融化之间的关系，亦即重点回答本书提出的第一个问题。研究发现，集团内部财权分散配置提升了上市公司金融化水平。通过采用替换金融化水平和集团内部财权配置变量的测度方法、考虑内生性问题、选择不同的样本区间和排除非线性假说之后，本书依然得到稳健的研究结论。以上研究结论揭示了集团内部财权配置与上市公司金融化的基本关系，同时从集团财权配置的视角，为我国防范化解金融风险提供必要的理论参考。

第5章 集团内部财权配置与上市公司金融化关系拓展研究

第4章着重考察了集团内部财权配置与上市公司金融化的基本关系,同时得到集团内部财权越是配置于子公司,上市公司金融化水平越高的研究结论。那么,集团内部财权配置是通过什么样的路径影响上市公司金融化的,在不同情境下二者关系又是否会存在异化?鉴于此,本章对集团内部财权配置与上市公司金融化关系进行拓展性研究,深入挖掘集团内部权力配置影响上市公司金融化的路径,并分别从组织、治理和财务特征角度分别考察以上情境对二者关系的影响。

5.1 集团内部财权配置影响上市公司金融化的机制检验

通过对集团内部财权配置与上市公司金融化关系的讨论,实证结果支持了集团财权分散配置与上市公司金融化正相关的结论,也就是说,集团财权集中配置于母公司可以降低上市公司金融化水平,而集团财权分散配置于子公司则会提升上市公司金融化程度。然而,其作用机制尚未清晰。上市公司金融化的动机到底为何?在集团复杂的组织结构下,集团内部财权分散配置助推上市公司金融化水平的传导机制究竟是什么？子公司内部代理问题、集团治理问题、母公司自身战略定位究竟谁才是助推企业"脱实向虚"的始作俑者？接下来本书将从金融化动机检验、代理动机检验以及母公司金融化动机检验三个角度尽可能地揭示集团内部财权配置影响上市公司金融化的作用路径。

5.1.1 上市公司金融化的动机检验

上市公司金融化动机不同，集团内部财权配置对金融资产配置的结构策略也有所不同。根据第4章基准回归结果，本书排除了集团内部财权分散配置的资源配置效应对预防储蓄动机下的金融资产配置行为的替代作用，从而表明金融资产配置的逐利动机可能是上市公司金融化的重要推力。那么，集团内部财权分散配置是否是通过提升企业逐利动机，进而提升金融化水平？

孙蔓莉等（2010）[227]研究发现，利润平滑是上市公司进行金融资产分类的主要动机，这说明在持有期限、流动性水平、持有意图等方面具有不同特性的金融资产能够作为管理层利益操纵的工具，也进一步说明不同类型的金融资产能够反映金融资产的配置意图与管理层动机（王瑶等，2021）[211]。企业持有流动性高、变现能力强的短期金融资产，表明企业是基于预防储蓄动机以应对未来财务不确定性而持有金融资产（杨筝等，2017）[44]。若集团内部财权分散配置使得子公司将更多的资金用于购买流动性较低、变现能力较弱且占据主业资金周期较长的金融资产，表明子公司是基于投机逐利动机为避免利润波动、获取长期收益而持有的金融资产。事实上，当集团内部财权分散配置于子公司意味着其面临的融资约束一定程度上有所缓解，按照常理其预防储蓄动机也应当有所减弱。而此时应对外界不确定性能力较强的子公司若仍从事大量的金融资产投资且偏好于期限长、保值型的金融资产，则说明子公司金融化具有较强的逐利动机。根据这一思路，本书借助金融资产配置的结构类型来识别子公司金融化的动机，进而判别集团内部财权分散配置助推上市公司金融化的作用路径。这一做法与彭俞超等（2018）[9]的做法也较为一致。

关于金融资产配置的结构与类型，本书借鉴彭俞超等（2018）[9]、黄贤环等（2019）[53]的做法，根据金融资产的特征将金融资产分为短期金融资产（Fin_Short）和长期金融资产（Fin_Long），从金融资产期限视角识别金融化动机。具体地，Fin_Short = 交易性金融资产/资产总额，Fin_Long =（可供出售金融资产净额 + 持有至到期投资净额 + 债权投资 + 其他债权投资 + 其他权益工具投资 + 其他非流动金融资产投资 + 投资性房地产净额）/资产总额。表5-1中列（1）、列（2）与列（3）、列（4）分别报告了集团内部财权配置与长期金融资产、短期金融资产关系的回归结果。由列（2）可知，集团内部财权配置与长期金融资产的回归系数在1%的水平上显著为正。列（3）在未加入控制变量时，自变量的回归系数在5%的水平上显著为正，但在加入控制变量后，列（4）的回归系数变得不再显著。由此可以看出，集团内部财权分散配置对上市公司金融化的影响主要是通过增加上市公司长期金融资产的配置。这也在一定程度上反映出集团内部财权分散配置使得上市公司有更大的动机去从事具有高收益、高风险特点的长期金融资产，而并非是诸如交易性金融资产类的短期金融资产。同时，可以看出，金融资产投资主体主要是基于长期获利意图，利用自身较大的财权配置了较多的长期金融资产。亦即，集团内部财权分散配置提升了金融投资主体的逐利动机，进而提升了上市公司金融化水平。

表 5-1　　　　　　　　　　金融化动机检验结果

Variable	(1) Fin_Long	(2) Fin_Long	(3) Fin_Short	(4) Fin_Short
Fp	0.009*** (2.86)	0.017*** (4.34)	0.001** (2.36)	0.000 (1.12)
Soe		0.008*** (2.62)		-0.001* (-1.89)
Size		-0.002 (-1.48)		0.000** (2.06)
Lev		0.006 (0.25)		-0.008** (-2.42)

续表

Variable	(1) Fin_Long	(2) Fin_Long	(3) Fin_Short	(4) Fin_Short
Debt		-0.005*		0.000
		(-1.71)		(0.34)
Growth		-0.001		-0.000**
		(-0.57)		(-2.30)
Roa		-0.014		0.001
		(-0.78)		(0.51)
Cf		-0.034***		-0.001
		(-2.61)		(-0.41)
Paequ		0.031		-0.007*
		(1.34)		(-1.91)
First		0.015**		0.000
		(2.23)		(0.91)
Board		-0.001**		-0.000
		(-2.12)		(-0.26)
Indirector		-0.007		-0.002
		(-0.37)		(-1.32)
Seperation		0.000		0.000
		(0.61)		(0.04)
Dual		0.000		-0.000
		(0.02)		(-0.35)
Ec		-0.125***		-0.023***
		(-3.25)		(-3.92)
Finen		0.002***		0.000
		(3.03)		(0.39)
Year	Yes	Yes	Yes	Yes
Industry	Yes	Yes	Yes	Yes
Constant	0.002	0.199***	0.001	0.037***
	(0.22)	(3.35)	(0.67)	(4.12)
N	7633	7633	7633	7633
R-squared	0.134	0.152	0.085	0.093

注:括号内为经过 robust 和公司层面 cluster 回归后的 t 值,* $p<0.1$,** $p<0.05$,*** $p<0.01$。

5.1.2 代理问题的作用机制检验

1. 理论分析

现代企业由于所有权与控制权的分离使得所有者与经理层之间产生严重利益冲突（Jensen 和 Meckling，1976；姜付秀等，2009）[202][228]。所有者（委托人）和经理层（代理人）之间的信息不对称、经理层对企业的剩余收益不享有100%的所有权以及激励不足是导致现代企业第一类代理问题的产生以及代理效率低下的重要因素。此外，在股权结构相对集中或高度集中的非英美国家中，具有较大控制权的大股东或控股股东可能出于获取私有收益的考虑，通过控制权操控企业的经营决策，会对企业利益产生侵蚀作用，导致大股东与其他股东之间第二类代理问题的产生（Shleifer 和 Vishny，1997；La Porta 等，1999；冯根福，2004；李文贵等，2017）[229-232]。相较于单体企业，企业集团中股东会、董（监）事会、管理层存在多层次的链条关系，使得信息不对称、资源配置低效、激励不足与两权分离等问题更加严重（张会丽和陆正飞，2012；程新生等，2020）[32][19]。因此，双重代理问题在企业集团的表现形式又有所变化。再者，由于上市公司控制的众多下游子公司具有不公开上市、地理位置分散、经营范围多样等特征，也为代理行为提供了契机（陈志军等，2019）[233]。因此，双重代理问题在上市公司下属子公司这一层级又有所深化。

首先，从第一类代理问题角度来看，所有者追求的长期价值最大化与管理层谋求的短期利益最大化之间的矛盾，在母子公司联合组成的企业集团中进一步演变为母公司注重集团整体长期价值与子公司关注个体短期利益之间的冲突。集团内部股东会、董（监）事会、经理层多个财权博弈主体与代理者的存在，不可避免地产生上市公司管理层与股东之间利益不一致、子公司管理层与上司公司利益不一致的现象（叶康涛和曾雪云，2011）[173]。而且，母子公司两两主体之间的利益摩擦都可能传染或放大集团内部代理问题。当集团内的财权、财务资源更多地交由子公司持有和控制时，在第一类代理问题的影响下，子公司高管有着更多的机会和更强烈的动机从事金融领域投资,以便快速获取更多的利益进而向母公司寻求更多的政策倾斜（王瑶等,2021）[211]。财权越大,子公司管理层寻租空间越大（张会丽和吴有红,2011）[32]。由于子公司内部控制人仅考虑自身利益而非集团整体利益,子公司之间的资源竞争与上市公司控制权转移共同加剧了集团整体投资扭曲程度,从而提升了集团层面的金融化水平。加之较多子公司非公开上市与地理位置分散等特征使得信息摩擦与交通成本较大（刘小元等,2021）[234],上游对下游代理问题监督难度与管控成本的提升也导致对金融资产配置行为的管控往往具有滞后性（王瑶等,2021）[211]。因此,集团内部财权配置很有可能通过提升上市公司第一类代理问题进而导致上市公司金融化。

其次,从第二类代理问题角度来看,由于集团内部资本市场的存在,大股东可以通过公司间贷款、关联交易、加大公司现金持有量、操纵信息等方式损害其他股东利益的手段较之于单体企业更为复杂,且大股东与管理层的"合谋"更不易被识别。作为集团内部资金融通的重要平台,内部资本市场除了具有发挥优化资本配置、强化监督激励、缓解信息不对称以及分散经营风险等方面的优势（Stein,1997；黄贤环和王瑶,2019）[153][8],内部资本市场的出现也形成母子公司间的委托代理问题（Prezas,2009；张学义和薛忠义,2015）[235][236],成为便利股东干预与进行利益输送的渠道（Shin和Stulz,1998）[172],进而加剧了第二类代理问题与资源低效配置问题（叶康涛和曾雪云,2011）[173]。此外,上市公司内部股东倾向也是影响金融资产配置的重要主体（刘姝雯等,2019）[102]。这就使得集团内部财权分散配置为大股东干预子公司经营管理或与子公司管理层合谋提供了空间。其一,随着股权关系链条的延伸,上市公司的大股东可以以较小的现金流权掌握各子公司董事会的实际控制权,并直接对经营者的行为施加影响（冯根福,2004）[231]。当子公司拥有较大财权时,大股东可能出于优先满足自身收益的动机,利用其自身影响干预子公司管理层的投资决策,促使子公司持有较多的金融资产并获取高额收益。其二,股东鼓励企业冒险以换取收益（陈德球,2021）[237],由于金融投资并非是企业的长期战略决策,且其具有高风险、高收益的特征,金融资产很可能沦为大股股东攫取控制权私利的工具（余怒涛等,2021）[214]。因此,集团内部财权分散配置还有可能通过提升上市公司第二类代理问题进而促进上市公司金融化。

综上分析，本书认为第一类代理问题和第二类代理问题的存在是集团内部财权分散配置（Fp）提升上市公司金融化水平（Fin）的重要作用路径，接下来将据此展开实证检验。

2. 实证检验

为验证上述关于集团内部财权配置影响上市公司金融化的路径是否成立，本书借助温忠麟等提出的中介效应检验三步法（温忠麟等，2004）[238]，构建以下中介效应模型：

$$Fin_{it} = \alpha_0 + \alpha_1 Fp_{it} + \sum Controls + \sum Year + \sum Industry + \varepsilon_{it} \quad (5-1)$$

$$Agency = \delta_0 + \delta_1 Fp + \delta_2 Soe + \delta_3 Size + \delta_4 Lev + \delta_5 Growth + \delta_6 Roa + \delta_7 Cf + \delta_8 First + \delta_9 Board + \delta_{10} Indirector + \delta_{11} Seperation + \delta_{12} Dual + \sum Year + \sum Industry + \varepsilon \quad (5-2)$$

$$Fin = \varphi_0 + \varphi_1 Fp + \varphi_2 Agency + \sum Controls + \sum Year + \sum Industry + \varepsilon \quad (5-3)$$

其中，模型（5-1）与前文主检验模型一致。模型（5-2）首先考察集团内部财权配置（Fp）对上市公司代理成本（Agency）的影响，模型（5-2）中控制变量的选择依据姜付秀等（2009）[228]的思路，将影响企业代理成本的主要公司治理因素纳入其中，控制变量具体含义与第4章模型（4-1）相同。模型（5-3）在模型（5-1）的基础上加入了代理成本（Agency）变量，其余变量的定义也与前文变量定义一致。

为分别检验上市公司两类代理问题是否都发挥中介作用，本书分别采用A1（第一类代理问题）与A2（第二类代理问题）替代模型中的代理成本（Agency）变量。表5-2列示了已有的经典文献关于代理问题的测度方法以及各指标的简要评价。可以看出，当前文献较多地沿用Ang等（2000）[239]、李寿喜（2007）[241]、叶康涛和刘行（2014）[242]、甄红线等（2015）[240]等的做法，通过代理损失对第一类代理问题进行衡量。本书借鉴上述思路，首先采用管理费用率（A1_M），即"管理费用/营业收入"来反映管理层的在职消费与不当开支等代理成本，其次采用固定资产周转率（A1_F），即"营业收入/固定资产净值"来反映管理者的努力程度与管理效率。

表 5-2　　　　　　　　　　代理问题测度方式

		相关含义	代表性文献	指标评价
第一类代理问题	管理费用率	因经理过度在职消费引起的浪费	Ang 等（2000）[239]、姜付秀等（2009）[228]、叶康涛和刘行（2014）[242]、古志辉（2015）[243]、甄红线等（2015）[240]	计算代理问题所造成的效率损失和成本支出，应用较广泛
	资产周转率	因懒惰或错误决策导致资产低效率	Ang 等（2000）[239]、李寿喜（2007）[241]、叶康涛和刘行（2014）[242]、古志辉（2015）[243]	反映管理者的努力程度与效率，应用较广泛
	经营绩效	通过经营后果反映管理层与股东之间利益冲突	Morck 等（1988）[244]、Florackis 和 Ozkan（2008）[245]	隐含代理冲突能够通过企业价值与绩效反映的前提预期
	在职消费率	办公、差旅、业务招待、通信、出国培训和会议等费用之和占收入的比率	陈冬华等（2005）[246]、叶康涛和刘行（2014）[242]	在职消费较管理费用更为具体，数据收集较为繁杂
	经营费用率	销售费用与管理费用之和与营业收入之比	刘孟晖和高友才（2015）[247]、王瑶和郭泽光（2021）[248]	管理费用率的基础上考虑销售费用，较全面
	管理层持股	该值越低，代理问题越大	Jensen 和 Meckling（1976）[202]	可能忽视管理层未持股情形
	资本支出	反映是否因经理人懒惰无能导致投资减少	John 等（2008）[249]、李文贵等（2017）[232]	忽略因环境导致的资本支出减少、数据收集繁杂
	经理人超额薪酬	该值越高，代理问题越严重	江轩宇和许年行（2015）[250]	该值会对公司业绩、股东利益产生影响

续表

<table>
<tr><th colspan="2"></th><th>相关含义</th><th>代表性文献</th><th>指标评价</th></tr>
<tr><td rowspan="5">第二类代理问题</td><td>自由现金流与销售增长率</td><td>自由现金流高但投资机会少时，管理者谋取私利动机最大</td><td>Jensen（1986）[251]、罗炜和朱春艳（2010）[252]</td><td>需同时满足现金流充裕与投资机会少两个条件</td></tr>
<tr><td>资金占用水平</td><td>其他应收款比例越高，代理问题越大</td><td>李寿喜（2007）[241]、甄红线等（2015）[240]、李文贵等（2017）[232]</td><td>其他应收款是大股东资金占用主要形式，应用较广泛</td></tr>
<tr><td>两权分离度</td><td>控制权和现金流权分离</td><td>La Porta 等（1999）[230]、刘胜强等（2015）[253]</td><td>适用于金字塔结构与交叉持股企业或集团</td></tr>
<tr><td>关联交易比例</td><td>反映大股东通过掏空或利益输送获取控制权私利的程度</td><td>武常岐和钱婷（2011）[254]</td><td>需要判别关联交易是否合理、适用于集团控制型的企业</td></tr>
<tr><td>大股东持股比例</td><td>比例越大，大股东行为越难受到制衡</td><td>黄贤环和王瑶（2019）[8]</td><td>适用于股权集中度较高样本</td></tr>
</table>

关于第二类代理问题，鉴于"其他应收款"可以作为隐蔽大股东抽取企业资金等"掏空"行为的账户，本书参照李寿喜（2007）[241]、甄红线等（2015）[240]、李文贵等（2017）[232]、王瑶等（2021）[211]等的做法，以"其他应收款占比"对第二类代理问题（$A2$）进行测算。

采用管理费用率衡量第一类代理问题的机制检验结果如表 5-3 中列（1）至列（3）所示。由列（2）可知，Fp 与 $A1\_M$ 的回归系数在 5% 的水平上显著为正，这表明集团内部财权越是分散配置，越能提升集团内部代理问题。列（3）考察了集团内部财权配置与管理费用率联合对上市公司金融化水平的检验，由列（3）可知，$A1\_M$ 的回归系数在 1% 的水平上显著为正。这表明集团内部财权分散配置的确通过提升集团内部第一类代理问题，进而提升上市公司金融化水平。集团内部财权分散配置程度越高，子公司管理层的寻租空间越大，越容易利用手中较大的财权或控制权通过金融资产投资获取高额收益。列（4）至列（6）为使用固定资产周转率衡量第一类代理问题后的回归结果。由列（5）可知，Fp 与 $A1\_M$ 的回归系数在1%的水平上显著为负，表明集团内部财权分散配置提升了第一类代理问题。列（6）为集团内部财权配置和第一类代理问题联合对上市公司金融化的检验，从回归结果可知，$A1\_F$ 的回归系数在1%的水平上显著为负，这是因为，固定资产周转率越高，表明上市公司对其厂房、生产线、经营设备等固定资产的利用效率越高，对主业经营关注程度较高，企业管理水平较好。同时，集团内部财权分散配置 Fp 与上市公司金融化 Fin 的回归系数在1%的水平上显著为正，这就综合表明，集团内部财权分散配置的确通过提升上市公司第一类代理问题，进而提升了上市公司金融化水平。

表 5-3　　第一类代理问题检验结果

Variable	(1) Fin	(2) A1_M	(3) Fin	(4) Fin	(5) A1_F	(6) Fin
Fp	0.018*** (4.53)	0.009** (2.05)	0.017*** (4.44)	0.018*** (4.53)	-0.084*** (-3.49)	0.017*** (4.43)
A1_M			0.086*** (3.96)			
A1_F						-0.005*** (-4.97)
Soe	0.007** (2.33)	-0.005* (-1.66)	0.007** (2.52)	0.007** (2.33)	-0.101*** (-6.32)	0.006** (2.14)
Size	-0.001 (-1.17)	-0.014*** (-10.58)	-0.000 (-0.09)	-0.001 (-1.17)	0.030*** (4.42)	-0.001 (-1.03)
Lev	-0.013 (-0.49)	-0.075*** (-7.76)	-0.002 (-0.09)	-0.013 (-0.49)	-0.018 (-0.38)	-0.012 (-0.45)
Debt	-0.005* (-1.67)		-0.005* (-1.69)	-0.005* (-1.67)		-0.005 (-1.61)

续表

Variable	(1) Fin	(2) A1_M	(3) Fin	(4) Fin	(5) A1_F	(6) Fin
Growth	-0.001	0.006***	-0.001	-0.001	0.028**	-0.001
	(-0.83)	(3.77)	(-1.33)	(-0.83)	(2.34)	(-0.68)
Roa	-0.011	-0.376***	0.021	-0.011	1.208***	-0.005
	(-0.58)	(-11.09)	(1.10)	(-0.58)	(7.80)	(-0.25)
Cf	-0.033**	-0.018	-0.031**	-0.033**	-0.930***	-0.037***
	(-2.47)	(-1.08)	(-2.38)	(-2.47)	(-7.68)	(-2.81)
Paequ	0.016		0.020	0.016		0.017
	(0.60)		(0.78)	(0.60)		(0.65)
First	0.016**	0.005	0.015**	0.016**	-0.265***	0.014**
	(2.24)	(0.76)	(2.17)	(2.24)	(-6.50)	(2.05)
Board	-0.001**	0.001*	-0.002**	-0.001**	-0.006	-0.001**
	(-2.10)	(1.80)	(-2.27)	(-2.10)	(-1.39)	(-2.15)
Indirector	-0.010	0.059***	-0.015	-0.010	-0.039	-0.010
	(-0.56)	(2.84)	(-0.81)	(-0.56)	(-0.27)	(-0.57)
Seperation	0.000	-0.000	0.000	0.000	-0.001	0.000
	(0.52)	(-0.35)	(0.57)	(0.52)	(-0.74)	(0.50)
Dual	0.000	0.001	0.000	0.000	0.071***	0.001
	(0.08)	(0.46)	(0.01)	(0.08)	(3.83)	(0.25)
Ec	-0.149***		-0.148***	-0.149***		-0.147***
	(-3.81)		(-3.84)	(-3.81)		(-3.73)
Finen	0.002***		0.002***	0.002***		0.002***
	(2.63)		(2.92)	(2.63)		(2.61)
Year/Industry	Yes	Yes	Yes	Yes	Yes	Yes
Constant	0.245***	0.401***	0.205***	0.245***	-0.160	0.241***
	(4.02)	(12.42)	(3.40)	(4.02)	(-0.90)	(3.92)
N	7633	7633	7633	7633	7633	7633
R-squared	0.156	0.378	0.164	0.156	0.071	0.159

注：括号内为经过 robust 和公司层面 cluster 回归后的 t 值，*$p<0.1$，**$p<0.05$，***$p<0.01$。

第 5 章
集团内部财权配置与上市公司金融化关系拓展研究

表 5-4 报告了采用"其他应收款占比"衡量第二类代理问题的机制检验结果。从表 5-4 可以看出,列(2)中集团内部财权配置 Fp 与第二类代理问题 $A2$ 的回归系数在 1% 的水平上显著为正,这表明集团内部财权越是分散配置,越能提升第二类代理问题。列(3)报告了集团内部财权配置与第二类代理问题联合对上市公司金融化水平的检验结果。从列(3)可知,$A2$ 的回归系数在 5% 的水平上显著为正,而集团内部财权配置 Fp 的回归系数在 1% 的水平上显著为正,这就表明集团内部财权分散配置能够吸引大股东对拥有较大财权的子公司投资活动施加影响,大股东出于对高回报的金融资产的获利动机,选择干预或与子公司合谋,加大了对金融资产的配置程度,进而提升了上市公司金融化水平。综上可知,集团内部财权配置的确通过提升第二类代理问题,进而提升上市公司金融化水平。基于上述分析可以看出,上市公司双重代理问题也是集团内部财权分散配置提升上市公司金融化的重要影响路径。综合来看,本书作用路径的拓展性研究结论为:双重代理观下的逐利动机是集团内部财权分散配置助推上市公司金融化的作用机制。

表 5-4　　　　　　　　　　第二类代理问题检验结果

Variable	(1) Fin	(2) A2	(3) Fin
Fp	0.018*** (4.53)	0.007*** (5.23)	0.017*** (4.37)
A2			0.114** (2.23)
Soe	0.007** (2.33)	-0.002** (-2.43)	0.007** (2.43)
Size	-0.001 (-1.17)	-0.002*** (-3.73)	-0.001 (-1.01)
Lev	-0.013 (-0.49)	0.018*** (6.04)	-0.016 (-0.61)
Debt	-0.005* (-1.67)		-0.005* (-1.68)

续表

Variable	(1) Fin	(2) A2	(3) Fin
Growth	-0.001	0.001	-0.001
	(-0.83)	(1.55)	(-0.89)
Roa	-0.011	-0.017*	-0.009
	(-0.58)	(-1.73)	(-0.49)
Cf	-0.033**	-0.028***	-0.029**
	(-2.47)	(-4.98)	(-2.28)
Paequ	0.016		0.015
	(0.60)		(0.56)
First	0.016**	0.000	0.016**
	(2.24)	(0.11)	(2.22)
Board	-0.001**	0.000	-0.001**
	(-2.10)	(1.45)	(-2.15)
Indirector	-0.010	0.005	-0.011
	(-0.56)	(0.74)	(-0.58)
Seperation	0.000	-0.000	0.000
	(0.52)	(-1.26)	(0.57)
Dual	0.000	-0.001	0.000
	(0.08)	(-1.03)	(0.12)
Ec	-0.149***		-0.150***
	(-3.81)		(-3.84)
Finen	0.002***		0.002***
	(2.63)		(2.76)
Year	Yes	Yes	Yes
Industry	Yes	Yes	Yes
Constant	0.245***	0.050***	0.241***
	(4.02)	(4.42)	(3.95)
N	7633	7633	7633
R-squared	0.156	0.167	0.158

注：括号内为经过 robust 和公司层面 cluster 回归后的 t 值，* $p<0.1$，** $p<0.05$，*** $p<0.01$。

5.1.3 排除母公司金融化动机的检验

集团内部财权分散配置使得子公司拥有较大的财权,而由于权力博弈主体的逐利动机与两类代理成本的提升,导致了集团层面金融化水平的上升。那么,企业集团作为一个联合整体,这一现象的产生除了由子公司代理观下的逐利动机所致,有没有可能是母公司自身金融化所导致的?若母公司自身战略决策导向本身就倾向于金融投资,那么集团上下的投资偏好都有可能转向金融资产投资。也就是说,母公司有可能基于金融资产配置的获利动机将集团资金与财务调度权广泛下沉至各个子公司,子公司利用手中较多的现金按照母公司的投资意志提升金融资产配置水平,通过金融投资的规模效应实现上市公司高额回报,获取高额收益。从这一角度看,上市公司主导的集团金融化程度处于较高水平可能与母公司金融化动机有关。为了考察这一因素是否存在影响,本节采用母公司报表数据,分层次考虑集团内部财权在母子公司上下游配置对母子公司及上市公司金融化水平的影响。上文已考虑了集团内部财权分散配置于子公司(Fp)对上市公司(合并报表)金融化水平(Fin)的影响。接下来,本书将分别检验财权集中配置于母公司(P_Fp)对上市公司金融化水平(Fin)的影响以及财权集中配置于母公司对母公司本身金融化水平(P_Fin)的影响。

首先,构建模型(5-4)考察集团内部财权配置于母公司对上市公司金融化水平的影响。

$$Fin = \eta_0 + \eta_1 P\_Fp + \sum Controls + \sum Year + \sum Industry + \varepsilon \quad (5-4)$$

其中,P_Fp 代表财权集中配置于母公司。若系数 η_1 的符号为正,说明集团内部财权配置于母公司能够提升上市公司的金融化水平;若系数 η_1 的符号为负,说明集团内部财权配置于母公司能够抑制上市公司的金融化水平。

其次,本书构建模型(5-5)考察集团内部财权分散配置于母公司对母公司本身金融化水平的影响。若系数 λ_1 的符号为正,说明集团内部财权配置于母公司对母公司的金融化水平也具有提升作用。

$$P\_Fin = \lambda_0 + \lambda_1 P\_Fp + \sum Controls + \sum Year + \sum Industry + \varepsilon \quad (5-5)$$

模型（5-4）和模型（5-5）所涉及的变量测度方式如表5-5所示，控制变量的定义与第4章模型（4-1）保持一致。

表5-5　　　　　　　　　　涉及母公司变量测度方式

变量	含义	计算方式
P_Fp	母公司财权	母公司报表货币资金/合并报表货币资金
P_Fin	母公司金融化水平	（母公司交易性金融资产＋母公司可供出售金融资产净额＋母公司持有至到期投资净额＋母公司投资性房地产净额＋母公司债权投资＋母公司其他债权投资＋母公司其他权益工具投资＋母公司其他非流动金融资产）/母公司资产总额

如表5-6报告了考虑母公司金融化动机的检验结果。从列（1）可以看出，P_Fp 与 Fin 的回归系数为-0.018，在1%的水平上显著，这表明集团内部财权配置于母公司的程度越高，越有助于抑制上市公司金融化水平。由列（2）可以看出，P_Fp 与 P_Fin 的回归系数为-0.014，同样在1%的水平上显著，这表明集团内部财权集中配置于母公司时，并没有提升母公司金融化水平，反而有效抑制了母公司金融化水平。这就表明，母公司作为集团战略的制定和执行者，能够较好地围绕集团整体发展战略和利益要求，专注于集团主业的发展需要，而非投资于具有高风险的金融项目，使集团整体面临较高的风险。进一步地，以上回归结果也在一定程度上说明，集团内部财权配置对上市公司金融化的提升作用，主要是因为财权分散配置于子公司，使得子公司在逐利动机下，由于两类代理问题的存在使得上市公司金融化水平上升。值得说明的是，该结论与前文得出的第二类代理问题的作用机制结论并不是矛盾的，毕竟大股东不能完全代表企业集团整体的战略意志。因此，综合以上回归结果可以看出，集团内部财权配置并非是因为母公司金融化动机所导致的，而是因为集团内部财权分散配置于子公司所致。排除这一因素有利于本书更好地将关注重点聚焦在子公司投资行为选择层面，更有利于本书准确分析集团内部财权分散配置助推上市公司金融化的作用路径。

表 5-6　　　　　　　　　母公司金融化动机检验结果

Variable	(1) Fin	(2) P_Fin
P_Fp	-0.018***	-0.014***
	(-4.53)	(-3.06)
Soe	0.007**	0.009***
	(2.33)	(2.75)
Size	-0.001	0.003**
	(-1.17)	(2.55)
Lev	-0.013	-0.005
	(-0.49)	(-0.21)
Debt	-0.005*	-0.001
	(-1.67)	(-0.36)
Growth	-0.001	-0.002*
	(-0.83)	(-1.94)
Roa	-0.011	0.004
	(-0.58)	(0.20)
Cf	-0.033**	-0.025
	(-2.47)	(-1.56)
Paequ	0.016	0.010
	(0.60)	(0.38)
First	0.016**	0.006
	(2.24)	(0.81)
Board	-0.001**	-0.001
	(-2.10)	(-1.59)
Indirector	-0.010	0.017
	(-0.56)	(0.68)
Seperation	0.000	-0.000
	(0.52)	(-1.01)
Dual	0.000	0.002
	(0.08)	(0.68)

续表

Variable	(1) Fin	(2) P_Fin
Ec	-0.149***	-0.450***
	(-3.81)	(-6.07)
Finen	0.002***	0.002***
	(2.63)	(2.72)
Year	Yes	Yes
Industry	Yes	Yes
Constant	0.263***	0.731***
	(4.30)	(7.71)
N	7633	7633
R-squared	0.156	0.520

注：括号内为经过 robust 和公司层面 cluster 回归后的 t 值，* $p<0.1$，** $p<0.05$，*** $p<0.01$。

通过对上市公司金融化动机的检验、代理问题的机制检验以及排除母公司金融化动机检验三个角度的综合分析，本书发现集团内部财权分散配置助推上市公司金融化水平的潜在原因在于子公司逐利动机与上市公司双重代理问题。这一路径的挖掘同时排除了母公司自身战略定位对上市公司金融化的影响。

5.2 集团内部财权配置影响上市公司金融化的情境分析

上市公司作为一个集团整体，其母子公司间组织、治理与财务等特征的异质性是客观存在的。上市公司内部不同特质对其上下游间的代理问题起着或加剧或缓解的作用，因而对集团内部财权配置与上市公司金融化的助推效应也可能存在不同影响。根据第 3 章集团内部财权配置与上市公司金融化理论分析框架的设计以及情境因素的选择分析，本部分从集团组织、治理与财务特征三个角度,进一步检验以上情境差异对集团内部财权配置与上市公司金融化关系的影响。具体地,组织特征方面,本书考虑了母公司控制权大小与子公司数量因素;治理特征方面,本书考虑了上市公司产权性质与机构投资者持股因素;财务特征方面,本书考虑了集团内部是否设立财务公司与集团举债模式因素。

5.2.1 考虑母公司控制权大小

1. 理论分析与研究预期

母子公司之间的控制关系是集团组织形式的重要特征,是基于股权的占有或控制协议而建立的。没有股权关联,母公司对子公司投资行为与治理活动的管控将无从谈起(Chang 和 Taylor,1999;徐鹏,2013)[255-256]。同时,母公司对子公司股权关联程度的高低意味着子公司的重要性程度不同,进而其对子公司决策的参与度和影响力也会有所差异(陈志军等,2021b)[68]。比如,若子公司属于全资子公司,或者母公司对子公司属于绝对控制,则母公司几乎拥有可以完全控制子公司的权利。若子公司属于母公司的相对控股子公司或参股子公司,则意味着母公司仅在重大事务上具有控制权或母公司与子公司是出于供产销业务协作动机而形成的资本牵制关系(高勇强和田志龙,2002)[185]。因此,母公司对子公司控制权的大小也很可能给拥有较大财权的子公司金融投资决策带来影响。

首先,当母公司对子公司拥有较大控制权时,母公司对子公司董事会和管理层的控制能力越大,越有利于引导子公司关注主业的长期发展,从而弱化财权较大子公司通过金融渠道获利的逐利动机。一方面,母公司持股比例越大,其在利益博弈和谈判中越处于优势地位(李连华和程言雷,2010)[199],对子公司经营投资决策拥有的话语权越高。母子公司资本链接程度高意味着子公司角色的重要性和对母公司的贡献程度越高(Martinez 和 Ricks,1989)[257],这在提升母公司对子公司经营投资活动参与度的同时,也有利于母公司人、财、物等资源的输送,还可以利用其较高的行政权威引导与助力子公司围绕主业做大做强。当子公司的金融投资决策与集团战略目标不一致时，母公司可以通过行使投票权或表决权对子公司金融投资行为进行指导与管控（刘小元等，2021）[234]。另一方面，母公司持股比例越大，其在子公司经营投资决策中的监督能力也越大。已有研究表明，母公司持股比例能给子公司管理层权力带来负向影响（徐鹏等，2014）[23]，进而降低子公司管理层对子公司治理体系的负向影响能力。同时，母公司还能利用集团资源优势，派遣更多的拥护者代表自己监督管理子公司（郑丽和陈志军，2018）[258]，缓解子公司管理层利用较大的财权进行金融活动套利现象。

其次，母公司对子公司持股比例越高，母公司对子公司董事会和管理层的监督动力越强，越有利于降低信息不对称，缓解子公司内部代理问题。为了保护其在子公司相对应的股权收益，母公司在给予子公司更多资源支持的同时，也会加强对子公司经营管理方面的监督（郑丽和陈志军，2018）[258]。一方面，母子公司间的代理成本会随母公司控制权的提高而有所降低。母公司对子公司较大的持股比例表明子公司在集团发展中的战略地位较高，母公司积极参与子公司的内部管理或加强对子公司经营者的监督，能在一定程度上确保子公司不会为了维持当前的财务业绩而高估短期业务，忽视长远发展（Hsieh 等，2010）[259]。即便子公司财权较大，母公司也会通过加强决策监督，减少子公司对金融渠道获利的依赖，保证母子公司经营目标的一致性。另一方面，母公司对风险的偏好会因母公司持股比例的提升而减弱。金融资产配置是一项高风险的投资，母公司持股比例越高，子公司金融投资行为失败后给母公司带来的风险损害也越大。因此，母公司对具有较大财权子公司的金融投资行为也会进行约束。

综上所述，本书预期：母公司对子公司较大的控制权能够削弱集团内部财权分散配置对上市公司金融化的助推作用。

2. 实证设计

为考察母公司对子公司控制权差异情境下集团内部财权配置与上市公司金融化的关系，本部分在模型（5-1）的基础上引入交乘项 $Fp \times Control$，其中，$Control$ 表示母公司控制权大小。参考徐鹏等（2014）[23]、刘小元等（2021）[234]的做法，以母公司对子公司的持股比例作为母公司控制权的替代变量。由于各个子公司的其他数据较难获取，本书采用将上市公司旗下的子公司视作一个整体的方法对其开展研究。因此,当上市公司旗下拥有2家或2家以上子公司时,以母公司对子公司持股比例的均值代表该母公司对子公司整体的持股比例。需要说明的是,由于数据获取有限,本书仅获取了2007—2017年母公司对子公司持股比例的样本数据,经过数据匹配后得到5824个样本观测值。

3. 实证结果

表5-7报告了母公司对子公司持股比例的描述性统计结果。从表5-7可以看出,样本中母公司对子公司控制比的四分之一分位数为68.5%,均值为75.2%,母公司最大控股比例为100%,最小值为1%,其标准差为0.308,这说明样本中母公司对子公司的控制权大小存在较大差异。

表5-7　　　　　　　　母公司控制权描述性统计

variable	N	mean	sd	p25	p50	p75	min	max
Control	5824	0.752	0.308	0.685	0.853	1.000	0.010	1.000

图5-1为研究样本中子公司类型分布图。研究样本基本包含了各类型的子公司。其中,绝对控股子公司(持股比例大于50%)数量最多,占比约为60%;其次为全资子公司(100%持股),占比约为27%;参股子公司(小于30%)与相对控股子公司(30%-50%)占比分别为12%与1%。

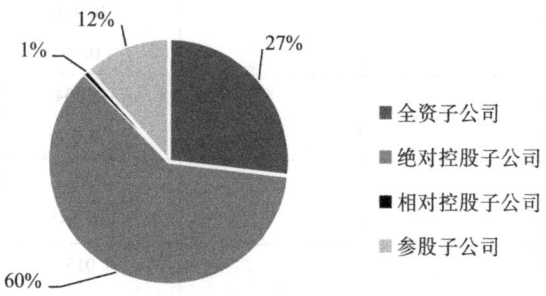

图5-1　研究样本子公司类型分布图

表5-8报告了母公司控制权情境差异下集团内部财权配置与上市公司金融化关系的回归结果。可以发现,交乘项$Fp \times Control$的系数在5%的水平上显著为负。同时,经过方差膨胀因子(VIF)检验发现各变量之间不存在

严重多重共线性。由此可见，母公司对子公司的控制权越大，母公司对子公司董事会和管理层的控制、监督能力和动力就越强，进而能够有效降低子公司利用较大财权进行金融投资的逐利动机与代理动机，缓解财权分散配置对上市公司金融化的助推作用。

表5-8　　　　　　考虑母公司控制权大小的回归结果

Variable	(1) Fin	(2) Fin	(3) Fin	(4) Fin
Fp	0.042*** (4.45)	0.029*** (3.30)	0.035*** (3.60)	0.034*** (3.57)
Fp × Control	-0.028*** (-2.82)	-0.021** (-2.25)	-0.021** (-2.18)	-0.021** (-2.15)
Soe			0.007** (2.42)	0.007** (2.26)
Size			-0.000 (-0.34)	-0.000 (-0.31)
Lev			-0.013 (-0.44)	-0.007 (-0.23)
Debt			-0.003 (-0.94)	-0.003 (-0.97)
Growth			-0.001 (-0.98)	-0.001 (-0.74)
Roa			-0.004 (-0.20)	-0.004 (-0.19)
Cf			-0.017 (-1.15)	-0.021 (-1.45)
Paequ			0.013 (0.43)	0.018 (0.59)
First				0.018** (2.57)
Board				-0.002** (-2.47)

续表

Variable	(1) Fin	(2) Fin	(3) Fin	(4) Fin
Indirector				-0.007
				(-0.42)
Seperation				-0.000
				(-1.24)
Dual				0.000
				(0.20)
Ec				-0.150**
				(-2.19)
Finen				0.002***
				(2.66)
Year	No	No	Yes	Yes
Industry	No	No	Yes	Yes
Constant	0.014***	0.007	0.014	0.232**
	(9.30)	(0.63)	(0.34)	(2.42)
N	5824	5824	5824	5824
R-squared	0.017	0.131	0.140	0.150

注：括号内为经过 robust 和公司层面 cluster 回归后的 t 值，* $p<0.1$，** $p<0.05$，*** $p<0.01$。

5.2.2 考虑子公司数量差异

1. 理论分析与研究预期

上市公司控制子公司的数量在一定程度上反映了企业集团因规模扩大或业务扩张而导致的管控复杂程度（王凤彬等，2014；李茫茫等，2021）[63][20]。也就是说，随着子公司数量的增多，集团总部对子公司治理与监督的难度也逐步加大。已有研究表明，子公司的数量显著促进了上市公司诸如委托贷款、委托理财等金融资产的增长（钱雪松等，2013；柳永明和罗云峰，2019）[260][207]。那么，集团内部财权配置对上市公司金融化的助推作用很可能会随着子公司数量的增多而更加显著。

其可能的原因主要表现在以下三方面：首先，子公司数量的增多会分散母公司对各个子公司的关注度，降低对子公司经营投资活动的监督效率。企业注意力基础观（Simon，1947；Ocasio，1997）[261-262]认为，组织是一个概念化的注意力配置系统，组织中信息的丰富性将会导致注意力的稀缺性。当上市公司控制的子公司较多时，子公司在经营实力、管理才能、发展方向与文化理念等方面的异质性信息就会越多，由于管理者是有限理性而非完全理性的（Simon，1947；吴建祖等，2009）[261][263]，不仅母公司分散到各个子公司的注意力会降低，而且通过人力、物力和财力等资源配置实现对子公司管控的有效度也会减弱，代理问题也会更加严重。其次，子公司数量越多，集团整体发展战略与子公司投资动机的整体偏差值越大。子公司为了局部的、短期的私利违背整体战略做出与集团利益不一致的投资决策的可能性越大（王瑶等，2021）[211]。最后，子公司数量的增多提高了母公司对子公司的管理难度与监督成本。我国上市公司下游代理链上的子公司大多非公开上市且地理位置分散（张会丽和陆正飞，2012）[32]，面对众多且复杂的子公司经营状况，母公司只能选择性地对子公司经营信息进行解读，这也进一步降低了对子公司的监督效率。

综上分析，随着上市公司控制的子公司数量增多，集团内部子公司个体的投资目标多样性增加，母公司对子公司的注意力与关注度不得不有所下降，导致集团对子公司管理层的管理效率降低，监督成本增大，给拥有较大财权的子公司提供了更多的权力寻租机会。因此，本书预期：子公司数量会正向加剧集团内部财权配置与上市公司金融化之间的关系。

2. 实证设计

本部分沿用模型（5-1）考察集团内部子公司数量差异下集团内部财权配置与上市公司金融化的关系。为检验上述预期，本书借鉴柳永明和罗云峰（2019）[207]的做法，将子公司数量（N_s）设为虚拟变量，若子公司数量小于3，表明上市公司控制的子公司个数较少，N_s取值为1；若子公司数量大于且等于3，表明子公司个数较多，则N_s取值为0。

3. 实证结果

表5-9报告了考虑子公司数量差异下集团内部财权配置与上市公司金融化关系的回归结果。从表5-9中列（2）和列（4）可知，与子公司数量较少组相比，当母公司控制的子公司数量较多时，集团内部财权配置对上市公司金融化的助推作用更加显著。可见，当母公司所控制的子公司越多，母公司注意力越分散，对子公司的监督效率越低，代理问题越严重，进而加剧了集团内部财权配置对上市公司金融化的助推作用，结果与预期一致。

表5-9　　　　考虑子公司数量的回归结果

Variable	子公司数量较少组		子公司数量较多组	
	(1)	(2)	(3)	(4)
	Fin	Fin	Fin	Fin
Fp	0.007	0.007	0.025***	0.026***
	(1.45)	(1.37)	(4.12)	(4.24)
Soe	0.002	0.003	0.012***	0.010**
	(0.61)	(0.97)	(2.71)	(2.25)
Size	-0.001	-0.000	-0.000	-0.000
	(-0.44)	(-0.24)	(-0.12)	(-0.01)
Lev	-0.063	-0.055	-0.008	-0.005
	(-1.42)	(-1.24)	(-0.23)	(-0.12)
Debt	-0.002	-0.002	-0.005	-0.005
	(-0.46)	(-0.49)	(-1.12)	(-1.15)
Growth	-0.003**	-0.002**	-0.000	-0.000
	(-2.41)	(-2.23)	(-0.26)	(-0.12)
Roa	-0.020	-0.029	-0.001	0.008
	(-0.68)	(-0.97)	(-0.02)	(0.33)
Cf	-0.006	-0.010	-0.024	-0.029
	(-0.29)	(-0.47)	(-1.20)	(-1.42)
Paequ	-0.043	-0.035	0.025	0.027
	(-0.98)	(-0.81)	(0.63)	(0.67)
First		0.006		0.027***
		(0.86)		(2.61)

续表

Variable	子公司数量较少组		子公司数量较多组	
	(1)	(2)	(3)	(4)
	Fin	Fin	Fin	Fin
Board		-0.001		-0.002**
		(-1.41)		(-2.19)
Indirector		-0.016		0.005
		(-0.82)		(0.17)
Seperation		-0.000		-0.000
		(-0.78)		(-0.91)
Dual		0.001		-0.001
		(0.42)		(-0.26)
Ec		-0.104*		-0.234
		(-1.76)		(-1.49)
Finen		0.002***		0.002**
		(2.63)		(2.17)
Year	Yes	Yes	Yes	Yes
Industry	Yes	Yes	Yes	Yes
Constant	0.086*	0.228**	-0.002	0.331
	(1.76)	(2.50)	(-0.04)	(1.54)
N	2672	2672	3152	3152
R-squared	0.095	0.103	0.190	0.203

注：括号内为经过 robust 和公司层面 cluster 回归后的 t 值，* $p<0.1$，** $p<0.05$，*** $p<0.01$。

5.2.3 考虑上市公司产权性质差异

1. 理论分析与研究预期

随着企业集团改革的深化，我国企业集团在不同演变模式下，也分别形成了不同产权性质的集团（杨棉之等，2010）[168]。例如，行政机构演变型与联合改组型集团逐步形成了国有企业集团，而企业成长型则逐步形成民营企业集团。已有研究表明，上市公司不同的控制人其利益动机是不一致的。产

第 5 章
集团内部财权配置与上市公司金融化关系拓展研究

权性质不同不仅会导致上市公司内部两类代理问题存在不同程度的差异,其面临的外部投融资环境也会给企业集团的资源配置效率、企业绩效、投资行为选择等带来显著影响（杨棉之等,2010；李文贵等,2017；Jiang 和 Kim,2020）[168][232][264],进而很可能影响到集团内部财权配置与上市公司金融化之间的关系。鉴于此,本书继续考察不同产权性质下集团内部财权配置与上市公司金融化的关系是否存在异质性。

从逐利动机角度来看,相比国有上市公司,非国有上市公司的逐利动机更加明显。主要表现在以下三方面：第一,非国有上市公司通过金融资产投资获利的动机较高。不同于国有上市公司具有的"父爱效应"与"预算软约束",非国有上市公司在资源禀赋与政策扶持等方面处于相对劣势,因而面临着较为严重的外部融资约束（吴秋生和黄贤环,2017）[83]。同时,不同于国有上市公司的多元化经营目标,非国有上市公司的经济目标更为纯粹。为了应对激烈的市场竞争与缓解融资约束,非国有上市公司更有动机在金融资产回报率持续高涨与实业投资回报率持续低迷的情况下,基于资本逐利动机大量持有金融资产（黎文靖和李茫茫,2017；王瑶等,2021）[265][211]。第二,国有上市公司的风险承担水平较之于非国有上市公司更低（李文贵和余明桂,2012）[266]。由于国有上市公司管理层具有实现政治晋升、资产保值增值、履行社会责任等目标,若其整体持有的金融资产越多,一旦投资失误其面临的财务风险就越高（黄贤环等,2018）[209]。因此,管理层对金融资产的投资决策会更加审慎。第三,国有上市公司发挥的"脱虚向实"引领示范作用会降低其通过金融资产获利的偏好。国有上市公司在国资委的号召与监督下要求其自身产业定位必须聚焦于实体经济,进而激励和鼓励其他所有制企业的资本转向实体经济（顾雷雷等,2020）[147]。国有上市公司管理层出于政治考核自然会身体力行实体经济"脱虚向实"的投资导向,进而在决策时会减少对金融资产的青睐。

从代理问题角度来看,相对于非国有上市公司,国有上市公司面临的代理问题较轻,主要表现在以下三方面：第一,国有上市公司的两类代理问题得到逐步缓解。首先,国有上市公司的第一类代理成本在改革的过程中不断降低。在国企放权让利的改革初期,由于国有产权所有者缺位与"内部人控制问题",其面临的第一类代理问题相对于非国有企业较为严重(Jiang 和 Kim,2015)[267]。但随着国有企业的深化改革,国有企业党委会参与国企治理能够在企业投资决策等关键事项上把握方向,从一定程度上缓解了我国国有企业内部人控制问题产生的第一类代理冲突(武常岐和钱婷,2011)[254],混合所有制改革引入的非国有股东也有利于减少管理层机会主义行为(杨兴全和尹兴强,2018)[268]。其次,国有上市公司第二类代理问题的正面作用与负面影响并存(Jiang 和 Kim,2015)[267]。大股东出于社会责任考虑会迫使其决策偏离利润最大化目标,但相比于非国有上市公司,国有上市公司大股东掏空动机并不强烈,而非国有上市公司中大股东与小股东的利益冲突问题在我国最为典型,非国有上市公司大股东更有"掏空"上市公司动机以获取控制私利。第二,从监督角度来看,国有上市公司的内外监督力度有利于抑制管理层通过代理投机获得私利。国有企业更加注重诸如外派董事、党内巡视、派驻纪检组以及任期与离任审计等方式的外部治理(李心合,2021)[269],其监督效力的提高有利于缓解国有上市公司中的代理冲突,抑制"资本逐利"的投资替代动机,进而降低金融资产投资水平(曹丰和谷孝颖,2021)[142]。第三,从激励角度来看,非国有上市公司的经济激励会放大管理层的金融逐利动机。金融渠道获利的增多有利于提高高管薪酬(Lin 和 Devey,2013)[270]。因此,薪酬激励也就会进一步放大非国有高管的逐利动机,导致固定资产、研发创新等的长期投入逐步减少。与此相反,国有上市公司管理层激励更加重视升迁机会与职业荣誉等长期激励与非经济层面的激励(Jiang 和 Kim,2020)[264],其通过金融投资获利实现自我价值的动机更弱。

综上分析,国有上市公司的逐利动机与代理问题较之于非国有上市公司都有所弱化,可以预期:集团内部财权分散配置对金融化水平的助推作用在非国有上市公司中更强。

2. 实证设计

本部分仍沿用模型(5-1)考察上市公司不同产权性质情境下集团内部财权配置与上市公司金融化的关系。为检验上述预期,将该情境值设为哑变量,其中,国有上市公司组赋值为1。

3. 实证结果

表 5-10 报告了考虑产权性质差异下，集团内部财权配置对上市公司金融化水平影响的回归结果。列（1）至列（3）为国有上市公司样本回归结果，列（4）至列（6）为非国有上市公司样本回归结果。从列（3）可知，Fp 与 Fin 的回归系数为 0.013，在 5% 的水平上显著，从列（6）可知，Fp 与 Fin 的回归系数为 0.018，在 1% 的水平上具有显著性。由此可知，无论在国有上市公司组还是非国有上市公司组，集团内部财权分散配置均会显著提升上市公司的金融化水平；然而，回归系数显著性水平则表明，集团内部财权分散配置助推上市公司金融化的效应在非国有上市公司组中更加显著。这在一定程度上表明，非国有上市公司不仅逐利动机较强，其母子公司间的代理问题较之于国有上市公司也更为严重，验证了前文的预期。也就是说，集团内部财权分散配置对金融化水平的助推作用在非国有上市公司中更强。

表 5-10　　　　　　考虑产权性质差异的回归结果

Variable	国有上市公司组			非国有上市公司组		
	(1)	(2)	(3)	(4)	(5)	(6)
Fp	0.018***	0.014**	0.013**	0.023***	0.018***	0.018***
	(3.17)	(2.15)	(2.03)	(5.24)	(3.68)	(3.71)
$Size$		-0.001	-0.001		-0.000	-0.001
		(-0.71)	(-0.94)		(-0.12)	(-0.64)
Lev		-0.034	-0.026		-0.008	-0.007
		(-0.88)	(-0.67)		(-0.21)	(-0.20)
$Debt$		-0.008	-0.009*		-0.003	-0.003
		(-1.51)	(-1.73)		(-0.74)	(-0.86)
$Growth$		-0.001	-0.001		-0.001	-0.001
		(-0.51)	(-0.36)		(-0.95)	(-0.86)
Roa		0.008	0.006		-0.031	-0.031
		(0.31)	(0.24)		(-1.22)	(-1.23)
Cf		-0.043**	-0.048**		-0.016	-0.020
		(-2.02)	(-2.20)		(-0.97)	(-1.24)

续表

Variable	国有上市公司组			非国有上市公司组		
	(1)	(2)	(3)	(4)	(5)	(6)
Paequ		0.018	0.021		0.005	0.008
		(0.46)	(0.52)		(0.14)	(0.22)
First			0.007			0.018**
			(0.68)			(2.10)
Board			-0.002***			0.001
			(-2.82)			(0.63)
Indirector			0.026			-0.013
			(0.94)			(-0.52)
Seperation			-0.000			0.000
			(-0.52)			(1.16)
Dual			0.004			0.000
			(0.94)			(0.18)
Ec			-0.148***			-0.138*
			(-3.37)			(-1.84)
Finen			0.003***			0.000
			(3.41)			(0.33)
Year	No	Yes	Yes	No	Yes	Yes
Industry	No	Yes	Yes	No	Yes	Yes
Constant	0.021***	0.036	0.243***	0.014***	0.017	0.225**
	(7.51)	(0.63)	(3.14)	(7.67)	(0.39)	(2.07)
N	3415	3415	3415	4218	4218	4218
R-squared	0.008	0.200	0.217	0.015	0.149	0.154

注：括号内为经过 robust 和公司层面 cluster 回归后的 t 值，*$p<0.1$，**$p<0.05$，***$p<0.01$。

5.2.4 考虑机构投资者持股

1. 理论分析与研究预期

机构投资者在企业金融决策中一直以来都发挥着举足轻重的作用。投资资金量大、收集和分析信息能力强、投资经验丰富的机构投资者有意愿也有能力参与公司治理,并通过发挥其信息优势进行科学决策,降低代理问题,以缓解公司融资约束(梁上坤,2018)[226]。尤其长期机构投资者持股更加关注公司长期价值,注重技术升级换代与产品服务创新,把有限的资源集中到主业发展,从而降低对金融资产的配置水平(王瑶和郭泽光,2021)[248]。从这一角度来看,机构投资者持股能够缓解集团现金分散配置对金融化的助推作用。然而,也有文献表明,机构投资者网络的信息优势可能会引发自肥行为(温军和冯根福,2012)[271],其追求未来短期利益的本性会驱使其做出更多短视的投资决策,将资本配置到短期获利水平更高的的金融资产(刘伟和曹瑜强,2018)[58]。此外,机构投资者网络关系嵌入提升了决策者在金融机会筛选和资本运作中的感知能力,使其在金融投资方面更加大胆,进而提升了企业金融化程度(马连福等,2021)[145]。从这一角度来看,机构投资者持股能够加剧集团内部财权分散配置对上市公司金融化的助推作用。那么,上述两种相反效应究竟谁占主导作用呢?

2. 实证设计

为检验机构投资者持股对集团内部财权配置与上市公司金融化之间关系的调节作用,本书构建了模型(5-6):

$$Fin = \theta_0 + \theta_1 Fp + \theta_2 Inst + \theta_3 Fp \times Inst + \sum Controls + \sum Year + \sum Industry + \varepsilon \quad (5-6)$$

其中,$Inst$ 为机构投资者持股比例。借鉴温军和冯根福(2012)[271]、王瑶和郭泽光(2021)[248]的做法,机构投资者持股比例($Inst$)= "证券投资基金持股比例 + QFII 持股比例 + 券商持股比例 + 保险基金持股比例 + 社保基金持股比例 + 信托持股比例"。若交乘项的系数 θ_3 显著为负,则说明机构投资者这一监督力量能够发挥治理与监督作用,抑制集团财权分散配置对上市公司金融化的助推作用。若交乘项的系数 θ_3 显著为正,则说明机构投资者这一监督力量不仅无法有效发挥治理与监督作用,相反机构投资者持股比例越高,集团内部财权分散配置对上市公司的金融化提升作用越严重。此外,控制变量与第 4 章模型(4-1)中的控制变量保持一致。

3. 实证结果

表 5-11 报告了考虑机构投资者持股对集团内部财权配置与上市公司金融化关系影响的回归结果。集团内部财权配置与机构投资者持股交乘项 $Fp \times Inst$ 的回归系数在 10% 的水平上显著为负，同时，经过方差膨胀因子（VIF）检验表明回归模型中的各变量之间不存在严重多重共线性。以上回归结果表明，机构投资者持股能够弱化集团内部财权分散配置对上市公司金融化的提升作用。这也说明，机构投资者持股能够有效发挥监督治理作用，缓解代理问题，抑制集团内部财权分散配置对上市公司金融化的助推作用，且该效应占据主导地位。因此，当集团财权较多地配置于子公司时，机构投资者能够引导并监督子公司将资金更多地用于主业发展，减少管理层通过金融资产配置获得私利，从而抑制上市公司整体金融化水平的提升。

表 5-11 考虑机构投资者持股的回归结果

Variable	(1) Fin	(2) Fin	(3) Fin
Fp	0.015*** (3.26)	0.022*** (4.26)	0.022*** (4.28)
Inst	-0.005 (-0.25)	-0.006 (-0.30)	-0.003 (-0.14)
Fp × Inst	-0.081* (-1.89)	-0.080* (-1.87)	-0.080* (-1.89)
Soe		0.007** (2.31)	0.007** (2.28)
Size		0.000 (0.29)	0.000 (0.21)
Lev		-0.031 (-1.15)	-0.026 (-0.99)
Debt		-0.006* (-1.92)	-0.006** (-2.07)
Growth		-0.001 (-0.70)	-0.001 (-0.50)

续表

Variable	(1) Fin	(2) Fin	(3) Fin
Roa		0.013	0.010
		(0.64)	(0.50)
Cf		-0.026*	-0.030**
		(-1.90)	(-2.20)
Paequ		0.005	0.009
		(0.17)	(0.31)
First			0.015**
			(2.20)
Board			-0.002**
			(-2.25)
Indirector			-0.010
			(-0.53)
Seperation			0.000
			(0.47)
Dual			0.000
			(0.09)
Ec			-0.261***
			(-4.81)
Finen			0.001**
			(2.23)
Year	Yes	Yes	Yes
Industry	Yes	Yes	Yes
Constant	0.002	0.005	0.385***
	(0.25)	(0.14)	(4.73)
N	6921	6921	6921
R-squared	0.145	0.158	0.164

注：括号内为经过 robust 和公司层面 cluster 回归后的 t 值，* $p<0.1$，** $p<0.05$，*** $p<0.01$。

5.2.5 考虑是否设立集团财务公司

1. 理论分析与研究预期

集团财务公司指的是为集团内部成员提供资金管理、投融资、委托代理、信用鉴证等财务管理业务的内部非银行金融机构,其目标在于加强资金管控与使用效率。根据《2020年中国企业集团财务公司年鉴》,自1987年我国成立第一家财务公司以来,财务公司不断发展壮大,对实体经济的服务作用日益突显。截至2019年末,中国已经成立了258家企业集团财务公司。那么,作为集团财务管理的重要中枢以及集团内部资金归集、资金结算、资金监管与集团金融服务的平台,财务公司所具有的集团辅助管理属性会给集团内部财权配置与上市公司金融化之间的关系带来什么样的影响呢?

根据《企业集团财务公司管理办法》以及2014年国资委、银监会颁布的《关于中央企业进一步促进财务公司健康发展的指导意见》,我国集团财务公司的功能主要定位于资金集中管理和为财务管理服务。因此,从财务公司的作用角度来看,首先,财务公司能够发挥资金归集平台优势,依托财务公司运转体系对子公司的资金使用额度进行控制,发挥对子公司资金往来活动的监管作用。袁琳和张伟华(2015)[78]通过对国内十家大型企业集团进行研究发现,已成立财务公司的企业集团对集团成员的运营资本控制比重均达到60%以上,意味着财务公司能够通过财权管控集中控制子公司大额投资项目的决策权,财务公司的设立和运行相当于给子公司的财权套上了制度的"牢笼",使得子公司至少在大额金融资产配置权上不能自主控制。

其次,财务公司能够发挥资金监控平台优势,并能够有效监控子公司的资金存量、流量、流向,对其资金使用去向实施集中管控与监督。设有财务公司的企业集团往往会对子公司从事高风险投资业务进行明文规定,并提前设置金融风险隔离措施。如子公司确有金融资产配置需要则会根据相应的投资流程和风控措施逐级上报、逐级审批。因此,财务公司的运行体系增加了子公司金融资产投资的难度,进而有助于减轻子公司持有金融资产的程度。

再次,财务公司能够发挥内部资本市场的"挑选优胜者"优势(Stein,

1997；黄贤环和吴秋生，2017）[153][83]，通过集团授权将资源配置给那些有利于促进集团整体高质量发展的领域而非金融资产项目。而事实上，上市公司金融化尽管短期会给企业带来乐观收益，但从长远来看，它不利于企业可持续发展，还会给未来业绩增长带来长久影响（杜勇等，2017）[3]，不利于上市公司实现高质量发展。因此，财务公司"挑选优胜者效应"倾向于将企业资源配置给能够促进子公司或企业集团可持续发展的项目，从而对拥有较大财权的子公司金融化行为产生抑制作用。

最后，从财务公司制度建设的完善性和制度执行的有效性角度来看，实施财务公司的企业集团整体风险控制活动更为到位（袁琳等，2013）[272]。尤其是财务公司的投资活动会受到监管部门的严格限制，如《企业集团财务公司管理办法》规定，只有符合条件的财务公司才可以向银监会申请对金融机构的股权投资。因此，财务公司较难成为集团实际控制人、第一大股东或管理层通过不当行政干预进行金融投资获利的工具与渠道。

综合上述分析可以预期，相比于集团未设立财务公司，集团设立财务公司能够缓解集团内部财权分散配置对上市公司金融化的促进作用。

2. 实证设计

本部分仍沿用模型（5-1）考察集团是否设立财务公司情境下集团内部财权配置与上市公司金融化的关系。鉴于2008年之前的财务公司数据较少，本书依据《中国企业集团财务公司年鉴》收集得到了2008—2020年的财务公司数据并将样本分为设立财务公司组与未设立财务公司组，同时生成财务公司哑变量（Fc）。针对一家财务公司可能对应多家上市公司的情形，本书以上市公司为基准，属于财务公司服务对象的上市公司，表示其所属集团内部设立了财务公司。

3. 实证结果

表5-12报告了集团是否设立财务公司异质条件下，集团内部财权配置与上市公司金融化之间关系的实证结果。列（1）至列（3）为集团设立了财务公司的回归结果，在逐步加入控制变量及控制年度行业后，在集团设有财务公司样本组中，集团内部财权配置与上市公司金融化之间的关系变得不再显著。列（4）至列（6）为集团未设立财务公司组的逐步回归结果，Fp

的回归系数在 1% 的水平上显著为正。这表明当集团没有财务公司发挥资金管控功能时，集团内部财权分散配置正向促进了上市公司金融化。这一结论验证了上述预期，即集团财务公司能够通过财务管理职能、资金归集和资金监管的平台优势，缓解集团内部财权分散配置对上市公司金融化的促进作用。

表 5-12　　　　　　　考虑是否设立财务公司的回归结果

Variable	$Fc=1$			$Fc=0$		
	(1)	(2)	(3)	(4)	(5)	(6)
Fp	0.019**	0.007	0.007	0.022***	0.020***	0.020***
	(2.36)	(0.95)	(0.91)	(5.77)	(4.56)	(4.64)
Soe		-0.013	-0.013		0.010***	0.010***
		(-1.48)	(-1.51)		(3.02)	(2.94)
Size		0.002	0.001		-0.001	-0.001
		(0.88)	(0.38)		(-0.86)	(-0.76)
Lev		-0.006	-0.005		-0.013	-0.008
		(-0.13)	(-0.11)		(-0.43)	(-0.29)
Debt		-0.004	-0.004		-0.005	-0.005
		(-0.69)	(-0.69)		(-1.47)	(-1.59)
Growth		-0.002	-0.002		-0.001	-0.001
		(-1.23)	(-1.15)		(-1.13)	(-0.88)
Roa		0.018	0.015		-0.017	-0.019
		(0.51)	(0.40)		(-0.81)	(-0.94)
Cf		-0.039*	-0.036		-0.029**	-0.033**
		(-1.70)	(-1.59)		(-1.98)	(-2.24)
Paequ		0.015	0.012		0.017	0.021
		(0.34)	(0.26)		(0.56)	(0.71)
First			-0.007			0.019***
			(-0.51)			(2.64)
Board			0.000			-0.002***
			(0.59)			(-2.58)
Indirector			0.008			-0.014
			(0.29)			(-0.67)

续表

Variable	Fc = 1			Fc = 0		
	(1)	(2)	(3)	(4)	(5)	(6)
Seperation			-0.000			0.000
			(-0.55)			(0.34)
Dual			-0.002			0.000
			(-0.41)			(0.09)
Ec			-0.391***			-0.072**
			(-4.17)			(-2.10)
Finen			0.003***			0.002**
			(2.84)			(2.18)
Year	Yes	Yes	Yes	Yes	Yes	Yes
Industry	Yes	Yes	Yes	Yes	Yes	Yes
Constant	0.017***	-0.029	0.473***	0.017***	0.019	0.132**
	(4.14)	(-0.42)	(3.59)	(9.72)	(0.47)	(2.03)
N	1277	1277	1277	6356	6356	6356
R-squared	0.011	0.457	0.464	0.012	0.137	0.145

注：括号内为经过 robust 和公司层面 cluster 回归后的 t 值，$^*p<0.1$，$^{**}p<0.05$，$^{***}p<0.01$。

5.2.6 考虑集团举债模式差异

1. 理论分析与研究预期

前文已证实，集团内部财权在母公司与子公司之间的分布状态会影响企业集团金融资产配置程度。债务分布作为集团财务的重要特征，是否会对集团内部财权配置与上市公司金融化关系产生影响？已有研究表明，企业集团的负债模式，即集中举债或分散举债会给企业生产经营、投资效率带来重要影响（何捷等，2017）[273]。而张会丽和陆正飞（2013）[85]的研究认为，集团举债模式可划分为两种：一是母公司对债务统筹管理，即"集中负债"模式；二是母公司将筹资权分散，又称"分散负债"模式。当集团采取分散举债模式时,具有较大财权的子公司同时也承担较高的债务,而由于债权人与子公司管理层之间代理关系的存在,债权人会对子公司管理层的"寻租"行为进行监督,能够在一定程度上抑制子公司管理层在逐利动机下的金融资产配置行为。同时,沈悦和安磊(2020)[274]研究认为,负债具有相机治理的效果,负债率的提升加重了经理人面临的资金约束和使用限制,进而激励经理人将资金配置于有利于企业长期价值提升的研发投入和固定资产投资,相应地减少金融资产的规模,抑制企业"脱实向虚"。此外,偏离主业进行金融资产投资是一种高风险的投资行为,不利于企业长远发展。当子公司承担较大的负债时,与债权人签订的信贷合同条款会对其投资范围和投资金额进行约束,能够较好地预防子公司投资于具有高风险的金融领域,进而抑制金融化水平的提高。此外,夏子航等(2015)[160]的研究发现,子公司较高的债务水平可以提升企业投资效率,整合企业风险。相反,当集团母公司承担较大的举债权时,意味着集团债务由母公司统筹管理。此时,母公司承担了绝大部分债务责任,而债务契约对子公司的约束力较小,债权人对子公司的约束和治理作用有所减弱,这就难以发挥债权人外部监督治理的效果,使得子公司层面有更大的动机从事具有高风险和逐利性的金融投资。

基于以上分析,可以预期:当集团采用分散举债模式时,能够有效抑制集团内部财权分散配置对上市公司金融化的促进作用。

2. 实证设计

为检验集团债务分布模式对集团内部财权配置与上市公司金融化关系的影响,本书构建了模型(5-7):

$$Fin = v_0 + v_1 Fp + v_2 Debt + v_3 Fp \times Debt + \sum Controls + \sum Year + \sum Industry + \varepsilon \quad (5-7)$$

其中,$Debt$ 表示集团债务分布。借鉴夏子航等(2015)[160]的研究,集团债务分布水平($Debt$)通过"(合并报表长、短期借款之和-母公司长、短期借款之和)/合并报表长、短期借款之和"表示。该值越大,表明子公司债务承担比率越高。若交乘项的系数 v_3 显著为负,则说明集团债务分散分布状态能够抑制集团财权分散配置对上市公司金融化的助推作用。

3. 实证结果

表5-13报告了考虑集团举债模式对集团内部财权配置与上市公司金融化关系影响的回归结果。从表中列（3）可以看出，集团举债模式和集团内部财权配置的交乘项 $Fp \times Debt$ 的回归系数为 -0.039，在1%的水平上显著。同时，经过方差膨胀因子（VIF）检验发现，回归模型中的各变量之间不存在严重多重共线性问题。这就表明，当集团债务分散分布时，债务的约束、治理效果能够有效抑制集团内部财权分散配置对上市公司金融化的助推作用，即当财权较大的子公司债务水平也较高时，上市公司金融化水平较低，验证了前文预期。

表5-13　考虑集团举债模式的回归结果

Variable	(1) Fin	(2) Fin	(3) Fin
Fp	0.021*** (5.96)	0.037*** (5.76)	0.037*** (5.64)
Debt		0.013*** (3.12)	0.012*** (2.88)
Fp × Debt		-0.040*** (-4.74)	-0.039*** (-4.56)
Soe		0.007** (2.49)	0.007** (2.41)
Size		-0.001 (-1.25)	-0.001 (-1.36)
Lev		-0.010 (-0.40)	-0.006 (-0.24)
Growth		-0.001 (-0.95)	-0.001 (-0.71)
Roa		-0.007 (-0.36)	-0.010 (-0.53)
Cf		-0.029** (-2.24)	-0.033** (-2.53)

续表

Variable	(1) Fin	(2) Fin	(3) Fin
Paequ		0.016	0.020
		(0.61)	(0.76)
First			0.015**
			(2.14)
Board			-0.001**
			(-2.14)
Indirector			-0.009
			(-0.51)
Seperation			0.000
			(0.58)
Dual			0.000
			(0.07)
Ec			-0.150***
			(-3.84)
Finen			0.002**
			(2.48)
Year	No	Yes	Yes
Industry	No	Yes	Yes
Constant	0.017***	0.018	0.238***
	(10.48)	(0.49)	(3.92)
N	7633	7633	7633
R-squared	0.012	0.155	0.161

注：括号内为经过 robust 和公司层面 cluster 回归后的 t 值，$^*p<0.1$，$^{**}p<0.05$，$^{***}p<0.01$。

5.3 小结

本章基于第 4 章集团内部财权配置与上市公司金融化基本关系的检验，重点回答集团内部财权配置影响上市公司金融化的作用路径是什么，以及二

第 5 章
集团内部财权配置与上市公司金融化关系拓展研究

者关系在不同情境下,即集团内部组织特征、治理特征以及财务特征下存在何种差异的问题。

具体地,本章从集团内部财权配置与上市公司金融化的作用机制、情境差异两个角度进行了拓展性研究。首先,采用中介效应模型进行机制检验发现,上市公司金融化主要是出于逐利动机,而集团内部财权分散配置主要通过提升第一类代理问题和第二类代理问题助推了上市公司金融化水平。其次,通过分组检验或在模型中加入交乘项的方式,从集团组织特征、治理特征和财务特征的角度,考察了集团内部财权配置与上市公司金融化关系可能的影响因素。从内部影响因素角度研究发现,母公司控制权越大、集团内部设立财务公司且集团内部债务分布越分散越有益于缓解集团内部财权分散配置对上市公司金融化的助推作用,而子公司数量越多,且越是在非国有企业样本组,上述助推作用越显著。同时,作为上市公司监督治理机制之一,机构投资者持股也可以有效抑制集团内部财权分散配置对上市公司金融化的提升作用。

以上研究结论,能够为优化集团内部财权配置和防范化解实体企业金融化风险提供必要的理论依据和着力点。然而,集团内部权力包含财权、经营权和人事权,那么,集团内部财权配置对上市公司金融化的影响是否会受到经营权和人事权配置的影响?接下来的章节将重点回答集团内部财权配置协同经营权和人事权配置如何影响上市公司金融化水平的问题。

第6章 集团内部财权协同其他权力配置对上市公司金融化的影响研究

前文考察了集团内部财权配置与上市公司金融化的关系、作用路径以及不同情境下集团内部财权配置与上市公司金融化关系的异质性,研究结果表明,集团内部财权在母子公司间的配置能够给上市公司金融化带来显著影响。然而,事实上,企业集团内部权力的种类并不是单一的,而且细分权力各自具有不同的属性特点与经济效应。此外,各个细分权力之间还可能存在交叉影响或叠加效应(谭洪涛和陈瑶,2019)[24]。因此,集团内部财权配置与上市公司金融化的关系是否会受到其他权力配置的影响,其他权力配置会给二者关系带来何种影响,集团内部权力应当如何配置或者说如何发挥集团内部权力的协同作用才能有效缓解上市公司金融化是本章要重点解决的问题。

6.1 概念界定与理论分析框架

6.1.1 集团内部经营权与人事权的相关概念界定

根据第1章的概念界定,本书从权力的价值形态角度,将集团内部权力分为财权、经营权与人事权。关于集团内部财权的定义前文已有详细介绍,这里将着重介绍集团内部其他权力,即集团内部经营权、集团内部人事权与集团内部权力协同的概念。

1. 集团内部经营权

与单体企业内部经营权有所不同,集团内部经营权指的是具有独立法人资格的集团成员所享有的对财产行使占有、使用、收益和支配的权能(单飞跃和袁竹青,1994)[275]。相比于因供产销或科工贸关系形成的企业集团,因资产集合或以产权联结为纽带而形成的企业集团其经营关系要更为紧密,经营权在母子公司间的分配对经营决策与经营后果的影响也更为重要。根据《公司法》的规定,子公司具有独立法人资格,享有在法律规定的范围内独立安排自身经营活动的权力。当然,母公司作为子公司控制人,在子公司的发展规划、经营人员和资产收益等方面具有一定的话语权,子公司的投资经营活动也会受母公司的指导或控制。事实上,为提升子公司在具体业务领域内的经营效率,子公司会被授予一定程度的经营自主权,在投资决策方面具有较大的独立性和一定的灵活性(Cavanagh 等,2017)[276]。子公司经营权的大小关系到子公司投资行为选择的能力与意愿,经营权配置的经济后果也会在不同程度上影响财权配置经济效应的发挥。因此,经营权在母子公司间的配置也很可能对集团内部财权配置与上市公司金融化产生影响。

2. 集团内部人事权

根据第 1 章对人事权的概念界定,集团内部人事权指的是对员工的聘用、岗位轮换以及任免等权力。集团内部人事权配置主要是指企业薪酬决定权与管理人员任免权等人事管理权能在母子公司间的配置模式。在实践中,集团内部人事权配置主要表现为母公司董事会委派高管进入子公司董事会或母公司高管在子公司兼职,参与子公司的重大决策和管理,从而保证集团战略的一致性,增强其资本控制力。同时,母公司会保留对被委派高管人员的考核权和薪酬决定权(潘怡麟等,2018)[182]。同样,母公司对人事权的把握关系到子公司是否能保持与集团发展战略的一致性,人事权配置的经济后果也会在不同程度上影响财权配置经济效应的发挥。因此,人事权在母子公司间的配置也很可能影响集团内部财权分散配置对上市公司金融化的助推作用。

3. 集团内部权力协同

"协同"概念来源于复杂系统理论。根据复杂系统理论，微观主体中各个变量之间的互动能够决定事态的发展（Holland，2011）[277]。而"协同"便是利用某种约束或整合机制将各相对独立的变量进行资源共享或协调运作，进而使得变量整体价值大于独立变量价值之和的过程（Haken，2017）[278]。因此，集团内部权力协同指的是集团内部权力互相作用使得各项权力整合配置经济效果大于独立权力配置效应之和的过程。不同类型的权力能够对协同行为产生影响（陈志军等，2021）[68]。结合上述理论，本书认为集团内部不同的权力配置模式，如集团内部财权与集团内部经营权协同配置、集团内部财权与集团内部人事权协同配置以及集团内部三权协同配置所产生的经济效应很可能会促进或抑制集团内部财权分散配置对上市公司金融化的助推作用。通过探讨集团内部三权协同配置对上市公司金融化程度的影响，能够更好地挖掘集团内部权力配置的最优组合。

6.1.2 集团内部权力协同配置对上市公司金融化影响的理论分析框架

事实上，在集团管理实践中，对集团内部财权、集团内部经营权与集团内部人事权的运用和支配是一个系统工程。各类权力在母子公司之间实现功能与主体的有序结合，发挥权力配置的协同效应才更能保证集团整体战略的执行效率。图6-1所示为集团内部财权协同其他权力配置与上市公司金融化关系的理论分析图。

本章通过分别介绍集团内部经营权与集团内部人事权配置所产生的经济效应，结合上市公司金融化的基本动因，分别探讨集团内部财权协同集团内部经营权配置、集团内部财权协同集团内部人事权配置以及集团内部财权、经营权与人事权三权协同配置对上市公司金融化的影响。

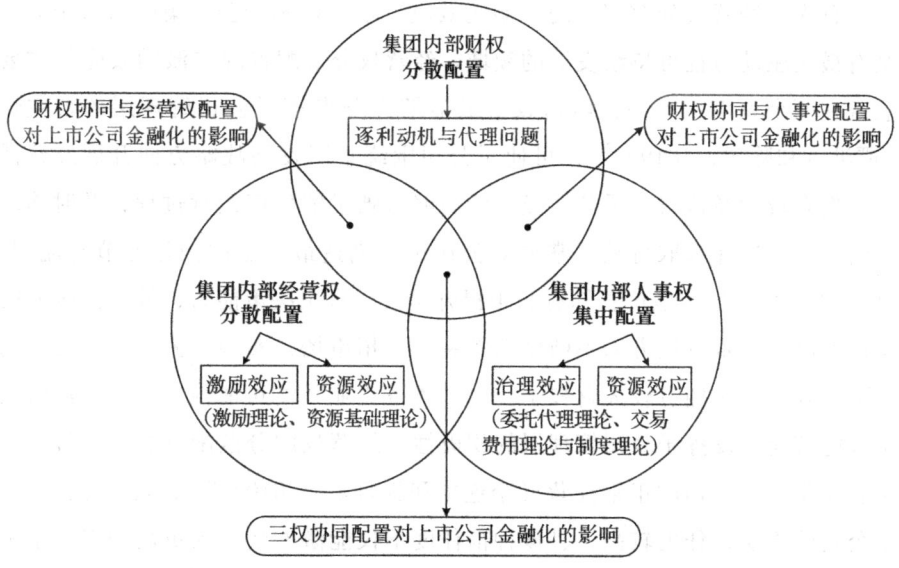

图6-1 集团内部财权协同其他权力配置与上市公司金融化关系分析图

6.2 集团内部财权协同经营权配置对上市公司金融化的影响研究

6.2.1 理论分析与研究预期

根据权力协同配置理论与资源基础理论，结合经营权配置所具有的经济效应，本书认为，由于财权与经营权对企业金融投资决策的影响机制不同（谭洪涛和陈瑶，2019）[24]。相比于仅拥有较大财权的子公司，同时拥有较大财权与经营权的子公司在金融资产投资决策上也可能会有所变化。具体地，相比于仅拥有较大财权的子公司，同时拥有较大财权与经营权的子公司在经营决策上的特征可能对上市公司金融化带来以下影响：

首先,经营权分散配置的"激励效应"能够鼓励子公司集中精力于对业绩有最大驱动力且可持续发展的领域。经营权分散配置的"激励效应"主要表现在两个方面:第一,经营权下放能够充分发挥子公司管理层的自主性(谭洪涛和陈瑶,2019)[24],可使子公司围绕集团发展战略方向开展经营活动。拥有较大经营权的子公司经营者能够清晰了解生产经营过程,及时诊断经营中的问题并采取行动,掌握对公司价值创造最关键的操作环节与流程。这种"主人翁"的地位感知有利于提升子公司自主决策能力,鼓励其按照既定的产品、技术发展方向不断创新发展、开拓市场,实现子公司自我发展的目的,降低同时拥有较大财权子公司"不务正业"的可能性。第二,经营权下放能够充分发挥子公司管理层的积极性。经营权的分散配置意味着母公司不直接干预子公司的正常经营(李连华和程言雷,2010)[199],表明母公司对子公司管理层信任度较高,且该种信任度不仅能激发代理人更高的努力水平(Swank 和 Visser,2007)[279],提升企业集团的凝聚力,实现整个集团利益最大化,还能减少总部管理层对子公司管理层的事后机会主义威胁(谭洪涛和陈瑶,2019)[24],使得子公司管理层很可能会更加服从于母公司整体发展战略,减少对短期金融收益的青睐,抑制上市公司金融资产配置动机。

其次,根据资源基础理论,经营权的分散配置表明子公司在主业发展中具有较强的竞争优势以及专注主业做大做强的能力与实力。Salancik 和 Pfeffer(1974)[64]认为,若组织中亚单位能为组织提供资源且其所提供的资源对组织来说是关键的、重要的或有价值的,那么亚单位将拥有相对更大的权力。也就是说,子公司拥有较大的经营权往往意味着子公司拥有较为关键的或不可复制的资源,而经营、技术层面的权力又是战略层面权力的先决条件(Yiu,2005)[189]。因此,在投资行为选择时,同时拥有较大财权与经营权的子公司首先会聚焦于主业,针对环境变化根据其掌握的大量市场信息及时做出合理、慎重的经营决策,促进子公司不断成长(徐鹏等,2014)[23]。而具有竞争优势的子公司也会享受集团更多的资源倾斜,其发挥的引领作用也有可能降低其他成员对金融资产的依赖程度,进而降低上市公司整体的金融化水平。

综上分析,集团内部财权与集团内部经营权的协同配置有利于降低集团内部代理问题,进而降低子公司金融逐利动机,缓解上市公司金融化。因此,本书预期:经营权在母子公司间的分散配置会缓解集团内部财权分散配置对上市公司金融化的助推作用。

6.2.2 实证设计与研究结论

1. 模型设计

为检验集团内部财权协同经营权配置对上市公司金融化的影响,本书构建了模型(6-1),其中,Bp 表示集团内部经营权配置。通过考察交乘项的系数 ω_3 来检验集团内部经营权配置协同集团内部财权配置对上市公司金融化的影响。若交乘项的系数 ω_3 为负,表明集团内部经营权的分散配置有利于缓解集团内部财权分散配置对上市公司金融化的助推作用,反之则相反。此外,控制变量与第 4 章模型(4-1)中的控制变量保持一致。

$$Fin = \omega_0 + \omega_1 Fp + \omega_2 Bp + \omega_3 Fp \times Bp + \sum Controls + \sum Year + \sum Industry + \varepsilon \tag{6-1}$$

2. 变量测度

借鉴马忠等(2020)[80]的做法,本书选用子公司承担业务比重对集团经营权(Bp)配置进行衡量。具体地,Bp =(子公司总资产 + 子公司长期股权投资)/合并总资产。该值越大,表明集团内部经营权呈分散配置模式,子公司经营权越大。

3. 实证结果分析

表 6-1 报告了集团内部经营权对集团内部财权配置与上市公司金融化关系影响的回归结果。由列(1)至列(4)可知,无论是否加入控制变量,Bp 对 Fin 的回归系数均在 1% 的水平上显著为负,这在一定程度上表明经营权分散配置所带来的"激励效应"能够提高子公司围绕主业经营的自主性与积极性,降低其对金融资产的配置。同样,交乘项 $Fp \times Bp$ 的回归系数也在 1% 的水平上显著为负,说明子公司经营权越大,经营权分散配置的经济效应能够在激励子公司经营者生产性努力的同时弱化财权分散配置带来的代理

问题,进而缓解集团内部财权分散配置对上市公司金融化的助推作用,验证了前文关于经营权与财权协同配置对上市公司金融化的治理效应。

表6-1 集团内部财权协同经营权配置对上市公司金融化影响的回归结果

Variable	(1) Fin	(2) Fin	(3) Fin	(4) Fin
Fp	0.036*** (5.82)	0.028*** (5.16)	0.029*** (5.33)	0.029*** (5.29)
Bp	-0.017*** (-2.77)	-0.023*** (-3.98)	-0.020*** (-3.11)	-0.020*** (-3.04)
Fp × Bp	-0.067*** (-5.56)	-0.052*** (-4.38)	-0.051*** (-4.15)	-0.049*** (-4.05)
Soe			0.006** (2.29)	0.007** (2.33)
Size			-0.001 (-0.95)	-0.001 (-0.96)
Lev			-0.031 (-1.18)	-0.027 (-1.01)
Debt			0.000 (0.01)	-0.001 (-0.16)
Growth			-0.001 (-0.72)	-0.000 (-0.49)
Roa			-0.002 (-0.08)	-0.005 (-0.26)
Cf			-0.027** (-2.11)	-0.031** (-2.38)
Paequ			-0.006 (-0.24)	-0.002 (-0.08)
First				0.013* (1.87)
Board				-0.002** (-2.36)

续表

Variable	(1) Fin	(2) Fin	(3) Fin	(4) Fin
Indirector				-0.010
				(-0.56)
Seperation				0.000
				(0.62)
Dual				0.000
				(0.10)
Ec				-0.154***
				(-3.91)
Finen				0.002**
				(2.49)
Year/Industry	No	Yes	Yes	Yes
Constant	0.030***	0.008	0.046	0.272***
	(19.39)	(0.92)	(1.30)	(4.44)
N	7633	7633	7633	7633
R-squared	0.024	0.149	0.157	0.163

注：括号内为经过 robust 和公司层面 cluster 回归后的 t 值，* $p<0.1$，** $p<0.05$，*** $p<0.01$。

4. 稳健性检验

这里通过替换关键变量测度与子样本回归进行稳健性检验。表 6-2 报告了替换上市公司金融化测度方法后，集团内部经营权配置对集团内部财权配置与上市公司金融化关系影响的回归结果。首先，关于 Bp 的回归系数，尽管采用是否金融化（$Fin2$）替换因变量后系数不显著，但采用剔除投资性房地产后的金融资产占比（$Fin1$）、金融资产是否增长（$Fin3$）与金融资产收益率（$Fin4$）重新回归后，经营权的回归系数均在 1% 的水平上显著为负，结论基本上与前文保持一致。其次，关于交乘项 $Fp \times Bp$ 的回归系数，采用 $Fin1$ 与 $Fin4$ 替换 Fin 后，交乘项 $Fp \times Bp$ 的系数均在 1% 的水平上显著为负，采用 $Fin2$ 与 $Fin3$ 替换 Fin 后再次回归，交乘项 $Fp \times Bp$ 的系数分别在 10% 与 5% 水平上显著为负。虽然，以上稳健性检验的回归系数显著性水平有所差异，但回归结果都具有统计意义上的显著性，再次说明集团内部经营权协同财权分散配置对上市公司金融化具有治理作用。

表6-2 改变变量测度的回归结果（Fp 协同 Bp 配置与上市公司金融化）

Variable	(1) Fin1	(2) Fin2	(3) Fin3	(4) Fin4
Fp	0.021***	0.124***	0.007***	0.007***
	(5.33)	(3.97)	(4.19)	(4.76)
Bp	-0.019***	-0.038	-0.007***	-0.008***
	(-4.34)	(-0.85)	(-3.66)	(-4.05)
$Fp \times Bp$	-0.029***	-0.151*	-0.008**	-0.010***
	(-3.52)	(-1.75)	(-2.27)	(-2.68)
Soe	0.002	0.083***	-0.001	0.001
	(0.92)	(4.64)	(-0.79)	(1.27)
Size	0.002**	0.070***	0.000	0.000
	(2.17)	(9.86)	(0.00)	(0.10)
Lev	-0.058***	-0.569***	-0.021**	-0.007
	(-2.90)	(-3.24)	(-2.31)	(-1.03)
Debt	-0.002	0.009	0.000	0.001
	(-0.79)	(0.45)	(0.00)	(1.55)
Growth	-0.001	-0.002	-0.000	-0.000
	(-1.25)	(-0.25)	(-0.32)	(-0.78)
Roa	-0.002	-0.288**	-0.013	0.043***
	(-0.15)	(-1.99)	(-1.57)	(5.71)
Cf	-0.023**	0.098	-0.002	-0.024***
	(-2.36)	(1.06)	(-0.34)	(-4.93)
Paequ	-0.033	-0.572***	-0.016*	-0.008
	(-1.64)	(-3.25)	(-1.81)	(-1.12)
First	0.005	0.083**	-0.002	0.001
	(1.22)	(2.02)	(-0.93)	(0.43)
Board	-0.001	0.004	-0.000	-0.000
	(-1.46)	(0.83)	(-0.60)	(-0.73)

续表

Variable	(1) Fin1	(2) Fin2	(3) Fin3	(4) Fin4
Indirector	-0.013	-0.066	-0.002	0.005
	(-1.09)	(-0.50)	(-0.47)	(0.78)
Seperation	0.000	0.001	0.000	-0.000
	(0.53)	(0.73)	(0.68)	(-0.31)
Dual	-0.001	-0.010	-0.000	-0.001
	(-0.36)	(-0.60)	(-0.47)	(-1.05)
Ec	-0.089***	-0.445*	-0.011**	-0.118***
	(-3.73)	(-1.96)	(-2.48)	(-4.99)
Finen	0.001	0.012**	0.000**	0.000*
	(1.23)	(2.54)	(2.42)	(1.82)
Year	Yes	Yes	Yes	Yes
Industry	Yes	Yes	Yes	Yes
Constant	0.151***	0.197	0.034***	0.246***
	(3.67)	(0.53)	(2.81)	(8.52)
N	7633	7633	7633	7633
R-squared	0.116	0.199	0.066	0.491

注：括号内为经过 robust 和公司层面 cluster 回归后的 t 值，* $p<0.1$，** $p<0.05$，*** $p<0.01$。

与第 4 章稳健性检验中删除部分样本回归的做法相同，这里继续考虑了新冠肺炎疫情、金融危机与"三去一降一补"政策对集团内部经营权配置协同作用的影响，通过改变样本区间，对实证结果进行检验。表 6-3 报告了分别剔除了新冠肺炎疫情、金融危机与"三去一降一补"政策影响区间样本后的回归结果。由回归结果可知，Bp 与交乘项 $Fp \times Bp$ 的回归系数均在 1% 的水平上显著为负，回归结果与上文一致，表明研究结论是可靠的，即集团内部经营权的分散配置有利于削弱财权分散配置对上市公司金融化的助推作用。

表6-3 子样本回归结果（Fp 协同 Bp 配置与上市公司金融化）

Variable	考虑新冠肺炎疫情 Fin	考虑金融危机 Fin	考虑"三去一降一补" Fin
Fp	0.029***	0.030***	0.026***
	(5.24)	(5.20)	(4.24)
Bp	-0.020***	-0.020***	-0.021***
	(-3.04)	(-2.95)	(-2.84)
$Fp \times Bp$	-0.048***	-0.055***	-0.039***
	(-4.02)	(-4.41)	(-2.99)
Soe	0.007**	0.006**	0.006**
	(2.40)	(2.08)	(1.96)
$Size$	-0.001	-0.001	-0.002
	(-0.96)	(-0.42)	(-1.62)
Lev	-0.028	-0.035	-0.031
	(-1.06)	(-1.20)	(-1.19)
$Debt$	-0.001	-0.001	0.003
	(-0.19)	(-0.26)	(0.78)
$Growth$	-0.000	-0.001	-0.001
	(-0.50)	(-0.54)	(-0.95)
Roa	-0.005	0.004	-0.013
	(-0.25)	(0.20)	(-0.56)
Cf	-0.031**	-0.036**	-0.022
	(-2.40)	(-2.38)	(-1.49)
$Paequ$	-0.004	-0.007	-0.017
	(-0.13)	(-0.22)	(-0.66)
$First$	0.013*	0.011	0.016**
	(1.89)	(1.49)	(2.36)
$Board$	-0.002**	-0.002**	-0.002***
	(-2.55)	(-2.46)	(-2.73)
$Indirector$	-0.010	-0.026	-0.006
	(-0.54)	(-1.31)	(-0.31)
$Seperation$	0.000	0.000	0.000
	(0.65)	(0.66)	(0.12)

续表

Variable	考虑新冠肺炎疫情 Fin	考虑金融危机 Fin	考虑"三去一降一补" Fin
Dual	0.000	0.001	-0.001
	(0.08)	(0.40)	(-0.37)
Ec	-0.183***	-0.426***	-0.048
	(-3.76)	(-4.47)	(-1.37)
Finen	0.002**	0.002**	0.002**
	(2.53)	(2.37)	(2.27)
Year/Industry	Yes	Yes	Yes
Constant	0.316***	0.574***	0.153***
	(4.24)	(4.90)	(2.62)
N	7595	5752	5382
R-squared	0.160	0.167	0.143

注：括号内为经过 robust 和公司层面 cluster 回归后的 t 值，* $p<0.1$，** $p<0.05$，*** $p<0.01$。

6.3 集团内部财权协同人事权配置对上市公司金融化的影响研究

6.3.1 理论分析与研究预期

已有研究发现，集团内部人事权配置具有多个方面的经济效应。首先，根据委托代理理论，母公司向子公司委派高管或母公司高管兼任能够提升母子公司利益的一致化程度（徐鹏等，2020）[103]，提高代理效率（郑丽和陈志军，2018）[258]。而且，母公司委派或兼职的高管权力越大，子公司绩效和公司治理水平越高（孙光国和孙瑞琦，2018）[279]，这说明人事权集中配置具有积极的"治理效应"。其次，资源基础理论认为，拥有不可复制的、独特稀缺的资源是企业竞争优势的主要来源（Yiu，2005）[189]。对于企业集团而言，母公司对子公司的注意力也是一种较为珍贵的战略资源，母公司对子公司优质人力资源的输出与保证同样也是对手不可复制的竞争优势。因此，人事权的集中配置能够给子公司带来资源集聚效应。最后，不容忽视的是，根据制度理论，集团内部人事权集中配置会减少子公司探索新型经营方式的可能性，存在降低企业价值的负向效应（Hughes等，2017）[281]。Chen等（2012）[282]认为母公司委派到子公司的"自己人"倾向于复制母公司的经营管理方式或对旧制度、旧惯例进行迁移，不利于子公司绩效的提升。而且，母公司集中的人员控制反映了母公司对子公司的不信任，进而打压子公司经营管理的自主性和积极性（谭洪涛和陈瑶，2019）[24]。

根据权力协同配置理论，结合上述集团内部人事权配置所具有的经济效应，本书认为，集团内部人事权的集中配置会与集团内部财权配置产生协同治理作用，进而对上市公司金融化产生影响，主要表现在两个方面：

首先，人事权集中会带来积极的"治理效应"，缓解集团内部财权分散配置带来的代理问题，起到抑制上市公司金融化的权力协同配置作用。人事权的配置事关集团母子公司间财务、经营战略等的一致性。在保留被委派人员的考核权和薪酬权的同时，母公司向子公司委派的CEO或CFO等人员能够按照母公司意志积极发挥对子公司的监督治理作用（潘怡麟等，2018）[182]。换句话说，母公司拥有较大的人事权与对子公司的控制权有利于提高母子公司间的信息透明度（孙光国和孙瑞琦，2018）[280]，确保母公司的战略决策或命令得到有效执行。同时，通过监督与约束子公司的经营投资行为促使子公司基于集团整体发展战略围绕主业进行投资，确保母子公司目标的一致性，这就使得上市公司金融资产配置程度保持在合理区间。因此，集团人事权越是集中配置于母公司，越能够缓解集团内部财权分散配置产生的代理问题，进而上市公司金融化水平越低。其次，母公司向子公司委派高管或高管兼任能更好地了解子公司经营政策与运营管理方面的信息并做出合理决策，降低子公司管理层在实业投资长期低回报率情形下对金融资产过度依赖的不良倾向。委派高管或高管兼任是母公司对子公司关注度较高的一种表现，因而母公司注意力也是一种重要而稀缺的资源（陈志军等，2019）[233]。进一步地，集团的人力资源，尤其是领导层是竞争对手无法复制的关键资源之一（Yiu，2005）[189]，有利于给处于实体经济发展困境环境下的子公司带来产品服务经营策略、提高投资效率，坚定子公司围绕主业发展的责任心与信心。

综上，本书预期：集团内部人事权的集中配置可以缓解财权分散配置引发的金融逐利动机与代理问题，减少拥有较大财权的子公司对金融资产的依赖，从而抑制上市公司金融化。

6.3.2 实证设计与研究结论

1. 模型设计

为检验集团内部财权协同人事权配置对上市公司金融化的影响，本书构建了模型（6-2），其中，Hp 表示集团内部人事权配置。通过考察交乘项 $Fp \times Hp$ 的系数来检验集团内部人事权配置协同财权配置对上市公司金融化的影响。此外，控制变量与第4章模型（4-1）中的控制变量相一致。

$$Fin = \tau_0 + \tau_1 Fp + \tau_2 Hp + \tau_3 Fp \times Hp + \sum Controls + \sum Year + \sum Industry + \varepsilon_{it} \qquad (6-2)$$

2. 变量测度

本书借鉴潘怡麟等（2018）[182]、谭洪涛和陈瑶（2019）[24]的做法，利用母公司支付职工薪酬的多少作为集团内部人事权（Hp）的替代变量。主要原因是：第一，母公司作为薪酬审批与发放的主体，反映了母公司对人事权较高的把控程度。在实践中，母公司董事会委派高管进入子公司董事会或母公司高管在子公司兼职时，通常由母公司向这些委派或兼职人员发放薪酬，而且，子公司的薪酬制度也需要得到上级的审批与同意才能进入实施阶段。第二，薪酬主体安排具有较高的稳定性。员工在入职时签订的薪酬合约通常会对员工职务概要、考核标准、薪酬数额以及薪酬发放主体进行明确规定，其中薪酬发放主体很少会随着员工履职情形的变化而发生变化。因此，从薪酬主体角度考虑薪酬主体支付薪酬的数值来表示人事权的配置具有较强的可行性。具体地，本书构建模型（6-3）并代入样本进行分年度分行业回归，

将拟合得到的残差 ε 作为人事权（Hp）大小的度量。

$$PS = \varsigma_0 + \varsigma_1 PA + \varepsilon \qquad (6-3)$$

其中，PA 表示母公司总资产占比，具体通过"母公司总资产/合并报表总资产"计算得到；PS 表示母公司支付的员工薪酬，具体通过"母公司现金流量表中'支付给职工以及为职工支付的现金'/合并报表中'支付给职工以及为职工支付的现金'"计算得到。当集团规模（PA）不变时，ε 越大，说明母公司支付的薪酬（PS）占比越大，其对人事权的控制程度越高。

3. 实证结果分析

表 6-4 报告了集团内部财权协同集团内部人事权配置与上市公司金融化的回归结果。

表 6-4　集团内部财权协同人事权配置对上市公司金融化影响的回归结果

Variable	(1) Fin	(2) Fin	(3) Fin	(4) Fin
Fp	0.009** (2.55)	0.003 (0.92)	0.010*** (2.71)	0.010*** (2.63)
Hp	-0.034*** (-7.18)	-0.022*** (-4.68)	-0.023*** (-4.77)	-0.023*** (-4.84)
Fp × Hp	-0.006 (-0.40)	-0.017 (-1.24)	-0.008 (-0.57)	-0.012 (-0.85)
Soe			0.008*** (2.77)	0.008*** (2.59)
Size			-0.002 (-1.36)	-0.002 (-1.54)
Lev			-0.020 (-0.80)	-0.016 (-0.64)
Debt			-0.006** (-2.00)	-0.006** (-2.11)
Growth			-0.001 (-1.10)	-0.001 (-0.83)

续表

Variable	(1) Fin	(2) Fin	(3) Fin	(4) Fin
Roa			-0.003 (-0.17)	-0.007 (-0.35)
Cf			-0.029** (-2.26)	-0.034*** (-2.59)
Paequ			0.005 (0.20)	0.009 (0.34)
First				0.018** (2.49)
Board				-0.001** (-1.97)
Indirector				-0.013 (-0.71)
Seperation				0.000 (0.46)
Dual				0.000 (0.16)
Ec				-0.144*** (-3.67)
Finen				0.002*** (2.66)
Year	No	Yes	Yes	Yes
Industry	No	Yes	Yes	Yes
Constant	0.026*** (21.79)	0.008 (0.96)	0.049 (1.37)	0.263*** (4.30)
N	7633	7633	7633	7633
R-squared	0.030	0.145	0.156	0.163

注：括号内为经过 robust 和公司层面 cluster 回归后的 t 值，* $p<0.1$，** $p<0.05$，*** $p<0.01$。

通过列（1）至列（4）可以发现，Hp 的系数均在 1% 的水平上显著为负，表明人事权越是集中配置于母公司，上市公司金融化水平越低。初步说明了人事权集中配置具有积极的治理效应。交乘项 $Fp \times Hp$ 的回归系数为负，虽然不具有统计学上的显著性，但这也说明，当集团内部财权集中配置于子公司且集团内部人事权集中配置于母公司时，集团内部财权分散配置对上市公司金融化的助推作用不再显著。也就是说，集中的人事权加强了对子公司管理层寻租行为的监督与控制，缓解了集团内部财权分散配置带来的代理问题，进而降低了子公司管理层利用财权依赖金融渠道获利的可能性，表明集团内部人事权的集中配置能够发挥权力协同配置效应，削弱了集团内部财权分散配置对上市公司金融化的助推作用。

4. 稳健性检验

这里依旧通过替换关键变量测度与子样本回归进行稳健性检验。表 6-5 报告了替换上市公司金融化测度方法后集团内部人事权对集团内部财权配置与上市公司金融化关系影响的回归结果。采用 $Fin1$、$Fin2$、$Fin3$ 与 $Fin4$ 替换 Fin 回归后，交乘项 $Fp \times Bp$ 的系数均为负且不具有统计学意义上的显著性，且与表 6-4 的回归结果保持一致。说明在集团内部人事权集中配置的情形下，集团内部财权分散配置对上市公司金融化的助推作用不再成立，再次验证集团内部人事权集中配置协同财权分散配置对上市公司金融化的治理作用。

表 6-5　改变变量测度的回归结果（Fp 协同 Hp 配置与上市公司金融化）

Variable	$Fin1$	$Fin2$	$Fin3$	$Fin4$
Fp	0.005**	0.057**	0.001	0.001
	(1.97)	(2.13)	(1.08)	(0.83)
Hp	-0.015***	-0.136***	-0.007***	-0.007***
	(-4.32)	(-4.12)	(-4.13)	(-4.55)
$Fp \times Hp$	-0.010	-0.062	-0.006	-0.002
	(-1.00)	(-0.63)	(-1.19)	(-0.48)
Soe	0.003	0.087***	-0.000	0.001*
	(1.24)	(4.89)	(-0.35)	(1.68)

续表

Variable	Fin1	Fin2	Fin3	Fin4
Size	0.001	0.068***	-0.000	-0.000
	(1.42)	(9.37)	(-0.73)	(-0.58)
Lev	-0.046**	-0.565***	-0.017*	-0.002
	(-2.36)	(-3.26)	(-1.89)	(-0.33)
Debt	-0.007***	-0.008	-0.002**	-0.001
	(-3.11)	(-0.41)	(-1.97)	(-0.87)
Growth	-0.001*	-0.002	-0.000	-0.000
	(-1.72)	(-0.37)	(-0.58)	(-1.17)
Roa	-0.004	-0.278*	-0.014*	0.042***
	(-0.30)	(-1.92)	(-1.65)	(5.69)
Cf	-0.025**	0.086	-0.003	-0.025***
	(-2.54)	(0.93)	(-0.51)	(-5.06)
Paequ	-0.020	-0.577***	-0.012	-0.003
	(-1.00)	(-3.34)	(-1.35)	(-0.38)
First	0.009**	0.100**	-0.000	0.002
	(2.00)	(2.46)	(-0.14)	(1.17)
Board	-0.000	0.005	-0.000	-0.000
	(-0.99)	(1.05)	(-0.08)	(-0.34)
Indirector	-0.015	-0.082	-0.003	0.004
	(-1.22)	(-0.62)	(-0.63)	(0.66)
Seperation	0.000	0.001	0.000	-0.000
	(0.37)	(0.64)	(0.50)	(-0.46)
Dual	-0.000	-0.009	-0.000	-0.001
	(-0.30)	(-0.56)	(-0.40)	(-0.97)
Ec	-0.081***	-0.409*	-0.007*	-0.115***
	(-3.36)	(-1.83)	(-1.75)	(-4.84)
Finen	0.001	0.012***	0.000***	0.000**
	(1.42)	(2.63)	(2.62)	(1.99)
Year/Industry	Yes	Yes	Yes	Yes

续表

Variable	Fin1	Fin2	Fin3	Fin4
Constant	0.140***	0.215	0.031**	0.243***
	(3.39)	(0.58)	(2.55)	(8.40)
N	7633	7633	7633	7633
R-squared	0.113	0.202	0.067	0.491

注：括号内为经过 robust 和公司层面 cluster 回归后的 t 值，* $p<0.1$，** $p<0.05$，*** $p<0.01$。

表 6-6 报告了剔除新冠肺炎疫情、金融危机与"三去一降一补"政策影响期间部分样本后的稳健性检验结果。交乘项 $Fp \times Hp$ 的系数均为负且同样不具有统计学意义上的显著性，回归结果基本与前文一致。

表 6-6 子样本回归结果（Fp 协同 Hp 配置与上市公司金融化）

Variable	考虑新冠肺炎疫情影响	考虑金融危机影响	"三去一降一补"
	Fin	Fin	Fin
Fp	0.010***	0.010**	0.007
	(2.58)	(2.32)	(1.64)
Bp	-0.024***	-0.024***	-0.023***
	(-4.92)	(-4.53)	(-4.58)
$Fp \times Hp$	-0.013	-0.011	-0.011
	(-0.92)	(-0.71)	(-0.76)
Soe	0.008***	0.007**	0.007**
	(2.66)	(2.26)	(2.27)
Size	-0.002	-0.001	-0.003**
	(-1.53)	(-1.06)	(-2.10)
Lev	-0.018	-0.024	-0.020
	(-0.70)	(-0.84)	(-0.80)
Debt	-0.007**	-0.007**	-0.003
	(-2.15)	(-2.18)	(-0.96)
Growth	-0.001	-0.001	-0.001
	(-0.84)	(-0.83)	(-1.15)

续表

Variable	考虑新冠肺炎疫情影响 Fin	考虑金融危机影响 Fin	"三去一降一补" Fin
Roa	-0.006 (-0.34)	0.002 (0.09)	-0.015 (-0.67)
Cf	-0.034*** (-2.61)	-0.038** (-2.49)	-0.025* (-1.71)
Paequ	0.007 (0.27)	0.005 (0.18)	-0.004 (-0.17)
First	0.018** (2.52)	0.017** (2.14)	0.020*** (2.95)
Board	-0.001** (-2.18)	-0.001** (-2.05)	-0.002** (-2.34)
Indirector	-0.013 (-0.71)	-0.029 (-1.46)	-0.010 (-0.50)
Seperation	0.000 (0.49)	0.000 (0.50)	0.000 (0.01)
Dual	0.000 (0.13)	0.001 (0.40)	-0.001 (-0.29)
Ec	-0.168*** (-3.51)	-0.415*** (-4.34)	-0.037 (-1.08)
Finen	0.002*** (2.69)	0.002** (2.54)	0.002** (2.41)
Year	Yes	Yes	Yes
Industry	Yes	Yes	Yes
Constant	0.301*** (4.07)	0.565*** (4.81)	0.141** (2.44)
N	7595	5752	5382
R-squared	0.160	0.166	0.144

注：括号内为经过 robust 和公司层面 cluster 回归后的 t 值，$^{*}p<0.1$，$^{**}p<0.05$，$^{***}p<0.01$。

6.4 集团内部三权协同配置对上市公司金融化的影响研究

6.4.1 理论分析与研究预期

前文分别验证了集团内部经营权分散配置与集团内部人事权集中配置均能发挥权力配置积极的协同效应，降低集团内部财权分散配置对上市公司金融化的助推作用。细分权力对上市公司金融化程度具有不同的影响机制，那么，若将集团内部财权、经营权与人事权纳入同一分析框架，其配置模式又会给上市公司金融化带来何种影响呢？

财务控制是一种关键的杠杆，没有对财权的把控，就很难实施权力（Fligstein，1991）[283]。只有在集团内部财权处于集中配置时，通过财务资源监管降低代理成本对上市公司金融化积极的治理效应才会较少地受到经营权与人事权的配置模式的影响。也就是说，当集团内部财权集中配置时，经营权分散配置的激励效应与资源集聚效应，人事权集中配置的治理效应与资源集聚效应都会被财权集中配置的治理效应和资源配置效应所覆盖。因此，在公司的权力结构中，财权可以说是一种最基本、最主要的权力（伍中信，2006）[31]。

当集团内部财权—经营权—人事权分别处于"分散—分散—集中"配置模式时，人事权集中的"治理效应"很可能会削弱经营权分散配置的"激励效应"（谭洪涛和陈瑶，2019）[24]，人事权集中配置与经营权分散配置的"资源集聚效应"也很可能会存在替代效应，使得失去自主权的子公司利用财权做出"逆向选择"行为。这是因为，首先，当母公司信任子公司的人力资本实力时，可能会放松自身对子公司支持的制度约束（Chen等，2012）[282]。也正如王斌和高晨（2003）[176]研究认为，激励的最大功用在于它会使总部与下属各部门的目标保持一致。然而，母公司进入子公司内部的管理人员越多或掌握的权力越大，便意味着对子公司的不信任程度越高（Hughes 等，2017）[281]。子公司做出与集团利益不一致的短视行为的可能性就会提高。其次，根据企业管理二元理论，"事"与"人"是企业管理的两项基本元素。事的层面要解决的是如何保证企业运行方向正确，而人的层面是要解决如何通过提高人的积极性让企业运行有动力。子公司在较低的信任感知之下，通过主动创新、积极发展主业并且与集团战略保持一致的决心均会受到影响，难免会利用手中较大财权做出短视投资行为，使得企业运营向金融化方向偏离。

6.4.2 实证设计与研究结论

1. 模型设计

为检验集团内部三权协同配置对上市公司金融化的影响，构建了模型 (6-4)。

$$Fin = \xi_0 + \xi_1 Fp + \xi_2 Bp + \xi_3 Hp + \xi_4 Fp \times Hp + \xi_5 Fp \times Bp + \xi_6 Bp \times Hp + \xi_7 Fp \times Bp \times Hp + \sum Controls + \sum Year + \sum Industry + \varepsilon$$

(6-4)

其中，关键变量和控制变量的含义及测度与前文一致。本书通过考察交乘项 $Fp \times Bp \times Hp$ 回归系数 ξ 的符号和显著性水平来检验集团内部三权协同配置对上市公司金融化的作用。

2. 实证结果分析

表 6-7 报告了集团内部三权协同配置与上市公司金融化关系的回归结果。由列（1）至列（4）可知，在考虑集团内部三权协同配置时，Bp、Hp 的回归系数均在 1% 的水平上显著为负；$Fp \times Hp$ 与 $Fp \times Bp$ 的回归系数也分别在 5% 与 1% 的水平上显著为负，这均与前文所得到的"集团内部经营权分散配置缓解了集团内部财权分散配置对上市公司金融化的助推作用""集团内部人事权集中配置削弱了集团内部财权分散配置对上市公司金融化的助

推作用"的结论相一致。关键的是,三权交乘项 $Fp \times Hp \times Bp$ 的系数在1%的水平上显著为正,即当子公司同时拥有较大财权与经营权但丧失人事权时,上市公司金融化水平越高。这表明人事权集中配置的"治理效应"确实能够削弱经营权分散配置的"激励效应",导致子公司对发展自我、专注主业的积极性降低。

表6-7　集团内部三权协同配置与上市公司金融化关系的回归结果

Variable	(1) Fin	(2) Fin	(3) Fin	(4) Fin
Fp	0.029*** (4.91)	0.024*** (4.48)	0.025*** (4.63)	0.024*** (4.49)
Bp	-0.021*** (-3.39)	-0.024*** (-4.05)	-0.021*** (-3.22)	-0.021*** (-3.13)
Hp	-0.044*** (-7.48)	-0.030*** (-5.34)	-0.030*** (-5.34)	-0.030*** (-5.39)
$Fp \times Hp$	-0.057** (-2.44)	-0.056** (-2.53)	-0.053** (-2.37)	-0.055** (-2.54)
$Fp \times Bp$	-0.047*** (-3.50)	-0.045*** (-3.36)	-0.042*** (-3.04)	-0.041*** (-3.00)
$Bp \times Hp$	0.058** (2.55)	0.043** (1.97)	0.047** (2.15)	0.046** (2.16)
$Fp \times Hp \times Bp$	0.182*** (3.59)	0.137*** (2.85)	0.142*** (2.98)	0.136*** (2.91)
Soe			0.007*** (2.63)	0.008*** (2.61)
Size			-0.001 (-1.12)	-0.001 (-1.17)
Lev			-0.035 (-1.33)	-0.031 (-1.18)
Debt			-0.001 (-0.22)	-0.001 (-0.39)

续表

Variable	(1) Fin	(2) Fin	(3) Fin	(4) Fin
Growth			-0.001	-0.000
			(-0.70)	(-0.45)
Roa			0.007	0.003
			(0.35)	(0.16)
Cf			-0.028**	-0.032**
			(-2.18)	(-2.48)
Paequ			-0.013	-0.009
			(-0.49)	(-0.35)
First				0.015**
				(2.08)
Board				-0.001**
				(-2.22)
Indirector				-0.012
				(-0.67)
Seperation				0.000
				(0.56)
Dual				0.001
				(0.28)
Ec				-0.151***
				(-3.79)
Finen				0.002**
				(2.48)
Year	No	Yes	Yes	Yes
Industry	No	Yes	Yes	Yes
Constant	0.029***	0.010	0.057	0.279***
	(19.62)	(1.17)	(1.59)	(4.52)
N	7633	7633	7633	7633
R-squared	0.048	0.161	0.169	0.175

注：括号内为经过 robust 和公司层面 cluster 回归后的 t 值，* $p<0.1$，** $p<0.05$，*** $p<0.01$。

通过逐步检验，本书发现"集团内部财权分散配置协同集团内部经营权分散配置对上市公司金融化的负向影响""集团内部财权分散配置协同集团内部人事权集中配置对上市公司金融化的负向影响"以及"集团内部经营权、集团内部财权分散配置且集团内部人事权集中配置的权协同对上市公司金融化的正向影响"的结论，表明从金融化治理的角度来看，企业在对权力进行配置时需要权衡利弊。同时，这也表明集团内部财权集中配置是上市公司金融化治理的关键要素，集团内部财权集中配置、经营权分散配置且同时人事权集中配置可能是治理上市公司金融化的最佳权力组合。

3. 稳健性检验

这里依旧通过替换关键变量测度与子样本回归进行稳健性检验。表6-8报告了替换上市公司金融化测度方法后集团内部三权协同配置对上市公司金融化影响的回归结果。

表6-8　改变变量测度的回归结果（三权协同配置与上市公司金融化）

Variable	(1) Fin1	(2) Fin2	(3) Fin3	(4) Fin4
Fp	0.018*** (6.32)	0.100*** (3.66)	0.005*** (3.01)	0.006*** (3.95)
Bp	-0.021*** (-6.44)	-0.065* (-1.84)	-0.007*** (-3.56)	-0.009*** (-4.53)
Hp	-0.020*** (-7.24)	-0.155*** (-5.56)	-0.009*** (-4.41)	-0.009*** (-5.22)
$Fp \times Hp$	-0.033*** (-2.77)	-0.143 (-1.31)	-0.022** (-2.32)	-0.005 (-0.79)
$Fp \times Bp$	-0.024*** (-3.63)	-0.111 (-1.47)	-0.003 (-0.66)	-0.007 (-1.53)
$Bp \times Hp$	0.025** (2.19)	0.064 (0.53)	0.027*** (2.81)	0.003 (0.38)
$Fp \times Hp \times Bp$	0.086*** (3.53)	0.357 (1.18)	0.031 (1.55)	0.032** (1.99)

续表

Variable	(1) Fin1	(2) Fin2	(3) Fin3	(4) Fin4
Soe	0.002**	0.087***	-0.000	0.001
	(1.97)	(7.03)	(-0.34)	(1.53)
Size	0.001***	0.069***	-0.000	-0.000
	(2.97)	(13.55)	(-0.25)	(-0.22)
Lev	-0.061***	-0.614***	-0.021**	-0.009
	(-4.61)	(-5.00)	(-2.37)	(-1.37)
Debt	-0.002	0.008	-0.000	0.001
	(-1.36)	(0.49)	(-0.43)	(1.49)
Growth	-0.001	-0.001	-0.000	-0.000
	(-1.44)	(-0.23)	(-0.28)	(-0.76)
Roa	0.003	-0.254**	-0.011	0.045***
	(0.24)	(-2.06)	(-1.32)	(5.97)
Cf	-0.024***	0.091	-0.002	-0.025***
	(-3.11)	(1.12)	(-0.32)	(-5.07)
Paequ	-0.038***	-0.638***	-0.017*	-0.011
	(-2.86)	(-5.16)	(-1.93)	(-1.63)
First	0.006**	0.092***	-0.001	0.001
	(2.17)	(2.95)	(-0.69)	(0.71)
Board	-0.001**	0.004	-0.000	-0.000
	(-2.03)	(1.33)	(-0.45)	(-0.57)
Indirector	-0.015*	-0.081	-0.003	0.004
	(-1.78)	(-0.83)	(-0.62)	(0.66)
Seperation	0.000	0.001	0.000	-0.000
	(0.76)	(0.96)	(0.60)	(-0.38)
Dual	-0.000	-0.009	-0.000	-0.001
	(-0.32)	(-0.69)	(-0.31)	(-0.92)
Ec	-0.086***	-0.427*	-0.010**	-0.117***
	(-3.56)	(-1.94)	(-2.32)	(-4.95)

续表

Variable	(1) Fin1	(2) Fin2	(3) Fin3	(4) Fin4
Finen	0.001**	0.012***	0.000**	0.000*
	(2.07)	(3.79)	(2.53)	(1.85)
Year	Yes	Yes	Yes	Yes
Industry	Yes	Yes	Yes	Yes
Constant	0.156***	0.268	0.036***	0.250***
	(4.13)	(0.84)	(2.90)	(8.65)
N	7633	7633	7633	7633
R-squared	0.126	0.203	0.075	0.495

注：括号内为经过 robust 和公司层面 cluster 回归后的 t 值，* $p<0.1$，** $p<0.05$，*** $p<0.01$。

由列（1）至列（4）可知，Bp、Hp 的回归系数在不同显著性水平上显著为负。$Fp \times Hp$ 与 $Fp \times Bp$ 的回归系数也表明了经营权分散配置与人事权集中配置均能削弱财权分散配置对上市公司金融化的助推作用。这与前文所得到的"集团内部经营权分散配置缓解了集团内部财权分散配置对上市公司金融化的助推作用""集团内部人事权集中配置削弱了集团内部财权分散配置对上市公司金融化的助推作用"的结论基本一致。此外，除了采用 $Fin2$、$Fin3$ 对 Fin 进行替换时交乘项 $Fp \times Hp \times Bp$ 的系数不显著为正外，列（1）、列（4）的三者交乘项系数均显著为正且具有统计学上的意义，结果与前文基本一致。说明当集团内部财权—经营权—人事权分别处于"分散—分散—集中"配置模式时，人事权的集中的"治理效应"很可能会削弱经营权分散配置的"激励效应"，导致子公司做出偏离集团战略的投资行为，进而提升了上市公司金融化水平。

表6-9报告了剔除新冠肺炎疫情、金融危机和"三去一降一补"政策影响期间部分样本后的稳健性检验结果。由表6-9可知，Bp 与 Hp 的回归系数均为负且均具有统计学意义上的显著性。$Fp \times Hp$ 与 $Fp \times Bp$ 的回归系数也表明了经营权分散配置与人事权集中配置均能削弱财权分散配置对上市公司金融化的助推作用。这与前文结论基本一致。此外，交乘项 $Fp \times Hp \times Bp$

的系数均为正,再次说明集团内部财权、经营权与人事权越是分别处于分散、分散与集中配置模式时,上市公司金融化水平越高。

表6-9　　　　子样本回归结果(三权协同配置与上市公司金融化)

Variable	考虑新冠肺炎疫情影响	考虑金融危机影响	"三去一降一补"
	Fin	Fin	Fin
Fp	0.024***	0.024***	0.022***
	(4.41)	(4.17)	(3.51)
Bp	-0.021***	-0.020***	-0.024***
	(-3.12)	(-2.92)	(-3.12)
Hp	-0.030***	-0.031***	-0.028***
	(-5.42)	(-4.98)	(-4.98)
Fp × Hp	-0.057***	-0.064***	-0.033
	(-2.63)	(-2.68)	(-1.50)
Fp × Bp	-0.040***	-0.045***	-0.034**
	(-2.99)	(-3.12)	(-2.20)
Bp × Hp	0.048**	0.058**	0.017
	(2.25)	(2.49)	(0.74)
Fp × Hp × Bp	0.133***	0.131***	0.092*
	(2.84)	(2.63)	(1.89)
Soe	0.008***	0.007**	0.007**
	(2.68)	(2.30)	(2.24)
Size	-0.001	-0.001	-0.002*
	(-1.16)	(-0.71)	(-1.75)
Lev	-0.032	-0.038	-0.039
	(-1.23)	(-1.33)	(-1.53)
Debt	-0.001	-0.002	0.003
	(-0.44)	(-0.55)	(0.66)
Growth	-0.000	-0.001	-0.001
	(-0.46)	(-0.50)	(-0.86)
Roa	0.003	0.014	-0.007
	(0.17)	(0.68)	(-0.32)

续表

Variable	考虑新冠肺炎疫情影响	考虑金融危机影响	"三去一降一补"
	Fin	Fin	Fin
Cf	-0.032**	-0.037**	-0.023
	(-2.48)	(-2.44)	(-1.61)
Paequ	-0.011	-0.014	-0.028
	(-0.41)	(-0.47)	(-1.08)
First	0.015**	0.014*	0.017**
	(2.10)	(1.77)	(2.53)
Board	-0.002**	-0.002**	-0.002***
	(-2.42)	(-2.31)	(-2.61)
Indirector	-0.012	-0.028	-0.009
	(-0.66)	(-1.39)	(-0.49)
Seperation	0.000	0.000	0.000
	(0.59)	(0.59)	(0.08)
Dual	0.001	0.001	-0.001
	(0.26)	(0.58)	(-0.28)
Ec	-0.170***	-0.425***	-0.045
	(-3.48)	(-4.43)	(-1.27)
Finen	0.002**	0.002**	0.002**
	(2.52)	(2.35)	(2.28)
Year	Yes	Yes	Yes
Industry	Yes	Yes	Yes
Constant	0.309***	0.585***	0.162***
	(4.13)	(4.95)	(2.76)
N	7595	5752	5382
R-squared	0.172	0.180	0.153

注：括号内为经过 robust 和公司层面 cluster 回归后的 t 值，* $p<0.1$，** $p<0.05$，*** $p<0.01$。

6.5 小结

本章基于前文将集团内部权力划分为集团内部财权、集团内部经营权和集团内部人事权三种权力的分析框架，重点回答了集团内部财权配置与上市公司金融化的关系是否会受到集团内部经营权、集团内部人事权配置以及集团内部三权协同配置模式的影响。基于"协同理论""资源基础理论""交易费用理论""委托代理理论""注意力理论"以及"制度理论"等，本章采用调节效应检验，探讨了集团内部经营权、集团内部人事权的协同配置对集团内部财权配置与上市公司金融化的关系。

本章研究发现，集团内部经营权分散配置的"激励效应"与集团内部人事权集中配置的"治理效应"均可以削弱集团内部财权分散配置对上市公司金融化的提升作用。然而，若集团内部"财权—经营权—人事权"在集团内部母子公司间呈现"分散—分散—集中"的配置模式时，集团内部人事权集中配置的负向效应会削弱集团内部经营权配置的"激励效应"，无益于缓解集团内部财权分散配置对上市公司金融化的助推作用。由此，本书从上市公司金融化治理的角度，根据细分权力存在的不同的经济效应提出了集团内部"财权—经营权—人事权"在集团内部母子公司间呈现"集中—分散—集中"配置的最优组合模式，这也再次说明了对集团内部财权的控制以及对集团内部权力的优化配置是治理上市公司金融化的关键环节与重要举措。

本章研究结论揭示了集团内部财权协同集团内部其他权力配置对上市公司金融化的影响，说明集团内部财权配置模式不仅是上市公司金融化治理的关键要素，集团内部其他权利的配置模式也是影响上市公司金融化不可忽视的重要方面。本章研究有利于从集团内部权力细分视角，挖掘上市公司金融化治理的权力配置组合模式，也为防范化解企业金融风险提供集团内部权力细分层面的经验证据。

第7章 结论与展望

前文通过理论和实证分析了集团内部财权配置对上市公司金融化的影响机理和不同情境下的二者关系，同时考察了集团内部财权、经营权和人事权三权协同配置对上市公司金融化的影响。本章对前6章研究所做的工作进行梳理和归纳，概括得出本书的研究结论，并从不同相关主体视角提出政策启示与可行建议。同时，总结本书存在的不足并提出研究展望。

7.1 研究总结

7.1.1 研究工作

防范化解系统性金融风险，实现"六稳""六保"目标是当前政府工作的重点之一，而有效防范、化解实体上市公司金融化带来的风险是其中应有之意。本书突破已有文献将研究对象作为独立的个体研究上市公司金融化影响因素的局限，将研究对象纳入集团整体的范畴进行研究，以母公司及其子公司构成的集团整体作为研究对象，深入考察了集团内部财权配置对上市公司金融化的影响机理和不同情境下二者关系，以及集团内部财权、经营权和

第 7 章
结论与展望

人事权三者协同配置对上市公司金融化的影响。值得再次说明的是，本书所指的上市公司金融化，实际上是由母公司及其子公司构成的集团整体的金融化水平，亦即母公司及其子公司构成了本书所称的"上市公司"。具体地，本书主要工作如下：

（1）从现实背景、政策背景和理论背景出发，系统阐述了本书研究集团内部财权配置与上市公司金融化的必要性和创新性。同时，较为系统地梳理了关于上市公司金融化的影响因素、集团内部权力配置经济后果的相关文献，以此把握研究前沿，从理论上进一步得出研究集团内部财权配置与上市公司金融化关系的必要性和创新性。

（2）采用归纳法较为系统地梳理了我国企业集团和上市公司金融化的演进。同时，梳理总结了集团内部财权配置的经济效应以及上市公司金融化动机的理论解释，并在此基础上构建了关于集团内部财权配置与上市公司金融化关系的理论分析框架，为后文理论分析和实证检验集团内部财权配置对上市公司金融化的影响机理以及不同情境下二者的关系和三权协同配置对上市公司金融化的影响奠定基础。

（3）从国泰安（CSMAR）等数据库获取 2007—2020 年我国上市公司合并报表和母公司报表的相关数据，运用"委托代理理论""资源基础理论""自由现金流假说"等理论，采用多元线性回归分析法，实证检验了集团内部财权配置与上市公司金融化之间的关系。同时，通过改变集团内部财权配置和金融化水平的测度方式，以及采用工具变量回归、2SLS 回归、Heckman 两阶段回归等方法，考虑了内生性问题、改变研究区间和排除其他可能的假说等进行了稳健性检验，依然得到稳健的研究结论。

（4）基于主检验部分关于集团内部财权配置与上市公司金融化水平的理论分析，采用中介效应模型，实证检验了集团内部财权配置对上市公司金融化的作用机理，以此揭示二者关系的中间环节。

（5）通过分组检验或在模型中加入交乘项，从集团组织特征（母公司控制权与子公司数量）、治理特征（产权性质与机构投资者持股）和财务特征（是否设立财务公司与举债模式）的角度，考察了不同情境下集团内部财权配置与上市公司金融化关系的影响因素。

(6) 运用"协同理论""资源基础理论""委托代理理论""注意力理论"以及"制度理论"等相关理论，探讨了集团内部财权协同集团内部经营权、人事权的配置对上市公司金融化关系的影响。

7.1.2 研究结论

通过理论分析和实证检验，本书得到的主要研究结论有：

（1）集团内部财权越是分散配置于子公司，上市公司金融化水平越高。通过替换金融化水平和集团内部财权配置变量的测度方法、考虑内生性问题、选择不同的样本区间和排除非线性假说之后，本书依然得到稳健的研究结论。

（2）通过机制检验发现，集团内部财权分散配置影响上市公司金融化的两条路径分别为逐利动机与代理问题。亦即上市公司金融化主要是出于逐利动机，而集团内部财权分散配置主要通过提升第一类代理问题和第二类代理问题，进而提升了上市公司金融化水平。

（3）通过对集团组织、治理和财务特征等情境的考察发现，母公司控制权越大、集团内部设立财务公司且集团内部债务分布越分散越有益于缓解集团内部财权分散配置对上市公司金融化的助推作用，而上市公司越是非国有性质、母公司控制的下属子公司数量越多，上述助推作用会更严重。同时，机构投资者持股作为上市公司外部监督治理机制之一，也可以有效抑制集团内部财权分散配置对上市公司金融化的提升作用。

（4）集团内部财权配置与经营权、人事权配置对上市公司金融化的影响存在协同效应。具体地，集团内部经营权分散配置的"激励效应"与集团内部人事权集中配置的"治理效应"均可以削弱集团内部财权配置对上市公司金融化的提升作用，而若集团内部"财权—经营权—人事权"在母子公司间呈现"分散—分散—集中"配置时，人事权集中配置的负向效应会削弱经营权配置的"激励效应"，无益于缓解集团内部财权分散配置对上市公司金融化的助推作用。进而得出集团内部"财权—经营权—人事权"在母子公司间呈现"集中—分散—集中"配置可能是治理上市公司金融化的最优组合模式。

7.2 政策建议

"防风险"作为我国政府部门工作的主基调,实现"六稳""六保"是当前政府的重要任务,而有效防范化解系统性金融风险,就需要着重关注微观企业层面存在的金融化带来的"脱实向虚"风险。同时,企业"大型化、集团化"竞争格局下的集团治理完善化,也是当前我国实现国家治理现代化的重要体现。本书考察集团内部财权配置对上市公司金融化的影响机理,是顺应国家发展战略的要求,具有较好的现实意义,能够对实践具有较好的政策启示。具体地,本书依据研究结论,分别从子公司层面、集团层面(上市公司)和政府层面提出有针对性的政策建议。

7.2.1 子公司层面

1. 通过享受财权分散的红利积极发展主业

企业集团是由母公司及其子公司构成的利益整体,子公司的投资决策会直接影响到集团整体的财务状况。本书研究发现,当集团内部财权分散配置于子公司时,上市公司金融化水平越高。这意味着,在子公司拥有较大的财权时,子公司会从事偏离主业的金融投资。而实际上,金融化表现出高风险的特征,在以股权为链接的集团内部存在"风险传染"效应,会导致上市公司整体风险的提升。同时,子公司对金融理财产品的投资青睐,也不符合上市公司整体的发展要求,不利于上市公司未来主业业绩的提升和可持续健康发展。因此,子公司在取得集团给予的较大财权时应该积极享受这一权力带来的红利,将资金投资于能够为企业带来持续健康发展的研发创新、固定资产更新改造等主业投资方面而非进行金融资产投资,以便能够促进子公司自身和集团整体的持续健康发展。

2. 降低代理问题以维护集团整体发展战略

本书在中介机制检验部分发现，集团内部财权分散配置于子公司，会导致两类代理问题更加严重，进而提升了上市公司金融化水平。由此可知，在集团内部财权分散配置下，由母公司和子公司构成的上市公司整体的金融化行为主要是由于第一类代理问题和第二类代理问题的影响所导致的。一方面，由于母子公司之间存在代理问题，子公司出于自身利益最大化的目的，在具有较大财权时，有动机从事具有高风险和高收益的金融资产投资；另一方面，在具有较高财权的子公司内部，管理层出于自身业绩最大化，在逐利动机的驱使下，有较大的动机从事金融资产投资，从而提升上市公司整体的金融化水平。因此，在抑制集团整体"脱实向虚"风险时，应该考虑缓解母子公司和管理层两类代理问题，使得子公司和集团整体的投资决策更加有利于实现集团整体的可持续发展。

7.2.2 上市公司层面

本书考察的上市公司是指由母公司和子公司构成的集团整体。因此，根据本书研究结论，上市公司作为集团整体可以从以下几个方面有所作为：

1. 合理配置母子公司权力以优化上市公司金融投资行为

由于集团内部财权分散配置于子公司会提升上市公司金融化水平，而经营权分散和人事权集中可以削弱集团内部财权分散配置对上市公司金融化水平的提升作用。因此，上市公司在配置母子公司财权时，可以采取适度的集权方式，强化母公司在集团内部的财务管控力度，进而使得母子公司的投资决策能够更好地执行集团整体的发展战略，而不至于出现母子公司投资方向与集团整体战略需求相偏离的情况。此外，上市公司内部经营权的分散配置能够对子公司起到激励效果，促使子公司更加专注于主业，促进主业发展。基于此，上市公司可以将经营权下放，以此激励子公司更好的发展，促进集团整体战略的实现。另一方面，人事权的配置事关上市公司整体的治理效果。当集团人事权集中于母公司时，母公司可以向子公司委派管理人员，从而将集团整体的意志由被委派的高管在子公司得以执行，进而弱化子公司投

第 7 章
结论与展望

资行为与集团整体发展战略的偏离程度。因此，人事权相对集中配置于母公司更有利于上市公司整体的发展。

2. 强化母公司的控制地位以抑制上市公司金融化水平

本书在情境分析时，通过母公司对子公司的持股比例反映母公司控制权的大小，以此分析母公司控制权对集团内部财权配置与上市公司金融化关系的影响。通过情境分析发现，当母公司对子公司的持股比例越大，亦即母公司控制权越大，越能够削弱集团内部财权分散配置对上市公司金融化水平的提升作用。集团内部财权的分散配置导致子公司层面拥有更多的资金资源用于金融领域的投资，从而提升了上市公司整体的金融化水平。因此，应该强化母公司在上市公司中的控制地位，使得母公司能够更好地监督和管控子公司的投资行为，避免子公司层面过度依赖于金融投资。同时，强化母公司的控制权地位，有利于使上市公司整体的发展战略能够很顺利地在子公司层面得到有效执行，而不会出现子公司自恃"子强母弱"的情境所导致的"敲竹杠"行为。简而言之，母公司是集团的战略决策核心、资源调控中心以及监督服务中心，提升母公司在上市公司整体中的控制权，能够弱化子公司偏离主业的投资行为，使得上市公司整体金融化行为得到一定的抑制。

3. 适当控制子公司数量以避免上市公司管控力度被削弱

企业"大型化、集团化"发展是当前的大势所趋，无论是横向扩展还是纵深发展，在盘根错节的集团内部，组织关系越来越复杂，且集团控制的各类型不同行业领域的子公司越来越多。企业的组织规模扩展是市场发展的产物，也是多元化发展的需要。然而，本书情境分析发现，当集团控制的子公司数量越多时，由于集团的注意力变得分散，对子公司投资决策的监督和约束力度有所减弱，此时集团内部财权分散配置提升了上市公司金融化水平。因此，在当前企业组织急剧扩张和控制体系越来越复杂的环境下，在依靠纵向和横向扩展实现企业多元化发展的同时，应该适当控制子公司的数量，集中精力和资源支持核心企业做好主业，促进集团整体发展。

4. 设立集团财务公司以强化上市公司财务管控力度

财务公司作为集团资金归集、资金结算和财务管理服务的金融中介平台，是集团内生的非银行金融机构，发挥着金融中介的职能。伴随我国企业

"大型化、集团化"发展,越来越多的集团成立了财务公司,以此强化集团资金管控、风险管控和投融资管控,对集团整体发展具有重要影响。本书情境研究发现,当由母公司和子公司组成的上市公司内部设立财务公司能够弱化集团内部财权分散配置对上市公司金融化的影响。这实际上意味着财务公司的设立能够强化对集团财务资源和投资决策的影响,并能对资金的流向、流量和存量进行有效管控。因此,对于有条件的企业集团应该积极成立财务公司,强化财务公司在集团内部的财务管控力度,提升集团整体投资决策的合理性,促进主业的发展。同时,当前尚未达到成立财务公司条件的企业集团应该对照成立财务公司应满足的要求,积极完善公司治理、财务制度,不断提升自身财务质量和信息质量等。

5. 采用分散举债模式以发挥债权人对子公司金融化的治理作用

通过向外部银行等金融机构举借债务以满足企业发展所需资金是当前普遍的融资方式。在信息不对称的信贷市场上,由于债权人对债务人的财务、业务和治理信息掌握不全面,以及债务人很可能存在舞弊或粉饰行为以获取资金,此时债权人就会在信贷合同或协议中设置相应的监督条款或资金使用约束条件。实际上债权人对债务人的投资行为具有较好的监督和治理作用,这也意味着债权人能够对债务人的投资项目选择和投资金额等进行较好的监督和约束。本书在情境分析时发现,当集团内部采取分散举债模式时,能够较好地削弱集团内部财权分散配置对上市公司金融化的提升作用。因此,为了有效防范集团金融化带来的"脱实向虚"风险,应该在母子公司之间积极采取分散举债模式,而非由母公司单独承担举债的模式,以此发挥债权人对子公司金融投资行为的监督和约束效应,进而降低集团财权分散配置对上市公司整体金融化水平的提升作用。

6. 适当引入机构投资者持股以强化集团治理水平

机构投资者持股是除政府、媒体、注册会计师审计等之外的一种非常重要的外部监督机制。机构投资者以其自身相较于个体投资者更占优势的信息获取和处理能力,能够更好地提升被投资单位行为决策的科学性。本书情境分析部分发现,机构投资者持股在上市公司内部起到了治理作用,亦即当机构投资者持股越高,越能够弱化集团内部财权分散配置对上市公司金融化水平的提升作用。上市公司金融化是一种偏离主业，将资金投资于具有高风险和高收益的金融理财产品的行为，不利于企业主业未来业绩的提升，也会提升上市公司财务风险。而机构投资者持股作为重要的外部监督机制，更关注的是企业的可持续发展，而非短期利益，因此有能力和动力去监督和约束母子公司的投资行为。鉴于此，在我国防范化解微观企业层面"脱实向虚"风险背景下，为了实现企业的长期可持续健康发展，应该适当引入机构投资者，强化集团监督和治理水平，提升投资决策的科学性。

7.2.3 政府监管层面

实现"防风险"目标和"六稳""六保"要求，重点之一在于防范实体企业金融化带来的"脱实向虚"风险。政府作为宏观调控和国家治理的主体，在治理微观层面金融化方面应该积极作为。根据本书研究结论，政府部门可以从以下几个方面有所作为：

1. 按照产权性质分类出台防范企业金融化的治理政策

在我国，不同产权性质的企业在内部经营特征与外部环境方面存在较大区别与差异。国有企业在获取银行信贷和财政支持以及重大项目投资方面具有天然优势，但需要承担稳就业、保民生等社会责任以及服务于国家重大发展战略的需要，而非国有企业由于自身资质在投融资方面处于劣势。本书情境分析发现，相对于国有企业，在非国有企业中，集团财权越是分散配置，上市公司金融化水平越高。因此，在防范化解微观企业层面"脱实向虚"风险时，需要着重关注非国有企业的投资动向，有效监管非国有企业的金融投资行为，促进经济平稳健康发展。同时，应该认识到非国有企业之所以会更加倾向于金融化，是出于资本的逐利动机和缺乏有效的监管机制。鉴于此，政府部门应该在积极引导非国有企业专注主业的同时给予非国有企业更多实惠，缩减实业和金融利差，促进非国有企业主业发展。

2. 积极推进对大型企业集团金融投资行为风险的监管

在经济活动的参与主体中，虽然大型企业集团数量少于一般企业，但是其金融化行为所产生的严重后果比一般小企业要大得多。由母子公司构成的上市公司整体实质上就是一个企业集团，其金融化程度比单个企业要大得多，对市场稳定的影响也大。另外，企业集团由于自身复杂的股权链接和组织架构，使得集团治理效率相对较低。因此，政府部门在防风险的过程中应该重点关注大型企业集团金融投资行为，及时监测大型企业集团金融化水平；同时应该完善大型企业集团内外部监督治理机制，强化对大型企业集团金融化风险的监控和评估，以此促进宏微观经济的可持续、高质量发展。

3. 有效出台各类政策引导集团制定合理的投资决策

在我国实业产能过剩、主业利润下滑、投资回报周期较长的背景下，越来越多的实体企业涉足金融领域，从事金融资产投资，使得宏微观层面的"脱实向虚"风险较高，不利于企业和宏观经济的高质量发展。实体企业青睐于金融领域投资，主要是出于"逐利动机"，而非"预防储蓄动机"，这在本书得到了有效验证。实际上，正是因为实业利润空间压缩，而金融领域利润率较高，使得实业和金融存在较大的利差，从而导致上市公司纷纷投资于金融理财产品以获取高额利润。因此，政府在制定政策时应该关注实业和金融业的利差，逐利动机对企业投资行为的影响。具体地，政府可以从税收政策、产业政策和金融政策角度制定相关政策，以此缩小主业和金融投资的利差，积极引导上市公司制定合理的投资决策，促进企业高质量发展。

7.3 研究局限与展望

本书理论分析和实证检验了集团内部财权配置与上市公司金融化之间的作用机理，同时考察了组织特征、治理特征和财务特征对二者关系的影响，以及集团内部财权协同经营权、人事权配置对上市公司金融化的影响。在我国企业"大型化、集团化"发展，特别强调集团内部治理和政府部门防范化解系统性金融风险，实现"六稳""六保"目标背景下，本书研究具有较好的理论意义和实践价值。然而，囿于个人的能力、时间、精力以及数据的可获得性，本书可能在以下方面存一些局限和值得进一步深入研究的方向：

第 7 章
结论与展望

第一，关于研究方法的选择。本书在考察集团内部财权配置与上市公司金融化的基本关系、作用机制和不同情境下二者关系以及集团内部财权协同经营权、人事权配置对上市公司金融化的影响时都是采用大样本的实证研究。实际上，诸如雅戈尔、苏泊尔、云南白药等企业集团都是非常典型的"金融化"案例，对于反映我国实体企业金融化发展和演进具有较强的代表性。然而，受限于数据的可获得性，以及上述案例企业投资决策等财务战略决策的保密性，本书未能采用案例研究方法，借助典型案例企业剖析集团内部财权配置影响上市公司金融化的作用机理。未来在数据可获得的情况下，可以借助案例研究法，深入解剖典型案例企业财权配置与其金融化的关系和作用机理等，以此借助多种方法验证研究结论的稳健性。

第二，关于"集团内部财权配置"的测度研究。本书基于伍中信(2006)[31]、张会丽和吴有红（2011）[32]、程新生等（2020）[19]的研究，将集团财权配置客体聚焦在集团内部财力，具体指的是集团财力在集团内部母子公司间的分配状况。亦即当子公司拥有较大财力时，意味着集团内部财权为分散配置模式，当母公司拥有较大财力时，意味着集团内部财权为集中配置模式。同时，已有研究认为，作为企业集团内部资源配置中各级代理方的重要寻租目标，现金在母子公司间的分布不仅综合反映了母公司对内部财务资源配置的多种策略安排（张会丽和吴有红，2011）[32]，也最为直接地反映了集团内部财力的配置状况，体现了集团对财务资源的监督与控制模式（程新生等，2020）[19]。因此，本书在实证分析部分通过集团现金在母子公司之间的分布状况对集团内部财权配置进行测度。这种测度方法是从集团内部财务资源（或称财力配置）的角度来考察集团内部财权配置，相对较合理和直观。当然，由于企业财务管理活动本身就是对资金运动过程的管理，而财权也应该可以体现为对"资金运动"的管控权力。未来在研究过程中可以从"资金运动"管控的角度对财权配置进行测度，以丰富集团内部财权配置的研究。

第三，关于集团内部财权配置与上市公司金融化关系的影响因素研究。虽然，本书在考察完集团内部财权配置影响上市公司金融化水平的基本关系之后，比较系统性地从母公司控制权、子公司数量等集团组织特征，产权性质和机构投资者持股等治理特征以及是否设立财务公司和集团举债模式等财务特征角度选择相关情境变量研究其对集团内部财权配置与上市公司金融化关系的影响。然而，影响集团财权配置与上市公司金融化关系的情境因素远不止本书所选取的角度，在未来的研究工作中还可以尝试按照内外部影响因素或宏微观影响因素的分类方法选择不同的情境因素进行研究，以便更加全面和系统性地揭示集团内部财权配置影响上市公司金融化的机理，从而更好地指导实践工作。

附 录

图表索引

图 1-1　上市公司实物投资与金融投资对比图 …………………… 2
图 1-2　上市公司平均持有金融资产及其占比变动图 …………… 2
图 1-3　中央政府及各相关职能部门关于应对企业金融化
　　　　的政策脉络图 ………………………………………………… 4
图 1-4　云南白药财权配置与其金融化趋势对比图 ……………… 7
图 1-5　苏宁易购财权配置与其金融化趋势对比图 ……………… 7
图 1-6　单体企业纵向财权配置模式 ……………………………… 14
图 1-7　海信视像科技股份有限公司（600060）股份透视图 …… 18
图 1-8　本书研究内容图 …………………………………………… 21
图 1-9　本书各章节内容安排图 …………………………………… 23
图 1-10　本书的研究思路图 ………………………………………… 25
图 2-1　企业金融化影响因素的一些典型研究成果 ……………… 30
图 2-2　集团内部权力配置的经济后果研究已有成果 …………… 41
图 3-1　推动我国企业集团发展的政策演进 ……………………… 50
图 3-2　企业金融化的演进 ………………………………………… 52
图 3-3　本书理论分析框架图 ……………………………………… 61
图 4-1　样本行业分布占比 ………………………………………… 79
图 4-2　样本全行业金融化程度排名（法一）…………………… 79
图 4-3　样本全行业金融化程度排名（法二）…………………… 79

图 4-4	样本全行业金融化程度排名（法三）	80
图 4-5	样本制造业金融化程度排名（法一）	80
图 4-6	样本制造业金融化程度排名（法二）	80
图 4-7	样本制造业金融化程度排名（法三）	80
图 5-1	研究样本子公司类型分布图	127
图 6-1	集团内部财权协同其他权力配置与上市公司金融化关系分析图	151
表 1-1	单体企业横向财权配置	15
表 4-1	金融化的测度方式	70
表 4-2	金融资产的范围	72
表 4-3	变量定义	73
表 4-4	变量描述性统计结果	75
表 4-5	所选样本行业分布描述性统计	76
表 4-6	变量相关系数检验	82
表 4-7	全样本回归结果	84
表 4-8	改变金融化测度方式明细表	86
表 4-9	替换金融化测度方法——剔除投资性房地产	87
表 4-10	替换金融化测度方法——是否金融化	88
表 4-11	替换金融化测度方法——金融资产是否增长	90
表 4-12	替换金融化测度方法——金融渠道收益占比	92
表 4-13	替换财权配置测度方法——采用子公司现金持有量期初期末平均值	94
表 4-14	同时替换自变量与因变量的测度方式	95
表 4-15	稳健性检验——内生性检验	97
表 4-16	稳健性检验——改变研究区间（考虑新冠肺炎疫情影响）	100
表 4-17	稳健性检验——改变研究区间（考虑金融危机影响）	102
表 4-18	稳健性检验——改变研究区间（考虑"三去一降一补"政策影响）	104

附 录
图表索引

表4-19	稳健性检验——排除非线性关系的影响	106
表5-1	金融化动机检验结果	110
表5-2	代理问题测度方式	115
表5-3	第一类代理问题检验结果	117
表5-4	第二类代理问题检验结果	119
表5-5	涉及母公司变量测度方式	122
表5-6	母公司金融化动机检验结果	123
表5-7	母公司控制权描述性统计	127
表5-8	考虑母公司控制权大小的回归结果	128
表5-9	考虑子公司数量的回归结果	131
表5-10	考虑产权性质差异的回归结果	135
表5-11	考虑机构投资者持股的回归结果	138
表5-12	考虑是否设立财务公司的回归结果	142
表5-13	考虑集团举债模式的回归结果	145
表6-1	集团内部财权协同经营权配置对上市公司金融化影响的回归结果	154
表6-2	改变变量测度的回归结果（Fp协同Bp配置与上市公司金融化）	156
表6-3	子样本回归结果（Fp协同Bp配置与上市公司金融化）	158
表6-4	集团内部财权协同人事权配置对上市公司金融化影响的回归结果	162
表6-5	改变变量测度的回归结果（Fp协同Hp配置与上市公司金融化）	164
表6-6	子样本回归结果（Fp协同Hp配置与上市公司金融化）	166
表6-7	集团内部三权配置与上市公司金融化关系的回归结果	170
表6-8	改变变量测度的回归结果（三权协同配置与上市公司金融化）	172
表6-9	子样本回归结果（三权协同配置与上市公司金融化）	175

参考文献

[1] Orhangazi, Ö. Financialisation and capital accumulation in the non-financial corporate sector: A theoretical and empirical investigation on the U. S. economy:1973 – 2003 [J]. Cambridge Political Economy, 2008 (4): 863 – 886.

[2] Krippner G. R. The Financialization of the American Economy [J]. Socio – Economic Review, 2005 (3): 173 – 208.

[3] 杜勇, 张欢, 陈建英. 金融化对实体企业未来主业发展的影响: 促进还是抑制 [J]. 中国工业经济, 2017 (12): 113 – 131.

[4] Stockhammer, E., Graf, L. Financial uncertainty and business investment [J]. Review of Political Economy, 2010 (4): 551 – 568.

[5] 马慎萧, 兰楠. 次贷危机后美国经济金融化趋势是否逆转？ [J]. 政治经济学评论, 2021 (2): 172 – 188.

[6] 张成思, 张步昙. 中国实业投资率下降之谜: 经济金融化视角 [J]. 经济研究, 2016 (12): 32 – 46.

[7] 马思超, 彭俞超. 加强金融监管能否促进企业"脱虚向实"——来自2006—2015年上市公司的证据 [J]. 中央财经大学学报, 2019 (11): 28 – 39.

[8] 黄贤环, 王瑶. 集团内部资本市场与企业金融资产配置: "推波助澜"还是"激浊扬清" [J]. 财经研究, 2019 (12): 124 – 137.

[9] 彭俞超, 韩珣, 李建军. 经济政策不确定性与企业金融化 [J]. 中国工业经济, 2018 (1): 137-155.

[10] 张成思. 金融化的逻辑与反思 [J]. 经济研究, 2019 (11): 4-20.

[11] Palley, T. Financialization: What it is and why it matters [J]. IMK Working Paper, 2008 (4): 1-28.

[12] 黄群慧. 论新时期中国实体经济的发展 [J]. 中国工业经济, 2017 (9): 5-24.

[13] 段军山, 庄旭东. 金融投资行为与企业技术创新 [J]. 中国工业经济, 2021 (1): 155-173.

[14] 王红建, 曹瑜强, 杨庆, 等. 实体企业金融化促进还是抑制了企业创新——基于中国制造业上市公司的经验研究 [J]. 南开管理评论, 2017 (1): 155-166.

[15] 黄贤环, 王瑶. 实体企业资金"脱实向虚"与全要素生产率提升: "抑制"还是"促进" [J]. 山西财经大学学报, 2019 (10): 55-69.

[16] Auvray, T., Rabinovich, J. The financialisation-offshoring nexus and the capital accumulation of U. S. non-financial firms [J]. Cambridge Journal of Economics [J]. 2019 (43): 1183-1218.

[17] Gonzalez, I., Sala, H. Investment crowding-out and labor market effects of financialization in the U. S.[J]. Scottish Journal of Political Economy, 2014 (5): 589-613.

[18] 谢富胜, 匡晓璐. 制造业企业扩大金融活动能够提升利润率吗？——以中国A股上市制造业企业为例 [J]. 管理世界, 2020 (12): 13-25.

[19] 程新生, 武琼, 刘孟晖, 等. 企业集团现金分布、管理层激励与资本配置效率 [J]. 金融研究, 2020 (2): 91-108.

[20] 李茫茫, 王红建, 吴静桦. 政策不确定性、信息传递成本与集团公司财务资源分布规律——基于Jensen and Meckling (1995) 授权理论框架的分析 [J]. 世界经济文汇, 2021 (1): 85-99.

[21] 谢建宏. 企业集团资金集中管理问题探讨 [J]. 会计研究, 2009

(11): 44-47.

[22] 陈志军, 刘锡禄, 董美彤. 母子公司财务管理控制点研究 [J]. 经济与管理评论, 2021 (5): 104-112.

[23] 徐鹏, 徐向艺, 白贵玉. 母公司持股、子公司管理层权力与创新行为关系研究——来自我国高科技上市公司的经验数据 [J]. 经济管理, 2014 (4): 41-50.

[24] 谭洪涛, 陈瑶. 集团内部权力配置与企业创新——基于权力细分的对比研究 [J]. 中国工业经济, 2019 (12): 134-151.

[25] Grossman, S., Hart, O. The costs and benefits of ownership: A theory of vertical and lateral integration [J]. Tournal of Political Economy, 1986 (4): 691-719.

[26] Hart, O., Moore, J. Property rights and the nature of the firm [J]. Tournal of Political Economy, 1990 (6): 1119-1158.

[27] 陈德球, 杨佳欣, 董志勇. 家族控制、职业化经营与公司治理效率——来自 CEO 变更的经验证据 [J]. 南开管理评论, 2013 (4): 55-67.

[28] 王琴. 网络治理的权力基础: 一个跨案例研究 [J]. 南开管理评论, 2012 (3): 91-100.

[29] 刘慧龙, 王成方, 吴联生. 决策权配置、盈余管理与投资效率 [J]. 经济研究, 2014 (8): 93-106.

[30] 贺正强, 伍中信. 财权概念框架与配置逻辑 [J]. 经济经纬, 2008 (6): 73-76.

[31] 伍中信. 产权会计与财权流研究 [M]. 成都: 西南财经大学出版社, 2006: 135-138.

[32] 张会丽, 吴有红. 企业集团财务资源配置、集中程度与经营绩效——基于现金在上市公司及其整体子公司间分布的研究 [J]. 管理世界, 2011 (2): 100-108.

[33] 张爽, 王世权, 李欣禹. 子公司主导行为研究进展述评 [J]. 外国经济与管理, 2018 (12): 138-151.

[34] 丁龙飞, 谢获宝, 韩忠雪. 子公司自主权、财务公司与短贷长投

[J]. 金融经济学研究, 2020 (4): 146-160.

[35] Richards, M. Control exercised by U. S. multinationals over their overseas affiliates: Does location make a difference? [J]. Journal of International Management, 2000 (6): 105-120.

[36] Demir, F. Financialization and manufacturing firm profitability under uncertainty and macroeconomic volatility: Evidence from an emerging market [J]. Review of Development Economics, 2009 (4): 592-609.

[37] 张成思, 张步昙. 再论金融与实体经济: 经济金融化视角 [J]. 经济学动态, 2015 (6): 56-66.

[38] 张杰, 杨连星. 资本错配、关联效应与实体经济发展取向 [J]. 改革, 2015 (10): 32-40.

[39] 周彬, 谢佳松. 虚拟经济的发展抑制了实体经济吗?——来自中国上市公司的微观证据 [J]. 财经研究, 2018 (11): 74-89.

[40] 黄贤环, 吴秋生, 王瑶. 影子银行发展与企业投资行为选择: 实业投资还是金融投资 [J]. 会计研究, 2021 (1): 100-111.

[41] 胡奕明, 王雪婷, 张瑾. 金融资产配置动机: "蓄水池"或"替代"?——来自中国上市公司的证据 [J]. 经济研究, 2017 (1): 181-194.

[42] 陈春华, 曹伟, 曹雅楠, 等. 数字金融发展与企业"脱虚向实" [J]. 财经研究, 2021 (9): 78-92.

[43] 李元, 王擎. 宽松货币政策对企业金融资产配置影响的实证研究 [J]. 中国软科学, 2020 (4): 154-163.

[44] 杨筝, 王红建, 戴静, 等. 放松利率管制、利润率均等化与实体企业"脱实向虚" [J]. 金融研究, 2019 (6): 20-38.

[45] 彭俞超, 刘代民, 顾雷雷. 减税能缓解经济"脱实向虚"吗?——来自上市公司的证据 [J]. 税务研究, 2017 (8): 93-97.

[46] 黄贤环, 王瑶. 加速折旧企业所得税政策与实体企业金融化——基于2014年固定资产加速折旧政策的准自然实验 [J]. 证券市场导报, 2021 (2): 52-61.

[47] 步晓宁, 赵丽华, 刘磊. 产业政策与企业资产金融化 [J]. 财经

研究, 2020 (11): 78-92.

[48] 郭飞, 马睿, 谢香兵. 产业政策、营商环境与企业脱虚向实——基于国家五年规划的经验证据 [J]. 财经研究, 2022 (2): 33-46, 62.

[49] 黄海涛, 余志君, 杨贤宏. 金融监管对企业金融化的影响及监管角色构建——基于期限结构异质性视角下的经验证据 [J]. 金融经济学研究, 2020 (3): 146-160.

[50] 马勇, 陈点点. 宏观审慎政策如何影响企业金融化? [J]. 国际金融研究, 2020 (3): 13-22.

[51] 杜勇, 邓旭. 中国式融资融券与企业金融化——基于分批扩容的准自然实验 [J]. 财贸经济, 2020 (2): 69-83.

[52] 宋军, 陆旸. 非货币金融资产和经营收益率的U型关系——来自我国上市非金融公司的金融化证据 [J]. 金融研究, 2015 (6): 111-127.

[53] 黄贤环, 王瑶, 王少华. 谁更过度金融化: 业绩上升企业还是业绩下滑企业? [J]. 上海财经大学学报, 2019 (1): 80-94, 138.

[54] 张成思, 郑宁. 中国实体企业金融化: 货币扩张、资本逐利还是风险规避? [J]. 金融研究, 2020 (9): 1-19.

[55] 李馨子, 牛煜皓, 张广玉. 客户集中度影响企业的金融投资吗? [J]. 会计研究, 2019 (9): 65-70.

[56] 杜勇, 谢瑾, 陈建英. CEO金融背景与实体企业金融化 [J]. 中国工业经济, 2019 (5): 136-154.

[57] Crotty, J. Managerial interpretations of stakeholder influence: A study of pollution control in Russian manufacturing enterprises [J]. The Journal of Corporate Citizenship, 2003 (9): 67-78.

[58] 刘伟, 曹瑜强. 机构投资者驱动实体经济"脱实向虚"了吗? [J]. 财贸经济, 2018 (12): 80-94.

[59] Lee, Y. S., Kim, H. S., Joo, S. H. Financialization and innovation short-termism in OECD countries [J]. Review of Radical Political Economics, 2020 (2): 259-286.

[60] 孙泽宇, 齐保垒. 多个大股东与企业金融化 [J]. 管理工程学报,

2022 (3): 62 - 77.

[61] 王瑶, 黄贤环. 内部控制与实体企业金融化: 治理效应抑或助推效应 [J]. 财经科学, 2020 (2): 26 - 38.

[62] 李馨子, 牛煜皓, 张修平. 公司的金融投资行为会传染其他企业吗？——来自企业集团的经验证据 [J]. 中国软科学, 2019 (7): 102 - 110.

[63] 王凤彬, 江鸿, 王璁. 央企集团管控架构的演进: 战略决定、制度引致还是路径依赖？——一项定性比较分析 (QCA) 尝试 [J]. 管理世界, 2014 (12): 92 - 114, 187 - 188.

[64] Salancik, G. R., Pfeffer, J. The bases and use of power in organizational decision making: The case of a university [J]. Administrative Science Quarterly, 1974 (4): 453 - 473.

[65] Fama, E. F., Jensen, M. C. Separation of ownership and control [J]. Journal of Law and Economics, 1983 (2): 301 - 325.

[66] 陈建安, 胡蓓. 决策权配置的界定与测量 [J]. 外国经济与管理, 2007 (2): 2 - 9.

[67] 张晓峰. 企业权力类型及其治理研究 [J]. 山东社会科学, 2011 (9): 141 - 144.

[68] 陈志军, 孙兰珠, 董美彤. 母公司权力、子公司心理安全与协同行为关系研究 [J]. 现代财经, 2021 (5): 99 - 113.

[69] Cullen, J. B., Peerrew, P. L. Decision making confuguratons: An alternative to the centralization or decentralization conceptualization [J]. Journal of Management, 1981 (2): 89 - 103.

[70] 杨阳, 王凤彬, 孙春艳. 集团化企业决策权配置研究——基于母子公司治理距离的视角 [J]. 中国工业经济, 2015 (1): 108 - 120.

[71] 汤谷良. 经营者财务论——兼论现代企业财务分层管理架构 [J]. 会计研究, 1997 (5): 20 - 24.

[72] 伍中信. 现代企业财务治理结构论——以财权为基础的财务理论研究 [M]. 北京: 中国财政经济出版社, 2010: 29 - 37.

[73] 李连华. 股权配置中心论: 完善公司治理结构的新思路 [J]. 会

计研究, 2002 (10): 43-47.

[74] 郭复初. 资本基金分流与财务理论发展新思考 [J]. 会计研究, 2001 (3): 39-42.

[75] 秦永和, 韩平. 企业财务治理权配置应关注的几个问题 [J]. 财会通讯, 2001 (9): 22-24.

[76] 张兆国, 张庆, 宋丽梦. 论利益相关者合作逻辑下的企业财权安排 [J]. 会计研究, 2004 (2): 47-51.

[77] 郭葆春, 洪卫青. 现代企业财权安排三维配置模式 [J]. 财会通讯, 2004 (8): 59-61.

[78] 袁琳, 张伟华. 集团管理控制与财务公司风险管理——基于10家企业集团的多案例分析 [J]. 会计研究, 2015 (5): 35-41, 94.

[79] Cavanagh, A., Freeman, S. The development of subsidiary roles in the motor vehicle manufacturing industry [J]. International Business Review, 2012 (4): 602-617.

[80] 马忠, 王龙丰, 崔茹梦. 子公司业务、债务承担与上市公司融资约束 [J]. 经济管理, 2020 (1): 174-193.

[81] 杨瑞龙, 周瑞安. 企业的利益相关者理论及其应用 [M]. 北京: 经济科学出版社, 2000: 99-112.

[82] 王中杰. 公司财务治理 [M]. 北京: 中国发展出版社, 2011: 100-113.

[83] 吴秋生, 黄贤环. 财务公司的职能配置与集团成员上市公司融资约束缓解 [J]. 中国工业经济, 2017 (9): 156-173.

[84] 蔡卫星, 倪骁然, 赵盼, 等. 企业集团对创新产出的影响: 来自制造业上市公司的经验证据 [J]. 中国工业经济, 2019 (1): 137-155.

[85] 张会丽, 陆正飞. 控股水平、负债主体与资本结构适度性 [J]. 南开管理评论, 2013 (5): 142-151.

[86] 苏静. 派驻财务总监与企业集团内控的实施——基于代理理论的视角 [J]. 会计研究, 2006 (1): 63-68, 94.

[87] Stockhammer, E. Financialisation and the slowdown of accumulation

[J]. Cambridge Journal of Economics, 2004 (5): 719 – 741.

[88] Arrighi, G. The long twentieth century: Money, power, and the origins of our times [M]. London: Verso, 1994: 96 – 108.

[89] Epstein, G. Financialization and the world economy [M]. Northampton: Esward Elgar, 2005: 3 – 16.

[90] Treeck, T. The political economy debate on financialization – a macroeconomic perspective [J]. Review of International Political Economy, 2009 (5): 907 – 944.

[91] Alexiou, C., Mohamed, A., Nellis, J. The impact of institutional investors on firms' performance in the context of financialization [J]. International Journal of Finance and Economics, 2019 (9): 290 – 309.

[92] 孙红燕, 王雪敏, 管莉莉. 金融"脱实向虚"测度与影响因素研究——基于全球价值链的视角 [J]. 国际金融研究, 2020 (9): 34 – 43.

[93] Ibbotson, R., Chen, Z. W., Kim, D., et al. Liquidity as an investment style [J]. Financial Analysts Journal, 2013 (3): 30 – 44.

[94] 张成思, 刘泽豪, 罗煜. 中国商品金融化分层与通货膨胀驱动机制 [J]. 经济研究, 2014 (1): 140 – 153.

[95] Auvray, T., Rabinovich, J. The Financialisation – offshoring nexus and the capital accumulation of U. S. non – financial Firms [J]. Cambridge Journal of Economics, 2019 (10): 1183 – 1218.

[96] Kliman, A., Williams, S. Why Financialisation hasn't depressed U. S. productive investment [J]. Cambridge Journal of Economics, 2015 (1): 67 – 92.

[97] Davis, G. F., Kim, S. Financialization of the economy [J]. Annual Review of Sociology, 2015 (1): 203 – 221.

[98] Baud, C., Durand. C. Financialization, globalization and the making of profits by leading retailers [J]. Socio – Economic Review, 2012 (10): 241 – 266.

[99] 余琰, 李怡宗. 高息委托贷款与企业创新 [J]. 金融研究, 2016

(4): 99 – 114.

[100] 王少华, 上官泽明. 货币政策宽松度、过度金融化与企业创新 [J]. 财经科学, 2019 (10): 45 – 58.

[101] 文春晖, 任国良. 虚拟经济与实体经济分离发展研究——来自中国上市公司 2006—2013 年的证据 [J]. 中国工业经济, 2015 (12): 115 – 129.

[102] 刘姝雯, 刘建秋, 阳旸, 等. 企业社会责任与企业金融化: 金融工具还是管理工具? [J]. 会计研究, 2019 (9): 57 – 64.

[103] 徐鹏, 陈志军, 马鹏程. 母子公司高管协同配置: 表现形式、理论逻辑与整合研究框架 [J]. 经济管理, 2020 (5): 56 – 64.

[104] 孙洁, 殷方圆. 行业竞争、战略差异度与企业金融化 [J]. 当代财经, 2020 (12): 137 – 148.

[105] 戴静, 刘贯春, 许传华, 等. 金融部门人力资本配置与实体企业金融资产投资 [J]. 财贸经济, 2020 (4): 35 – 49.

[106] 谢家智, 王文涛, 江源. 制造业金融化、政府控制与技术创新 [J]. 经济学动态, 2014 (11): 78 – 88.

[107] 李小林, 徐庆美, 司登奎, 等. 资本市场开放与企业投资结构偏向——来自"沪深港通"的经验证据 [J]. 财经经济, 2021 (12): 108 – 121.

[108] Dore, R. Financialization of the global economy [J]. Industrial and Corporate Change, 2008 (6): 1097 – 1112.

[109] Luo, Y., Zhu, F. Financialization of the economy and income inequality in China [J]. Economic and Political Studies, 2014 (2): 46 – 66.

[110] 彭俞超, 黄志刚. 经济"脱实向虚"的成因与治理: 理解十九大金融体制改革 [J]. 世界经济, 2018 (9): 3 – 25.

[111] 廉永辉, 褚冬晓. 企业金融化的融资来源和治理方式研究 [J]. 上海金融, 2020 (12): 19 – 28.

[112] 谭德凯, 田利辉. 民间金融发展与企业金融化 [J]. 世界经济, 2021 (3): 61 – 85.

[113] Krippner, G. R. Capitalizing on crisis: The political origins of the

rise of finance [M]. London: Harvard University Press, 2011: 27 - 57.

[114] 吕之安,李少育. 宏观经济政策与企业资产配置有效性:基于夏普率的分析 [J]. 世界经济, 2021 (1): 151 - 173.

[115] 徐超,庞保庆,张充. 降低实体税负能否遏制制造业企业"脱实向虚" [J]. 统计研究, 2019 (6): 42 - 53.

[116] 庞凤喜,刘畅. 企业税负、虚拟经济发展与工业企业金融化——来自A股上市公司的证据 [J]. 经济理论与经济管理, 2019 (3): 84 - 94.

[117] 刘金东,管星华. 不动产抵扣是否影响了"脱实向虚"——一个投资结构的视角 [J]. 财经研究, 2019 (11): 112 - 125.

[118] 强国令,王梦月. "营改增"与企业金融化——来自制造业的经验证据 [J]. 财经研究, 2021 (2): 59 - 69.

[119] 周伯乐,葛鹏飞,武宵旭. "一带一路"倡议能否抑制实体企业"脱实向虚" [J]. 贵州财经大学学报, 2020 (5): 34 - 45.

[120] 李佳,闵悦. "一带一路"背景下企业金融化动机研究——基于"中欧班列"开通的准自然实验 [J]. 证券市场导报, 2021 (4): 20 - 32.

[121] 刘帷韬,杨霞,刘伟. 产业政策抑制了实体公司金融化吗——来自中国A股上市公司的证据 [J]. 广东财经大学学报, 2021 (1): 37 - 49.

[122] 向海凌,郭东琪,吴非. 地方产业政策能否治理企业脱实向虚?——基于政府行为视角下的中国经验 [J]. 国际金融研究, 2020 (8): 3 - 12.

[123] 王爱俭,舒鑫,于博. 产业政策扶持与企业金融资产配置——基于"五年规划"变更的自然实验 [J]. 商业经济与管理, 2020 (10): 52 - 72.

[124] 刘贯春,刘媛媛,张军. 经济政策不确定性与中国上市公司的资产组合配置——兼论实体企业的"金融化"趋势 [J]. 经济学(季刊), 2020 (10): 65 - 86.

[125] 郭胤含,朱叶. 有意之为还是无奈之举——经济政策不确定性下的企业"脱实向虚" [J]. 经济管理, 2020 (7): 40 - 55.

[126] 聂辉华,阮睿,沈吉. 企业不确定性感知、投资决策和金融资产配置 [J]. 世界经济, 2020 (6): 77 - 98.

[127] Karwowski, E. How financialization undermines democracy [J]. Development and Change, 2019 (5): 1466 – 1481.

[128] Vielma, N. C., Cömert, H., D'Avino, C., et al. Too big to manage: U. S. megabanks' competition by innovation and the microfoundations of financialization [J]. Cambridge Journal of Economics, 2019 (8): 1103 – 1121.

[129] 胡宁, 王雪方, 孙莲珂. 房产限购政策有助于实体企业"脱虚返实"吗——基于双重差分研究设计 [J]. 南开管理评论, 2019 (4): 20 – 31.

[130] 陆蓉, 兰袁. 中国式融资融券制度安排与实体企业金融投资 [J]. 经济管理, 2020 (8): 155 – 170.

[131] 张成思, 郑宁. 中国非金融企业的金融投资行为影响机制研究 [J]. 世界经济, 2018 (12): 3 – 24.

[132] 马永强, 张志远. 去杠杆与实体企业金融资产配置 [J]. 国际金融研究, 2021 (12): 14 – 23.

[133] Allen, F., Qian, Y. M., Tu, G. Q., et al. Entrusted loans: A close look at China's shadow banking system [J]. Journal of Financial Economics, 2019 (1): 18 – 41.

[134] 郝项超. 委托理财导致上市公司脱实向虚吗?——基于企业创新的视角 [J]. 金融研究, 2020 (3): 152 – 168.

[135] 张春鹏, 徐璋勇. 市场竞争助推中国经济"脱实向虚"了吗? [J]. 财贸研究, 2019 (4): 1 – 13, 83.

[136] 安磊, 沈悦. 企业"走出去"能否抑制经济"脱实向虚"——来自中国上市企业海外并购的经验证据 [J]. 国际贸易问题, 2020 (12): 100 – 116.

[137] 聂飞, 李剑, 毛海涛. 制造业企业服务化能否抑制金融化? [J]. 经济评论, 2021 (6): 3 – 18.

[138] 于连超, 张卫国, 毕鑫, 等. 高管从军经历与企业金融化: 抑制还是促进? [J]. 科学决策, 2019 (6): 20 – 42.

[139] 杜勇, 周丽. 高管学术背景与企业金融化 [J]. 西南大学学报, 2019 (6): 63 – 74.

［140］Davis, L. E. Financialization and the non - financial corporation: An investigation of firm - level investment behavior in the United States ［J］. Metroeconomica, 2018 (69): 270 - 307.

［141］狄灵瑜,步丹璐. 非国有股东参股与国有企业金融化——基于混合所有制改革的制度背景［J］. 山西财经大学学报,2021 (3): 96 - 111.

［142］曹丰,谷孝颖. 非国有股东治理能够抑制国有企业金融化吗?［J］. 经济管理,2021 (1): 54 - 71.

［143］梁上坤,徐灿宇. 混合所有制程度和国有企业金融资产配置［J］. 经济管理,2021 (7): 75 - 92.

［144］祁怀锦,于瑶,刘艳霞. 混改股权制衡与"脱实向虚":抑制还是促进［J］. 经济理论与经济管理,2021 (2): 13 - 27.

［145］马连福,秦鹤,杜善重. 机构投资者网络嵌入与企业金融决策——基于实体企业金融化的研究视角［J］. 山西财经大学学报,2021 (2): 99 - 112.

［146］安磊,沈悦,余若涵. 高管激励与企业金融资产配置关系——基于薪酬激励和股权激励对比视角［J］. 山西财经大学学报,2018 (12): 30 - 44.

［147］顾雷雷,郭建鸾,王鸿宇. 企业社会责任、融资约束与企业金融化［J］. 金融研究,2020 (2): 109 - 127.

［148］孟庆斌,侯粲然. 社会责任履行与企业金融化——信息监督还是声誉保险［J］. 经济学动态,2020 (2): 45 - 58.

［149］翟淑萍,甦叶,缪晴. 社会信任与实体企业金融化——"蓄势谋远"还是"借势取利"［J］. 山西财经大学学报,2021 (6): 56 - 69.

［150］王营,曹廷求. 企业金融化的传染效应研究［J］. 财经研究,2020 (12): 152 - 166.

［151］柯艳蓉,李玉敏,吴晓晖. 控股股东股权质押与企业投资行为——基于金融投资和实业投资的视角［J］. 财贸经济,2019 (4): 50 - 66.

［152］杜勇,眭鑫. 控股股东股权质押与实体企业金融化——基于"掏空"与控制权转移的视角［J］. 会计研究,2021 (2): 102 - 119.

[153] Stein, J. C. Internal capital markets and the competition for corporate resources [J]. Journal of Finance, 1997 (1): 111-134.

[154] Brusco, S., Panunzi, F. Reallocation of corporate resources and managerial incentives in internal capital markets [J]. European Economic Review, 2005 (9): 659-681.

[155] Ozbas, O. Integration, organizational processes and allocation of resources [J]. Journal of Financial Economics, 2005 (75): 201-242.

[156] 张会丽, 陆正飞. 现金分布、公司治理与过度投资——基于我国上市公司及其子公司的现金持有状况的考察 [J]. 管理世界, 2012 (3): 141-150, 188.

[157] 娄祝坤, 黄妍杰, 陈思雨. 集团现金分布、治理机制与创新绩效 [J]. 科研管理, 2019 (12): 202-212.

[158] 张建平, 王实, 倪晨阳. 集团现金管控程度对 EVA 考核的过度投资抑制效应的影响——基于中国上市央企的实证分析 [J]. 技术经济, 2016 (12): 111-118.

[159] 汤谷良, 戴天婧. 中央企业 EVA 评价制度实施效果的理论解释 [J]. 会计研究, 2015 (9): 35-43, 96.

[160] 夏子航, 马忠, 陈登彪. 债务分布与企业风险承担——基于投资效率的中介效应检验 [J]. 南开管理评论, 2015 (6): 90-100.

[161] 孙园园, 马忠, 梁相. 债务分布、子公司债务期限结构与上市公司现金分红 [J]. 商业研究, 2018 (7): 87-95.

[162] 谢获宝, 丁龙飞. 集团集中负债影响企业创新吗 [J]. 广东财经大学学报, 2019 (4): 87-100.

[163] 张克慧, 牟博佼. 企业集团财务总监委派制不适应性分析 [J]. 管理世界, 2012 (9): 1-6.

[164] 纳鹏杰, 纳超洪. 企业集团财务管控与上市公司现金持有水平研究 [J]. 会计研究, 2012 (5): 29-38, 93.

[165] Williamson, O. E. Markets and hierarchies: Analysis and antitrust implications [M]. London: Collier Macmillan Publishers, 1975: 17-286.

[166] Franco, F., Urcan, O., Vasvari, F. P. Corporate diversification and the cost of debt: The role of segment disclosures [J]. Accounting Review, 2016 (4): 1139-1165.

[167] 韩鹏飞, 胡奕明, 何玉, 等. 企业集团运行机制研究: 掏空、救助还是风险共担? [J]. 管理世界, 2018 (5): 120-136.

[168] 杨棉之, 孙健, 卢闯. 企业集团内部资本市场的存在性与效率性 [J]. 会计研究, 2010 (4): 50-56.

[169] Tan, W., Ma, Z. Ownership, internal capital market, and financing costs [J]. Emerging Markets Finance & Trade, 2016 (5): 1-20.

[170] Lang, L. H. P., Stulz, R. M. Tobin's Q, corporate diversification and firm performance [J]. Journal of Political Economy, 1994 (6): 1248-1280.

[171] Berger, P. G., Ofek, E. Diversification's effect on firm value [J]. Journal of Financial Economics, 1995 (7): 39-65.

[172] Shin, H. H., Stulz, R. M. Are internal capital markets efficient? [J]. Quarterly Journal of Economics, 1998 (2): 531-552.

[173] 叶康涛, 曾雪云. 内部资本市场的经济后果: 基于集团产业战略的视角 [J]. 会计研究, 2011 (6): 63-69, 96.

[174] 陈艳利, 乔菲, 孙鹤元. 资源配置效率视角下企业集团内部交易的经济后果——来自中国资本市场的经验证据 [J]. 会计研究, 2014 (10): 28-35.

[175] 罗乾宜. 大型央企集团财务治理模式及其制度创新 [J]. 会计研究, 2012 (4): 50-57, 95.

[176] 王斌, 高晨. 组织设计、管理控制系统与财权制度安排 [J]. 会计研究, 2003 (3): 15, 23.

[177] 王斌, 张伟华. 外部环境、公司成长与总部自营 [J]. 管理世界, 2014 (1): 144-155.

[178] 祝继高, 王珏, 张新民. 母公司经营模式、合并——母公司报表盈余信息与决策有用性 [J]. 南开管理评论, 2014 (3): 84-93.

[179] 马忠,王龙丰,杨侠. 子公司多元化、业务分布与现金持有——基于母子公司内部资本配置视角的分析 [J]. 会计研究, 2018 (1): 75-81.

[180] Rajan. G., Zingales, L. Power in a theory of the firm [J]. The Quarterly Journal of Economics, 1998 (2): 387-432.

[181] 龙丽群. 人力资本权力配置与企业有效激励 [J]. 经济问题, 2010 (2): 85-88.

[182] 潘怡麟,朱凯,陈信元. 决策权配置与公司价值——基于企业集团的经验证据 [J]. 管理世界, 2018 (12): 111-119.

[183] 郑丽,陈志军. 负向绩效反馈下企业集团对子公司扩张变革战略的影响——基于集团公司行政和资本管理渠道的实证分析 [J]. 商业研究, 2020 (8): 91-98.

[184] 陈志军. 母子公司管控模式选择 [J]. 经济管理, 2007 (3): 34-40.

[185] 高勇强,田志龙. 母公司对子公司的管理和控制模式研究 [J]. 南开管理评论, 2002 (4): 28-31.

[186] 陈志军,魏文忠. 集团公司管理的框架体系探讨 [J]. 山东大学学报, 2014 (3): 14-23.

[187] 李双金,郑育家. 剩余控制权的不同形式及其对公司治理的影响 [J]. 上海经济研究, 2009 (12): 62-67.

[188] 辛清泉,郑国坚,杨德明. 企业集团、政府控制与投资效率 [J]. 金融研究, 2007 (10): 123-142.

[189] Yiu, D., Bruton, G. D., Lu, Y. Understanding business group performance in an emerging economy: Acquiring resources and capabilities in order to prosper [J]. Journal of Management Studies, 2005 (1): 183-206.

[190] 刘斌. 三维突破解构中国企业集团成长 [M]. 北京: 中国人民大学出版社, 2012: 82-89.

[191] 朱方伟,宋昊阳,王鹏,等. 国有集团母子公司管控模式的选择: 多关键因素识别与组合影响 [J]. 南开管理评论, 2018 (1): 75-87.

[192] 彭正新,李传昭,李华. 我国企业集团治理的若干问题探析 [J]. 中国软科学, 2003 (3): 80-83.

[193] Harvey, D. A brief history of neoliberalism [M]. Oxford and New York: Oxford University Press, 7-235.

[194] Duménil, G., Lévy, D. Real and financial components of profitability [J]. Review of Radical Political Economics, 2004 (1): 82-110.

[195] Holmstrom, B., Kaplan, S. N. Corporate governance and merger activity in the United States: Making sense of the 1980s and 1990s [J]. Journal of Economic Perspectives, 2001 (2): 121-144.

[196] Lazonick, W. The explosion of executive pay and the erosion of American prosperity [J]. Forthcoming in Entreprises et Histoire, 2010 (57): 1-27.

[197] Khanna, T., Yafeh, Y. Business groups and risk sharing around the world [J]. Journal of Business, 2005 (1): 301-340.

[198] Yurtoglu, B. B. Ownership, control and performance of Turkish listed firms [J]. Empirica, 2000 (2), 193-222.

[199] 李连华, 程言雷. 对子公司的控制模式及控制效率研究 [J]. 中国工业经济, 2010 (6): 106-115.

[200] Coase, R. H. The nature of the firm [J]. Economica, 1937 (4): 386-405.

[201] Pattnaik, C., Lu, Q., Gaur, A. S. Group affiliation and entry barriers: The dark side of business groups in emerging markets [J]. Journal of Business Ethics, 2018 (153), 1051-1066.

[202] Jensen, M. C., Meckling, W. H. Theory of the firm: Managerial behavior, agency costs and ownership structure [J]. Journal of Financial Economics, 1976 (3): 305-360.

[203] 陈志军, 郑丽. 不确定性下子公司自主性与绩效的关系研究 [J]. 南开管理评论, 2016 (6): 91-100.

[204] 孙娜, 王保平. 企业集团持股模式、管控系统与契合绩效的研究——基于210家企业集团的经验数据 [J]. 会计研究, 2017 (4): 52-58, 96.

[205] Wernerfelt, B. A resource-based view of the firm [J]. Strategic Management Journal, 1984 (2): 171-180.

[206] 干胜道. 非金融业上市公司过度金融化治理研究 [J]. 财会月刊, 2016 (3): 3-5.

[207] 柳永明, 罗云峰. 外部盈利压力、多元化股权投资与企业的金融化 [J]. 财经研究, 2019 (3): 73-85.

[208] Theurillat, T., Corpataux, J. Crevoisier, O. Property sector financialization: The case of swiss pension funds (1992-2005) [J]. European Planning Studies, 2010 (2), 189-212.

[209] 黄贤环, 吴秋生, 王瑶. 金融资产配置与企业财务风险:"未雨绸缪"还是"舍本逐末" [J]. 财经研究, 2018 (12): 100-112, 125.

[210] Stulz, R. M. Rethinking risk management [J]. Journal of Applied Corporate Finance, 1996 (3): 8-25.

[211] 王瑶, 郭泽光, 黄贤环. 集团现金分布提升了上市公司金融化水平吗?——基于母子公司间现金分布的经验证据 [J]. 经济问题, 2021 (10): 111-120.

[212] Seo, H. J., Kim, H. S., Kim, Y. C. Financialization and the slow-down in Korean firms' R&D investment [J]. Asian Economic Papers, 2012 (3): 35-49.

[213] Duchin, R., Gilbert, T., Harford, J. Precautionary savings with risky assets: when cash is not cash [J]. The Journal of Finance, 2017 (2): 793-852.

[214] 余怒涛, 张华玉, 刘昊. 非控股大股东与企业金融化:蓄水池还是套利工具? [J]. 南开管理评论, 2021, 网络首发.

[215] Myers, S. C., Rajan, R. The paradox of liquidity [J]. Quarterly Journal of Economics, 1998 (113): 733-771.

[216] Kim, H., Kung, H. The asset redeployability channel: How uncertainty affects corporate investment [J]. Review of Financial Studies, 2017 (1): 245-280.

参考文献

[217] 武立东,黄海昕. 企业集团子公司主导行为及其网络嵌入研究:以海信集团为例[J]. 南开管理评论,2010(6):125-137.

[218] 叶陈刚,周新军. 跨国公司的企业产权、股权及其治理[J]. 经济评论,2006(1):107-121.

[219] Fresard, L., Salva, C. The value of excess cash and corporate governance: Evidence from U.S. cross-listing[J]. Journal of Financial Economics,2010(98):359-384.

[220] Denis, D. J., Sibilkov, V. Financial constraints, investment, and the value of cash holdings[J]. The Review of Financial Studies,2010(1):247-269.

[221] 王永钦,刘紫寒,李嫦. 识别中国非金融企业的影子银行活动——来自合并资产负债表的证据[J]. 管理世界,2015(12):24-40.

[222] Du, J., Li, C., Wang, Y. Q. A comparative study of shadow banking activities of non-financial firms in transition economies[J]. China Economic Review,2017(46):35-49.

[223] 刘珺,盛宏清,马岩. 企业部门参与影子银行业务机制及社会福利损失模型分析[J]. 金融研究,2014(5):96-109.

[224] 张曾莲,穆林. 金融化与非金融上市公司现金持有[J]. 金融经济学研究,2018(7):55-76.

[225] 刘贯春,陈登科,丰超. 最低工资标准的资源错配效应及其作用机制分析[J]. 中国工业经济,2017(7):62-80.

[226] 梁上坤. 机构投资者持股会影响公司费用粘性吗?[J]. 管理世界,2018(12):133-148.

[227] 孙蔓莉,蒋艳霞,毛珊珊. 金融资产分类的决定性因素研究——管理者意图是否是真实且唯一标准[J]. 会计研究,2010(7):27-31,95.

[228] 姜付秀,黄磊,张敏. 产品市场竞争、公司治理与代理成本[J]. 世界经济,2009(10):46-59.

[229] Shleifer, A., Vishny, R. W. A survey of corporate governance[J].

The Journal of Finance, 1997 (2): 737 - 738.

[230] La Porta, L., Silanes, F. L., Shleifer, A. Corporate ownership around the world [J]. The Journal of Finance, 1999 (2): 471 - 517.

[231] 冯根福. 双重委托代理理论: 上市公司治理的另一种分析框架——兼论进一步完善中国上市公司治理的新思路 [J]. 经济研究, 2004 (12): 16 - 25.

[232] 李文贵, 余明桂, 钟慧洁. 央企董事会试点、国有上市公司代理成本与企业绩效 [J]. 管理世界, 2017 (8): 123 - 135, 153.

[233] 陈志军, 刘锡禄, 董美彤. 母子公司间一致性与子公司绩效——母公司注意力配置的中介作用 [J]. 经济与管理研究, 2019 (12): 128 - 140.

[234] 刘小元, 赵嘉晨, 贾佳. 母公司持股比例对子公司财务绩效影响机理研究——地理距离和制度距离的调节作用 [J]. 中央财经大学学报, 2021 (7): 103 - 115.

[235] Prezas, A. P. Internal capital markets, empire building, and capital structure [J]. Journal of Economics and Business, 2009 (3): 173 - 188.

[236] 张学义, 薛忠义. 内部资本市场对企业现金持有水平的影响——基于中国"系族企业"的经验证据 [J]. 财经问题研究, 2015 (5): 96 - 102.

[237] 陈德球. 公司治理研究重点文献导读 [M]. 北京: 中国人民大学出版社, 2021: 4 - 7.

[238] 温忠麟, 张雷, 侯杰泰, 等. 中介效应检验程序及其应用 [J]. 心理学报, 2004 (5): 614 - 620.

[239] Ang, J. S., Cole, R. A., Lin, J. W. Agency cost and ownership structure [J]. Journal of Finance, 2000 (1): 81 - 106.

[240] 甄红线, 张先治, 迟国泰. 制度环境、终极控制权对公司绩效的影响——基于代理成本的中介效应检验 [J]. 金融研究, 2015 (12): 162 - 177.

[241] 李寿喜. 产权、代理成本和代理效率 [J]. 经济研究, 2007 (1): 102 - 113.

[242] 叶康涛, 刘行. 公司避税活动与内部代理成本 [J]. 金融研究,

2014 (9): 158-176.

[243] 古志辉. 全球化情境中的儒家伦理与代理成本 [J]. 管理世界, 2015 (3): 113-123.

[244] Morck, R., Shleifer, A., Vishny, R. W. Management ownership and market valuation: An empirical analysis [J]. Journal of Financial Economics, 1988 (1): 293-315.

[245] Florackis, C., Ozkan, A. Agency costs and corporate governmance mechanisms: Evidence for UK firms [J]. International Journal of Managerial Finance, 2008 (1): 37-59.

[246] 陈冬华, 陈信元, 万华林. 国有企业中的薪酬管制与在职消费 [J]. 经济研究, 2005 (2): 92-101.

[247] 刘孟晖, 高友才. 现金股利的异常派现、代理成本与公司价值——来自中国上市公司的经验证据 [J]. 南开管理评论, 2015 (1): 152-160.

[248] 王瑶, 郭泽光. 机构投资者持股与企业全要素生产率: 有效监督还是无效监督 [J]. 山西财经大学学报, 2021 (2): 113-126.

[249] John, K., Litov, L., Yeung, B. Corporate governance and risk taking [J]. Journal of Finance, 2008 (4): 1679-1728.

[250] 江轩宇, 许年行. 企业过度投资与股价崩盘风险 [J]. 金融研究, 2015 (8): 141-158.

[251] Jensen, M. C. Agency costs of free cash flow, corporate finance, and takeovers [J]. The American Economic Review, 1986 (2): 323-329.

[252] 罗炜, 朱春艳. 代理成本与公司自愿性披露 [J]. 经济研究, 2010 (10): 143-155.

[253] 刘胜强, 林志军, 孙芳成, 等. 融资约束、代理成本对企业R&D投资的影响——基于我国上市公司的经验证据 [J]. 会计研究, 2015 (11): 62-69.

[254] 武常岐, 钱婷. 集团控制与国有企业治理 [J]. 经济研究, 2011 (6): 93-104.

[255] Chang, E. Taylor, M. S. Control in multinational corporations (MNCs): The case of Korean manufacturing subsidiaries [J]. Journal of Management, 1999 (4): 541 – 565.

[256] 徐鹏. 高管关联、母公司股权参与度与子公司成长性——基于中小企业板上市公司经验数据 [J]. 山东大学学报, 2013 (6): 95 – 104.

[257] Martine, Z. L., Ricks, D. A. Multinational parent companies' influence over human resource decisions of affiliates: U. S. firms in Mexico [J]. Journal of International Business Studies, 1989 (2): 465 – 487.

[258] 郑丽, 陈志军. 母子公司人员嵌入、控制层级与子公司代理成本 [J]. 经济管理, 2018 (10): 75 – 91.

[259] Hsieh, T. J., Yeh, R. S., Chen, Y. J. Business group characteristics and affiliated firm innovation: The case of Taiwan [J]. Industrial Marketing Management, 2010 (4): 560 – 570.

[260] 钱雪松, 袁梦婷, 孔东民. 股权关联影响了企业间信贷价格吗——基于我国上市公司委托贷款数据的经验分析 [J]. 金融研究, 2013 (9): 165 – 179.

[261] Simon, H. A. Administrative behavior: A study of decision – making processes in administrative organizations [M]. New York: Free Press, 1947: 352 – 353.

[262] Ocasio, W. Towards an attention – based view of the firm [J]. strategic Management Journal, 1997 (6): 187 – 206.

[263] 吴建祖, 王欣然, 曾宪聚. 国外注意力基础观研究现状探析与未来展望 [J]. 外国经济与管理, 2009 (6): 58 – 65.

[264] Jiang, F. X., Kim, K. A. Corporate governance in China: A survey [J]. Review of Finance, 2020 (5): 733 – 772.

[265] 黎文靖, 李茫茫. "实体 + 金融": 融资约束、政策迎合还是市场竞争? ——基于不同产权性质视角的经验研究 [J]. 金融研究, 2017 (8): 100 – 116.

[266] 李文贵, 余明桂. 所有权性质、市场化进程与企业风险承担

[J]. 中国工业经济, 2012 (12): 115-127.

[267] Jiang, F. X., Kim, K. A. Corporate governance in China: A modern perspective [J]. Journal of Corporate Finance, 2015 (32): 190-216.

[268] 杨兴全, 尹兴强. 国企混改如何影响公司现金持有?[J]. 管理世界, 2018 (11): 93-107.

[269] 李心合. 企业财务研究的错位与矫正 [J]. 财会月刊, 2021 (14): 16-22.

[270] Lin, K. H., Devey, D. T. Financialization and U. S. income inequality: 1970-2008 [J]. American Journal of Sociology, 2013 (5): 1284-1329.

[271] 温军, 冯根福. 异质机构、企业性质与自主创新 [J]. 经济研究, 2012 (3): 53-64.

[272] 袁琳, 陈凌云, 何玉润. 集团资金集中控制下的风险管理——基于大中型集团公司的案例分析 [J]. 会计与经济研究, 2013 (2): 40-49.

[273] 何捷, 张会丽, 陆正飞. 货币政策与集团企业负债模式研究 [J]. 管理世界, 2017 (5): 158-169.

[274] 沈悦, 安磊. 债务约束对企业"脱实向虚"的治理效果研究 [J]. 南开管理评论, 2021, 网络首发.

[275] 单飞跃, 袁竹青. 论企业集团内部经营权的分配与保护 [J]. 湘潭大学学报, 1994 (1): 83-85.

[276] Cavanagh, A., Freeman, S., Kalfadellis, P., et al. Assigned versus assumed: Towards a contemporary, detailed understanding of subsidiary autonomyy [J]. International Business Review, 2017 (6): 1168-1183.

[277] Holland, J. H. How adaptation builds complexity [M]. 周晓牧, 韩晖译. 上海: 上海科技教育出版社, 2011: 6-10.

[278] Haken, H. What can synergetics contribute to embodied aesthetics [J]. Behavioral Sciences, 2017 (7): 1-13.

[279] Swank, O. H., Visser, B. Motivating through delegating tasks or giving attention [J]. Journal of Law Economics and Organization, 2007 (2):

1-20.

[280] 孙光国,孙瑞琦. 控股股东委派执行董事能否提升公司治理水平[J]. 南开管理评论, 2018(1): 88-98.

[281] Hughes, M., Powell, T. H., Chung, L., et al. Institutional and resource-based explanations for subsidiary performance [J]. British Journal of Management, 2017 (3): 407-424.

[282] Chen, T. J., Chen, H., Ku, Y. H. Resource dependency and parent-subsidiary capability transfers [J]. Journal of World Business, 2012 (2): 259-266.

[283] Fligstein, N. The transformation of corporate control [J]. The Academy of Management Review, 1991 (3): 631-663.

致　谢

本书是在本人博士论文的基础上修改而成的，在其付梓出版之际，需要感谢的人很多。

饮其泉时思其流，成吾学时念吾师。真诚感谢我的恩师郭泽光教授的知遇之恩与谆谆教诲。作为国家教育事业的耕耘播种者，恩师在财务管理领域深耕数十年。作为准宝妈，我能成为恩师的关门弟子是何其幸运，人生轨迹得以向上而行。三年的学习生涯，恩师对我的指引与帮助历历在目……在论文的写作过程中，恩师总以朋友的语气及谦逊的口吻给予指导，言辞温柔却思想犀利；在我项目申报时，恩师引导我如何进行选题与论证，并逐字逐句对申报书进行检查与修改；在我未能成功获得立项时，也会认真帮我剖析问题所在，鼓励我保持学术热情，再接再厉；在博士论文选题时，恩师要求我要研究真问题，切忌乱用、滥用实证工具，夸大其词，避免走上学术研究的歧途；从论文开题报告到论文初稿，恩师带着我对"企业集团""上市公司""金融化"的概念反复推敲，对变量之间的逻辑关系深度剖析，上到论文框架，下到字词语法，无一不倾注着恩师的心血。恩师也常常给我分享新闻链接，让我从党和政府的会议、文件中准确把握企业金融化的主题。三年来，恩师以认真严谨的态度启迪我的科研思维，以和风细雨的教导为我建立起学术自信，又以高屋建瓴一般的智慧让我收获人生哲学。这份大家风范，一如他挺拔的身影一般伟岸。当然，三年的点滴细琐，也充满了导师体贴入微的关怀。在我孕晚期同时面对生产焦虑与课程压力时，恩师常常帮助我调整心态，让我保持愉悦心情；在孩子还小时恩师总会考虑到我带娃的种种不便，一次一次的予以理解宽慰。为我提供舒适的学习环境、关心家中的大事小情，还有恩师的幽默隽永以及平日里对我可爱的称呼总能让我卸下内心焦虑的担子。观遍沧海，识尽喧嚣，是您的言传身教让我得到了比书本知识更加宝贵的信念，也让我对这份如师如父的师徒情谊倍感珍惜。在本书完成出版之际，向您致以最衷心的感谢与最诚挚的祝福。

经师易遇，人师难遭。非常感谢吴秋生教授对我的指导与帮助。他诲人不倦、严谨的治学态度与潜心研究、静心笃志的学者精神仰之弥高，钻之弥坚。是吴老师给予我机会，能够让我提前加入学院学术论坛大家庭，享受学术熏陶，开展学术训练。无论是博士论文开题还是论文初稿，吴老师都严格细致地从章节安排、研究内容、研究对象、摘要、文献综述、研究意义、研究目标、研究创新甚至是序号使用，给我提出了翔实的理论解释与修改建议。每次去办公室找他，他也会从浩繁工作中起身，认真为我答疑解惑。当然，他的学术光芒，他的匠人匠心，他的长者风范，在每一节课堂讨论上、在每一次学术报告与项目论证中、在大段大段的微信回复里、在密密麻麻的修改建议手稿的字里行间、在参加北京会议的往返路途上，光彩夺目，熠熠生辉……也是在吴老师的牵线搭桥下，我可以有幸与我的人生伴侣相知相守。吴老师对我们这个小家庭恩重如山，并非只言片语所能言。

一朝沐杏雨，一生念师恩。感谢开题答辩专家组李颖老师、王汉瑛老师、郝盼盼老师、上官泽明老师对论文选题与论文框架的纠偏。感谢张文龙老师、王晓亮老师、贺亚楠老师对论文初稿行文逻辑与研究不足的指正。感谢答辩专家组原红旗教授、程新生教授、支晓强教授、刘维奇教授、张信东教授、田祥宇教授以及袁春生教授对提高论文完成质量所提出的宝贵意见。同时，感谢任海生书记在我读博前后给予的帮助。感恩，在于工作期间对我的信任与栽培，在于辞职读博时对我的理解与支持，在于身体不适时对我的关心与帮助，更在于论文写作阶段楼梯间相遇时的鼓励与期待。他温文尔雅、至亲至善，亦师亦友，这份感恩必铭刻心扉。感谢杨瑞平教授对我生活上的关心与帮助。她的乐观大方与快人快语让我常扫心中阴霾，她对我人生规划的指导与畅想让我在充满信心的同时尽享井然有序之乐。感谢公共课杨

致　谢

俊青老师、王玉珍老师、张二芳老师、郭惠英老师、宁惠萍老师、刘维奇老师在上课期间对我特殊情况的理解与关心。是老师们极高的专业素养鼓舞我产前坚持上课，也是在老师们的指导与帮助下，我可以及时弥补落下的课程。感谢辅导员老师邱月、冯晓宇一直以来对我的鼓励与帮助。邱月老师温婉娴静，对待学生宽厚平和。平日里，她认真负责、雷厉风行的工作态度以及她春风化雨、润物无声的优秀品质时常感染着我。生活中，当孩子生病而我病急乱投医时，邱月老师及时帮我分析病情，给出正确建议才使病情得到有效治疗。冯晓宇老师不仅在我读研期间给我提供了大量实践与锻炼的机会，在我面临择业难题时常常与我促膝长谈，为我进行全面详细的职业规划与备考指导，这也使得我对读博道路的选择更加笃定。感谢秦兴俊主编、韩克勇主编、王西民主编、张爱英编辑对论文发表工作的支持与帮助。感谢白利斌老师、李强老师、梁雪老师在博士生学业管理工作中付出的辛劳。本书的顺利完成并交付出版，离不开以上老师们的支持和帮助。

谁言寸草心，报得三春晖。感谢我的父亲与母亲。求学二十余载，父母总是不辞辛劳、不吝金钱辗转各地为我寻求最好的教育资源，即便在我高考与考研双双失利后，他们也无怨无悔地鼓励我追求梦想。冬去春来，是你们的勤劳、正直、善良与乐观的品质发光发热，温暖着我，是你们一如既往的默默支持，让我求学的脚步更加坚定。感谢我的公公与婆婆。在我最虚弱、最需要帮助的时候，他们不远千里来到我的身边，把地域差异与水土不服抛诸脑后，任劳任怨地照顾一家人的饮食起居，这才让我没有后顾之忧，能专心地投入论文的写作中。朴实无华的二老用日复一日、年复一年的实际行动诠释了什么是大爱无言。

鸟随鸾凤飞腾远，人伴贤良品自高。感谢我的爱人、我的神仙队友、我的坚强后盾、我的科研引路人黄贤环。是你带着我参加国内各大高水平论坛，领略大家风采，感受学术魅力。是你手把手教我学习实证方法，熟练使用数据库，一次又一次感受"三颗星"的欣喜。也是你的不断"逼迫"，让我的自信心与表达力在一遍又一遍的学术报告中得到锻炼。如何投稿、如何回复审稿人、尝试审稿……那些数不清的指导与陪跑，让我这个学术小白一步一步走上科研正轨。长期卧床保胎时，你以无微不至护我周全；科研路上消极自卑时，你以脚踏实地诫我务实。你的自律与清醒、你的优秀与坚持如明灯照我前行。山水一程，三生有幸，感谢这一路你的辛苦付出、责任担当与陪伴包容，我也必将是你身旁的一株木棉，作为树的形象和你站在一起。也感谢时光厚爱，让我在读博期间迎来了明媚可爱的儿子笑啸。完整参与一个生命的成长，让我更加知晓父母恩情似海深，也更有动力丰盈羽翼，突破自我，在坚持与努力中完成蜕变。感谢我们夫妻双方哥嫂对父母贴心的照顾以及对我们这个小家庭的照应，家人的支持和不断的鼓励是我前行的动力，你们为父母排忧解难、为美好生活奋斗拼搏的模样也是我学习的榜样。本书能够顺利完稿，离不开家人们无私的支持。与其说本书是我辛苦付出的结晶，不如说是家人们不求回报、日复一日任劳任怨的成果。

  高山流水，知音难觅。感谢我的挚友徐佳、陆希。在我开心、收获的时候，她们陪我肆意漫步，把酒言欢，邂逅一场又一场的小确幸；在我失意、黑暗的时候，陪我一起等到天亮，以最懂我的方式疏导我不必踟蹰于过去的半亩方塘，苦涩皆有回甘。感谢我亲爱的小伙伴杜洋洋、独正元、李官辉，在我产后无法上课期间坚持帮我录音、分享课堂笔记、发送并提醒我及时完成课堂作业。感谢毕业小分队成员杜丽贞、宋坤、武焱，写作之路本是一条孤独的路，但遇到结伴而行的同路人，前行的脚步变得愈加轻快。感谢同门师姐李玥、郭婧、翟君、郭伟、董屹宇、任灿灿、闫翠革对我耐心的引导与帮助，作为师门中最小的弟子，我被师姐们努力奋进、认真生活的拼搏精神所感染。与她们的交流不仅让我开阔了眼界，也让我慢慢学会了学业、事业及家庭之间的平衡之术，激励着我要在带娃读博这条路上充满热情与期待。感谢倪静洁博士、王文慧博士、郭檬楠博士、王少华博士、田峰博士、王婉婷博士，学妹卫铭、江雅婧、张玉凤、姚荣荣、王翠以及学弟牛世魁、郭飞、李哲赟对我科研与生活上的关心与帮助。本书能够顺利完成也离不开以上同学和挚友的支持。

  读博三年，疫情三年。疫情当下，感谢那些素不相识、无私无畏的抗疫人员，是你们的负重前行，为我们提供了安稳的学习与科研环境。向无私奉献的英雄致敬，向依然奋战在前线的逆行人致敬！有幸生于华夏，感谢国家的资助与培养，我也将继续攀峰，不忘初心，努力回报社会。

致　谢

感谢一路平凡普通又努力发光的自己。可能是孕前反应严重、卧床保胎恰巧遇到参加博士招考的那段岁月，可能是刨宫产后不到一个月，一边扶着腰一边奋力完成一张张课程试卷的那一瞬间，也可能是那些不眠的星光，那些身体的疼痛，那些暗暗许下的承诺……让自己明白有价值的人生从来都不是轻而易举就能实现的。然而，种种压力与重重关卡不过是生活的增味剂，唯有坚持行走在自己的热爱里，才能让付出与收获撞个满怀。本书能够顺利完成并交付出版，也离不开自己的坚持与努力。

感谢山西省"1331工程"重点创新团队建设计划项目"会计学教学研究创新团队"（批准号：晋教科〔2017〕12号）的资助，本书是其阶段性研究成果。同时，感谢中国财政经济出版社编校人员在本书出版过程中所付出的辛勤劳动。

何德何能，所遇之人皆是良师益友。感恩不只是言谢，更在于铭记于心，落实于行。科研之路，道阻且长。带着这一份份感恩，我将继续努力，砥砺前行！

当然，即便本人花费了大量时间和精力修改和完善本书，但受限于个人阅历和时间，本书仍可能存在不足，甚至错误之处，欢迎各位读者批评指正！

王瑶

2023年1月